本书由国家社会科学基金重点项目“语境论的社会科学哲学研究”和
教育部人文社会科学重点研究基地“山西大学科学技术哲学中心”基金资助

科学技术哲学文库

丛书主编／郭贵春

语言、意向与存在

杜建国 ◉ 著

科学出版社
北京

图书在版编目（CIP）数据

语言、意向与存在／杜建国著．—北京：科学出版社，2015.4
（科学技术哲学文库）
ISBN 978-7-03-043648-1

Ⅰ.①语…　Ⅱ.①杜…　Ⅲ.①分析哲学-研究　Ⅳ.①B089

中国版本图书馆 CIP 数据核字（2015）第 045648 号

丛书策划：孔国平
责任编辑：邹　聪　王茵艳／责任校对：朱光兰
责任印制：吴兆东／封面设计：黄华斌　陈　敬
编辑部电话：010-64035853
E-mail：houjunlin@mail.sciencep.com

科学出版社出版
北京东黄城根北街 16 号
邮政编码：100717
http://www.sciencep.com
北京厚诚则铭印刷科技有限公司印刷
科学出版社发行　各地新华书店经销
*
2015 年 4 月第 一 版　开本：720×1000　1/16
2025 年 2 月第六次印刷　印张：14
字数：256 000

定价：118.00 元
（如有印装质量问题，我社负责调换）

“科学技术哲学文库”

总　序

怎样认识、理解和分析当代科学哲学的现状，是我们把握当代科学哲学面临的主要矛盾和问题、推进它在可能发展趋势上获得进步的重大课题，有必要将其澄清。

如何理解当代科学哲学的现状，仁者见仁，智者见智。明尼苏达科学哲学研究中心于2000年出了一部书 Minnesota Studies in the Philosophy of Science，书中有作者明确地讲："科学哲学不是当代学术界的领导领域，甚至不是一个在成长的领域。在整体的文化范围内，科学哲学现时甚至不是最宽广地反映科学的令人尊敬的领域。其他科学研究的分支，诸如科学社会学、科学社会史及科学文化的研究等，成了作为人类实践的科学研究中更为有意义的问题、更为广泛地被人们阅读和争论的对象。那么，也许这导源于那种不景气的前景，即某些科学哲学家正在向外探求新的论题、方法、工具和技巧，并且探求那些在哲学中关爱科学的历史人物。"① 从这里，我们可以感觉到科学哲学在某种程度上或某种视角上地位的衰落。而且关键的是，科学哲学家们无论是研究历史人物，还是探求现实的科学哲学的出路，都被看做是一种不景气的、无奈的表现。尽管这是一种极端的看法。

那么，为什么会造成这种现象呢？主要的原因就在于，科学哲学在近30年的发展中，失去了能够影响自己同时也能够影响相关研究领域发展的研究范式。因为，一个学科一旦缺少了范式，就缺少了纲领；而没有了范式和纲领，当然也就失去了凝聚自身学科，同时能够带动相关学科发展的能力，所以它的示范作用和地位就必然地要降低。因而，努力地构建一种新的范式去发展科学哲学，在这个范式的基底上去重建科学哲学的大厦，去总结历史和重塑它的未来，就是相当重要的了。

换句话说，当今科学哲学是在总体上处于一种"非突破"的时期，即没有重大的突破性的理论出现。目前我们看到最多的是，欧洲大陆哲学与大西洋哲学之间的相互渗透与融合；自然科学哲学与社会科学哲学之间的彼此借鉴与交融；常规科学的进展与一般哲学解释之间的碰撞与分析。这是科学哲学发展过程中历史地、必然地要出现的一种现象，其原因就在于：第一，从20世纪的后历史主义出现以来，科学哲学在元理论的研究方面没有重大的突破，缺乏创造性的新视角和新方法。第二，对自然科学哲学问题的研究越来越困难，无论是什么样的知

---

① Gary L. Hardcastle, Alan W. Richardson, eds. Minnesota Studies in the Philosophy of Science. Volume XⅧ. Logical Empiricism in North America. University of Minnesota Press, 2000. 6

识背景出身的科学哲学家，对新的科学发现和科学理论的解释都存在着把握本质的困难，它所要求的背景训练和知识储备都愈加严苛。第三，纯分析哲学的研究方法确实有它局限的一面，需要从不同的研究领域中汲取和借鉴更多的方法论的视角；但同时也存在着对分析哲学研究方法的忽略的一面，轻视了它所具有的本质的内在功能，需要对分析哲学研究方法在新的层面上进行发扬光大。第四，试图从知识论的角度综合各种流派、各种传统去进行科学哲学的研究，或许是一个有意义的发展趋势，在某种程度上可以避免任一种单纯思维趋势的片面性，但是这确是一条极易走向“泛文化主义”的路子，从而易于将科学哲学引向歧途。第五，由于科学哲学研究范式的淡化及研究纲领的游移，导致了科学哲学主题的边缘化倾向；更为重要的是，人们试图用从各种视角对科学哲学的解读来取代科学哲学自身的研究，或者说把这种解读误认为是对科学哲学的主题研究，从而造成了对科学哲学主题的消解。

然而，无论科学哲学如何发展，它的科学方法论的内核不能变。这就是：第一，科学理性不能被消解，科学哲学应永远高举科学理性的旗帜；第二，自然科学的哲学问题不能被消解，它从来就是科学哲学赖以存在的基础；第三，语言哲学的分析方法及其语境论的基础不能被消解，因为它是统一科学哲学各种流派及其传统方法论的基底；第四，科学的主题不能被消解，不能用社会的、知识论的、心理的东西取代科学的提问方式，否则科学哲学就失去了它自身存在的前提。

在这里，我们必须强调指出的是，不弘扬科学理性就不叫“科学哲学”，既然是“科学哲学”就必须弘扬科学理性。当然，这并不排斥理性与非理性、形式与非形式、规范与非规范研究方法之间的相互渗透、相互融合和统一。我们所要避免的只是“泛文化主义”的暗流，而且无论是相对的还是绝对的“泛文化主义”，都不可能指向科学哲学的“正途”。这就是说，科学哲学的发展不是要不要科学理性的问题，而是如何弘扬科学理性的问题，以什么样的方式加以弘扬的问题。中国当下人文主义的盛行与泛扬，并不证明科学理性的不重要，而是在科学发展的水平上，由社会发展的现实矛盾激发了人们更期望从现实的矛盾中，通过人文主义的解读，去探求新的解释。但反过来讲，越是如此，科学理性的核心价值地位就越显得重要。人文主义的发展，如果没有科学理性作基础，那就会走向它关怀的反面。这种教训在中国的社会发展中是很多的，比如有人在批评马寅初的人口论时，曾以“人是第一可宝贵的”为理由。在这个问题上，人本主义肯定是没错的，但缺乏科学理性的人本主义，就必然地走向它的反面。在这里，我们需要明确的是，科学理性与人文理性是统一的、一致的，是人类认识世界的两个不同的视角，并不存在矛盾。在某种意义上讲，正是人文理性拓展和延伸了科学理性的边界。但是人文理性不等同于人文主义，这正像科学理性不等同于科学主义一样。坚持科学理性反对科学主义，坚持人文理性反对人文主义，应当是当代科学哲学所要坚守的目标。

我们还需要特别注意的是，当前存在的某种科学哲学研究的多元论与20世纪后半叶历史主义的多元论有着根本的区别。历史主义是站在科学理性的立场上，去诉求科学理论进步纲领的多元性；而现今的多元论，是站在文化分析的立场上，去诉求对科学发展的文化解释。这种解释虽然在一定层面上扩张了科学哲学研究的视角和范围，但它却存在着文化主义的倾向，存在着消解科学理性的倾向性。在这里，我们千万不要把科学哲学与技术哲学混为一谈。这二者之间有着重要的区别。因为技术哲学自身本质地赋有着更多的文化特质，这些文化特质决定了它不是以单纯科学理性的要求为基底的。

在世纪之交的后历史主义的环境中，人们在不断地反思20世纪科学哲学的历史和历程。一方面，人们重新解读过去的各种流派和观点，以适应现实的要求；另一方面，试图通过这种重新解读，找出今后科学哲学发展的新的进路，尤其是科学哲学研究的方法论的走向。有的科学哲学家在反思20世纪的逻辑哲学、数学哲学及科学哲学的发展即“广义科学哲学”的发展中提出了存在着五个“引导性难题”（leading problems）：

第一，什么是逻辑的本质和逻辑真理的本质？

第二，什么是数学的本质？这包括：什么是数学命题的本质、数学猜想的本质和数学证明的本质？

第三，什么是形式体系的本质？什么是形式体系与希尔伯特称之为“理解活动”（the activity of understanding）的东西之间的关联？

第四，什么是语言的本质？这包括：什么是意义、指称和真理的本质？

第五，什么是理解的本质？这包括：什么是感觉、心理状态及心理过程的本质？①

这五个“引导性难题”概括了整个20世纪科学哲学探索所要求解的对象及21世纪自然要面对的问题，有着十分重要的意义。从另一个更具体的角度来讲，在20世纪科学哲学的发展中，理论模型与实验测量、模型解释与案例说明、科学证明与语言分析等，它们结合在一起作为科学方法论的整体，或者说整体性的科学方法论，整体地推动了科学哲学的发展。所以，从广义的科学哲学来讲，在20世纪的科学哲学发展中，逻辑哲学、数学哲学、语言哲学与科学哲学是联结在一起的。同样，在21世纪的科学哲学进程中，这几个方面也必然会内在地联结在一起，只是各自的研究层面和角度会不同而已。所以，逻辑的方法、数学的方法、语言学的方法都是整个科学哲学研究方法中不可或缺的部分，它们在求解科学哲学的难题中是统一的和一致的。这种统一和一致恰恰是科学理性的统一和一致。必须看到，认知科学的发展正是对这种科学理性的一致性的捍卫，而不是

① S. G. Shauker. Philosophy of Science, Logic and Mathematics in 20th Century. London：Routledge, 1996. 7

相反。我们可以这样讲，20 世纪对这些问题的认识、理解和探索，是一个从自然到必然的过程；它们之间的融合与相互渗透是一个由不自觉到自觉的过程。而 21 世纪，则是一个“自主”的过程，一个统一的动力学的发展过程。

那么，通过对 20 世纪科学哲学的发展历程的反思，当代科学哲学面向 21 世纪的发展，近期的主要目标是什么？最大的“引导性难题”又是什么？

第一，重铸科学哲学发展的新的逻辑起点。这个起点要超越逻辑经验主义、历史主义、后历史主义的范式。我们可以肯定地说，一个没有明确逻辑起点的学科肯定是不完备的。

第二，构建科学实在论与反实在论各个流派之间相互对话、交流、渗透与融合的新平台。在这个平台上，彼此可以真正地相互交流和共同促进，从而使它成为科学哲学生长的舞台。

第三，探索各种科学方法论相互借鉴、相互补充、相互交叉的新基底。在这个基底上，获得科学哲学方法论的有效统一，从而锻造出富有生命力的创新理论与发展方向。

第四，坚持科学理性的本质，面对前所未有的消解科学理性的围剿，要持续地弘扬科学理性的精神。这一点，应当是当代科学哲学发展的一个极关键的东西。同时只有在这个基础上，才能去谈科学理性与非理性的统一，去谈科学哲学与科学社会学、科学知识论、科学史学及科学文化哲学等流派或学科之间的关联。否则的话，一个被消解了科学理性的科学哲学还有什么资格去谈论与其他学派或学科之间的关联？

总之，这四个从宏观上提出的“引导性难题”既包容了 20 世纪的五个“引导性难题”，同时也表明了当代科学哲学的发展特征就在于：一方面，科学哲学的进步越来越多元化。现在的科学哲学比之过去任何时候，都有着更多的立场、观点和方法；另一方面，这些多元的立场、观点和方法又在一个新的层面上展开，愈加本质地相互渗透、吸收与融合。所以，多元化和整体性是当代科学哲学发展中一个问题的两个方面。它将在这两个方面的交错和叠加中，寻找自己全新的出路。这就是为什么当代科学哲学拥有它强大生命力的根源。正是在这个意义上，经历了语言学转向、解释学转向和修辞学转向这“三大转向”的科学哲学，而今走向语境论的研究趋向就是一种逻辑的必然，成为了科学哲学研究的必然取向之一。

我们山西大学的科学哲学学科，这些年来就是围绕着这四个面向 21 世纪的“引导性难题”，试图在语境的基底上从科学哲学的元理论、数学哲学、物理哲学、社会科学哲学等各个方面，探索科学哲学发展的路径。我希望我们的研究能对中国科学哲学事业的发展有所贡献！

郭贵春

2007 年 6 月 1 日

前　言

20 世纪西方“哲学的语言转向”包含两个传统：一个是分析哲学的传统，主要代表人物有弗雷格、罗素、维特根斯坦、奥斯汀、塔斯基、蒯因、达米特、克里普克等；另一个是现象学-诠释学传统，主要代表人物有胡塞尔、海德格尔、伽达默尔、德里达等。但大多数人把语言哲学狭义地理解为分析哲学的传统。实际上，分析哲学和语言哲学是有区别的。这种区别表现在，尽管分析哲学和语言哲学都是研究语言，但语言哲学只是哲学的一个分支，它主要研究语言与世界的关系，以及指称、意义、真和言语行为理论。而分析哲学尽管也研究语言哲学，但它是通过对日常语言和逻辑语言的分析来研究语言的。可以说，分析哲学是体现在某一方法上的语言哲学。本书的研究领域主要是属于分析哲学传统的，但这并不妨碍我们借鉴和吸收欧洲语言哲学的思想成果。原因很简单，因为不同语言哲学之间本来就存在着千丝万缕的联系，正像弗莱斯达尔在他的《向分析哲学家介绍现象学》一文中所说的那样，分析哲学和现象学之间相互理解和交流是完全可能的①。有鉴于此，本书在研究分析哲学传统的问题时，也涉及现象学、诠释学及修辞学传统的内容，如现象学的意向分析理论、诠释学的文本诠释理论和修辞理论，以及存在哲学的语言理论等。目的是通过对语言的意向及语境分析，把握语言的意义，以及语言如何与世界相关联的问题。

分析哲学产生的一个直接原因可以归功于弗雷格所做出的重要贡献。他通过对数学基础的研究，发明了现代符号逻辑学，引发并建立起来一种博大精深的语言分析哲学。如果我们把当代哲学的语言转向等同于严格意义上的分析哲学的起点，那么毫无疑问，无论是弗雷格、皮尔士、摩尔还是罗素都起了重要的作用。然而，对语言转向起着至关重要作用的还是维特根斯坦，他在 1922 年的《逻辑哲学论》中所阐发的思想成为哲学的语言转向的思想指南。

弗雷格和胡塞尔分别引领了 20 世纪的两个志趣迥异的哲学运动。前者是分析哲学之父，而后者是现象学学派的主要创立者。最初他们是两个方向异常接近的思想家，尽管存在着一些兴趣上的差异。那究竟是什么细小的成分和因素使差异最终扩张，产生出如此巨大的结果呢?② 达米特认为，要解释这一原因，答案肯定是相当复杂的。但有一点可以帮助我们去做出分析，即如果我们把语言转向

---

① ［美］弗莱斯达尔．向分析哲学家介绍现象学［J］．郁振华译．哲学译丛，1998（2）．1

② ［美］弗莱斯达尔．向分析哲学家介绍现象学［J］．郁振华译．哲学译丛，1998（2）．6

看作是分析哲学的规定特征的话，那么使分析哲学能够容易接受而现象学却无法接受的东西，一定会成为我们理解最初不分畛域的两种哲学流派最后分道扬镳的重要依据。

早在 1900 年，胡塞尔在《逻辑研究》的第二卷就系统地提出了“涵义”与“意向对象”的思想，并做了深入的研究。1907 年以后，为了发展意向对象的思想，他推广了涵义或意义的概念①。在涵义和对象上，胡塞尔和弗雷格的看法有很多相似之处。和弗雷格一样，胡塞尔也认为涵义是对象的给予方式②，同一个对象可以有不同的涵义。所不同的是，胡塞尔所强调的是对象在“体验”中的给予方式。③ 由于对体验的关注，胡塞尔更重视意向活动的本质，即质料与质性的统一。④ 尽管他在弗雷格的影响下也拒斥心理主义，但在分析意向活动的过程中，他所坚持的是一种内在的客观性。他认为，要使现象学成为一种严格的科学，就是要把对象建立在一种内在的确定性的基础之上，而外部世界作为超越的对象是需要现象学的还原而被悬置起来的。与胡塞尔不同的是，弗雷格所关注的是指称对象在现实世界中的显现方式，在他看来，指称对象的显现方式是涵义，而语句的涵义就是思想。思想不是关于心灵和意识的内容，也不依赖于语言而存在，它是一种客观的东西，但可以通过语言来表达。弗雷格强调：必须把语词的意义和与此相关的观念区别开来，把被判断的内容和判断活动本身区别开来。语言所表达的思想是客观的，体现了世界的逻辑关系。因此，语言转向一旦发生，“分析思想的唯一途径是通过语言分析”这一分析哲学的根本信条就被确立下来。接受这一信条使得人们把思想哲学与语言哲学等同起来，到了这个时候，分析哲学就成熟了。

当然，对分析哲学的研究主题有各种不同的表述。塞尔认为，分析哲学主要关心的是意义分析。⑤ 而与其他学派所不同的是，他相信：第一，通过对语言的一种哲学说明可以获得一种对思想的哲学说明；第二，只有这样才能获得一种综合的说明。逻辑实证主义者、维特根斯坦后期哲学、牛津“日常语言”学派，以及美国以蒯因和戴维森（D. H. Davidson）为代表的后卡尔纳普哲学，尽管相互之间的区别很大，但基本上都坚持这些准则。⑥ 根据上述思想，逻辑实证主义

---

① ［美］弗莱斯达尔．向分析哲学家介绍现象学［J］．郁振华译．哲学译丛，1998（2）．7-8

② ［德］埃德蒙德·胡塞尔．逻辑研究［M］第二卷．第一部分．倪梁康译．上海：上海译文出版社，2006. 57

③ ［德］埃德蒙德·胡塞尔．逻辑研究［M］第二卷．第一部分．倪梁康译．上海：上海译文出版社，2006. 50-54

④ ［美］维克多·维拉德-梅欧．胡塞尔［M］．杨富斌译．北京：中华书局，2002. 40

⑤ 宾宁．当代英美哲学概论（上）［C］．北京：社会科学文献出版社，2002. 4

⑥ ［美］迈克尔·达米特．分析哲学的起源［M］．王路译．上海：上海译文出版社，2005. 4

运动有一个基本假设：一切有意义的命题不是分析的就是经验的，而综合命题在经验上是可证的，也就是说，命题的意义就是其证实的方法。

另外，从19世纪末到20世纪20年代，心灵哲学有了很大发展，其标志是布伦塔诺的描述性心理学、冯特和威廉·詹姆斯等心理学家的心理学哲学、马赫的“身心平行原理”，以及胡塞尔的现象学等理论的建立。20世纪20～40年代，由于行为主义的产生和发展，心灵哲学走入低谷。因为在行为主义看来，传统心灵主义所说的心理、意识之类的东西是无法被客观地观察到的，因而不能成为科学的对象。而以上述内容为研究对象的心灵哲学也自然受到人们的拒斥，被归入到形而上学。40年代以后，随着意义理论和行为主义的逐渐衰微以及认知心理学的蓬勃兴起，以前不能直接予以客观观察的内部心理过程及状态重新进入到科学和哲学研究的视野中。在分析哲学的发展过程中，由于维特根斯坦后期哲学的影响，特别是《哲学研究》《片断》和《关于心理学哲学的评论》的写作和出版，表示心理现象的语词和概念引起了分析哲学家们的普遍关注，从而成为语言分析的主要对象之一。在此背景下，以语言分析为基础和特征的心灵哲学迅速崛起，并成为当代心灵哲学发展的主要流派。从此，西方心灵哲学走出低谷，进入到了一个新的发展时期。

进入20世纪60年代之后，随着物理主义的发展，科学实在论的兴起，特别是系统论、信息论、控制论、计算机科学、神经科学的异军突起，一种新的以自然科学前沿理论和方法为基础来解释和分析各种心理现象的科学主义的心灵哲学应运而生。特别是20世纪60～70年代，蒯因、费耶阿本德和罗蒂等对传统的分析哲学的怀疑和批判，在心灵哲学中对语言分析的心灵哲学进行了深入、全面的清算，如揭露语言分析方法在心灵哲学中的局限性和片面性，强调有关科学理论在解决心灵哲学问题中的基础作用。而从六七十年代至今，英美语言哲学中的意向性研究主要建立在两个基本模型的基础上：一是以福多（J. A. Fodor）和德瑞斯基（F. Dretske）为代表的因果论的心理语义学模型；二是以蒯因、奥斯丁、格赖斯、丹尼特（D. Dennett）、塞尔、戴维森为代表的言语行为模型。前者主张对心理意向性进行因果论的解释，把人的心灵与世界之间的意向性关系解释为一种因果关系；后者则通过对人类的言语行为的结构，以及它的意义性条件和真理性条件的研究去揭示人类意向性的结构和特征，从而对分析哲学的指称、意义、真及知识论做出新的说明。

总之，随着语言哲学研究的不断深入，围绕着语言与世界的关系的探讨逐渐从“心灵”与“世界”走向“心灵”与“世界”之间，即走向它们的关联上来。如果我们把语言看作是意向性的，那么，我们在研究语言和意向性的关系及语义的生成时就必然会涉及语境。语境理论是一个很有吸引力却又很难把握的理论，是对语义生成和使用产生影响的诸要素的总和。有了意向就会产生语境，但究竟什么要素能对语义发生作用，只有到语义最终形成才能确定。人们对语境思想颇多非议，主要是由于许多人对这一理论不甚了解或使用不当所致。语境（context）最初源于 con-text，也就是把文本相连接，是从前后文的关联上来理解语义。后来经过延伸，发展为语言构造，以及理解语言延伸和决定其意义可能性的条件。一般来说，它是一个围绕文本（会话或书面）而建立起来的诸要素的集合。但有些人把它理解为境况（condition，circumstances）或环境（environment），因此主张可以把它译为“予境”或“与境”。在使用和理解方面，把语境分析简单地看作是一般性的环境相关性的分析，而没有把握文本意义（语义）的生成和使用这个中心环节，这样势必会把语境分析等同于一种想当然的系统结构方法及历史唯物主义的分析方法。实际上，这是一种对语境理论的误解和滥用。正如前面所提到的，弗雷格早在《算术哲学》一书中就清晰地阐述了他的语境思想。较早对语境概念进行探讨的是派普尔（Stephen Pepper），他于 1942 年在《世界假说》（*World Hypotheses*）一书中提出，人们所建构的哲学可以划分为四种世界观，其中每一种世界观都有自己的“根隐喻”，它包括：形式论、有机论、机械论和语境论。他称语境论的世界观主要来源于詹姆斯实用主义的看法，以及部分来自皮尔斯和杜威的实用主义观点。[①] 但此后，语境思想并没有引起人们更多的重视。

随着 20 世纪 60 年代之后的哲学的解释学转向（hermeneutic turn）和修辞学转向（rhetoric turn），语境理论得到学者们的重视。这是由于在文本诠释和语言修辞的过程中，语境问题变得更加突出。每一个文本都是在一定语境中形成的，都渗透了语境的影响。在解读文本时，由于人的意向、语境不同，对文本会产生不同的理解。诠释学作为一门意义说明和解释的艺术，目的是要通过不同语境下的诠释者的说明和解释实现“视域融合”，最终揭示出文本的多重意义。而修辞学则是为了不同语境下的诠释交流，而建立起来的一门劝导的艺术。它是通过发明理由、说服论证最终达到相互“认同”的目的。随着诠释学和修辞学研究的不断深入，人们对语境的研究也逐渐重视起来。黑尔（Thomas E. Hill）于 1971 年发表的《意义概念》（*The Concept of Meaning*）（2002）、利兹伯格（Michiel Leezenberg）的《隐喻的语境》（*Contexts of Metaphor*）（1995）、林奇（Michael P. Lynch）的《语境中的真》（*Truth in Context：An Essay on Pluralism and Objectivity*）（1998）、罗伊·迪雷（Roy Dilley）主编的《语境问题》（*The Problem of Context*）（1999）、普利叶（Gerhard Preeyer）和彼特（Georg Peter）主编的《哲学中的语境论》（*Contextualim in Philosophy*）（2005）、吉尼（Dimitri Ginev）的《构造的

---

① Capaldi E J，Proctor R W. Contextualism Phychological Research? A Critical Review. London：Sage Publications，1999. 39

语境》(*The Context of Constitution*)(2006),以及斯托依普(Matthias Steup)和索萨(Ernest Sosa)主编的《当代认识论的争论》(*Contemporary Debates in Epistemology*)(2006)等著作都是近年来国外哲学界对语境思想的比较系统的论述。就国外的研究状况来看,语境理论正在引起更多学者的注意。当然,在语境研究过程中,什么能够成为语境的要素,以及语境在语言意义和知识的形成过程中到底起着怎样的作用,这些都是非常复杂的问题,这也使得许多人对语境分析方法的有效性持谨慎的态度。①郭贵春教授在20世纪八九十年代就对意向性、语境论与分析哲学的发展给予了极大的关注,为从意向和语境的角度研究科学哲学和分析哲学做了奠基性的工作。② 这使我受到启发,得以从语言、意向与语境的关系上来审视20世纪分析哲学的发展。

研究语言必须找到一个合理的切入点,后分析哲学的意向转向为我们提供了思路,概括说来,20世纪对于意向性的研究是按照两条线索展开的。一条是以19世纪末、20世纪初布伦塔诺和胡塞尔为代表的欧洲大陆的现象学哲学;另一条是以后期维特根斯坦、奥斯汀及塞尔为代表的英美语言意向哲学。本书是通过解读胡塞尔的现象学和维特根斯坦、奥斯汀、塞尔等的意向性理论开始的。但是,通过解读和比较,本书选取了第一条思路。这是因为,尽管许多英美哲学家都对语言和意向问题进行过深入的研究,对语言和意向之间的联系给予了许多合理的说明③,但是,总的来看,他们大多数人只是关注命题态度和心理表征。所谓"命题态度",主要是指我们"心智"的内容,即我们的思想、信念、判断的

① 柏林理工大学的汉斯·波塞尔教授,以及德国哲学家、凯瑟斯劳滕大学的沃尔夫冈·诺伊萨教授对语境论所表达的看法反映了学者们既认为语境论是一个哲学分析的很有希望的视角,同时也对语境论的发展持一种谨慎的态度。这也说明语境分析究竟在多大范围内是有效的,人们还不太有把握。见郭贵春.欧洲大陆和英美哲学传统之间的区别、关联与融合.哲学动态[J],2005(1);郭贵春,成素梅.德国科学哲学的发展与现状——访汉斯·波塞尔教授和李文潮教授.哲学动态[J],2006.11

② 郭贵春.后现代科学实在论[M].北京:知识出版社,1995;论语境[J].哲学研究,1997(4);福多的意向实论[J].哲学研究,1995(8);后现代科学哲学[M].长沙:湖南教育出版社,1998;当代语义学及其本质特征[J].自然辩证法通讯,2001(6);语境与后现代科学哲学的发展[M].北京:科学出版社,2002;科学隐喻的方法论意义[J].中国社会科学,2004(2);欧洲大陆和英美哲学传统之间的区别、关联与融合.哲学动态[J],2005(1)

③ 如,Quine W V."Quantifiers and Propositional attitudes"(1976);Fodor J A and Katz J.《The Structure of Language》(1964);Fodor J A.《The Language of Thought》(1975)、《Propositional Attitudes》(1978)、《Representations》(1981)、《Psychosemantics》(1987);Grice H P.《Meaning》(1957)"Method in Philosophical Psychology"(1975);Dretske F I.《Knowledge and the Flow of Information》(1981)、《Mind over Machine》(1986)、《Explaining Behavior: Reasons in a World of Causes》(1988);Dennett D.《Content and Consciousness》(1969)、《The Intentional Stance》(1987)、"Review of Psychosemantics"(1988);Searle J R.《Intentionality》(1983)、《Minds, Brains and Science》(1984)、《The Mystery of Consciousness》(1997)、《Mind, Language and Society》(1998)、《Mind and Reality》(1999)、《Rationality in Action》(2001)等,都对意向性做了不同程度的分析

内容。由于这种表达是命题式的，具有真假，我们把这类心理现象叫作“命题态度”，而这种对内心的表达，被称为“心理表征”。在对上述“命题态度”和“心理表征”进行分析时，人们开始关注语言的意向性，但略显不足的是，这种关注更多地集中在命题表达的“态度”上，也就是说，所关注的只是命题表达中意向词分析。它通常由特定的态度（期望、信念、思想等）和“that”从句所表达的命题构成，而忽视了其他语言生成和使用过程中的意向性。实际上，无论是使用语言的过程还是生成（或构造）语言的过程都具有意向性，意向性不仅存在于意向词中，同样存在于不含有意向词的语句中，特别是构成判断句的谓述结构中，语言的意向性表现得更为明显。

意向性就是意识指向某物的性质，这种指向性表现在人的各种感官知觉和理性直观对意向对象的把握。用胡塞尔的话来说，就是一种“侧显”(adumbration)。侧显概念是意向性的一个本质特征，它凸现出人的意向构造“对象”的过程和机制。没有侧显就没有感性和理性，以及不同感官之间的区分，最终也就没有认识。从语言角度来说，没有侧显就没有谓述结构语句。我们通过“这是红色的”“这是方形的”“这是木质的”来描述我们眼前的一张桌子。在意向方面，我们也是通过把我们的“意向目光”集中在“这张桌子”的“颜色”“形状”“材料”的显现上，从而构造出一个“红色的”“方形的”“木质的”桌子。作为每一次的构造活动所形成的“意向对象”并不是“事物本身”，而只是对象的“显现内容”。所有范畴活动都是建立在感性直观的基础上的，在此基础上，形成判断的基本逻辑形式“S 是 P”。但在意向对象中，“S 是 P”并不单独存在，“作为一个意向对象核心的同一个‘S 是 P’，可以是一种确定的内容，一种可能的相信，一种猜测性的相信，如此等等”①。也就是说，在某一意向对象为核心的意向活动中具有相应的层级结构，每一意向对象的层次都有其层次特征②，如信念、情绪和意志特征，但它们都是以谓述判断为基础的。如果没有范畴活动所产生的判断或谓述语句，我们就不会有像“相信”“希望”“等待”“记得”等意向活动所意向的内容。当我说“我相信天要下雨”时，我不是相信“天要下雨”这个句子的涵义，而是相信这个在某一时空中即将发生的事情——“天要下雨”。所以，在“天要下雨”这个谓述语句中，已经有了我们的意向性。因为，正是我们的意向目光注视到天空上的乌云，以及其他下雨前的征兆后，我们才能有意义地说出“我相信天要下雨”这个复杂语句。当我说“我相信天要下雨”时，“我相信”这一意向活动并不是游离于“天要下雨”之外的，而是直接参与到“天要下雨”这一考察中，因此，在“天要下雨”这个谓述句中必然

① ［德］埃德蒙德·胡塞尔．纯粹现象学通论［M］．李幼蒸译．北京：商务印书馆，1995. 239-240

② ［德］埃德蒙德·胡塞尔．纯粹现象学通论［M］．李幼蒸译．北京：商务印书馆，1995. 254-255

包含着人的意向。但英美哲学家和国内大多数的研究者似乎忘记了这一点。① 为了解决上述问题，本书沿着胡塞尔现象学意向性分析的思路，选择从谓述语句入手来分析语言的意向性。

在确定了范畴直观和谓述语句之间关系的研究之后所面临的问题是，如果语言是意向构造的，从谓述结构层次上说，由什么语词作为一个体现意向作用的语词来实现这种意向构造活动呢？因为我们的意向活动在构造意向对象时，总要有表达意向活动的语词。从谓述语句的基本结构“S 是 P”来看，主语“S”表示某一“意向对象”，而“P”是显现内容，被人们称为“系词”的“是”把它们连接在一起。显然，如果我们把“S 是 P”看作是一个具有意向性的语句，那么，这个作为“系词”的“是”恰恰把“意向对象”和“侧显内容”连接了起来。本书延续了被中外学者所普遍忽视的海德格尔“是”与“存在”关系的探讨，并把它与现象学的意向性理论相对照，从而找到了一个语言分析的崭新视角，即在谓述语句“S 是 P”中，“是”所具有的意向构造作用。②在找到具有意向作用的语词后，我们就可以分析范畴直观的基本逻辑形式“S 是 P”的语言构造作用了，最有代表性的例子是隐喻的基本结构“S 是 P”。在隐喻中，我们可以看到“是”所具有的意向构造作用。

在我们意向目光指向意向对象时，我们需要解决的是“意向对象”和“对象本身”之间的关系问题。意向对象是意向构造的结果，它并不是对象本身。意向的每一次构造活动只是构造了“对象本身”的某一方面，因此，意向研究就要分析对象的给予方式。在这一问题上，胡塞尔和弗雷格有很多相同之处。他们都把对象看作是“给予的”，看作是对象显现给我们的。但是，弗雷格认为在对象的显现中，并没有意向构造的作用，或者说他并未明确地加以研究。因为他把思想看作是可以脱离意向和语言而存在的东西。而胡塞尔所强调的是通过人的意

① 他们认为，一个人“相信 2+2 是 4”与“2+2 是 4”是完全不同的，也就是说，一个人可能相信“4 是 4”，但可能不相信“2+2 是 4”。而实际上，这正好说明“相信”这类意向活动不是一种空泛的活动游离在“谓述语句”之外，而是参与其中。每一个具有类似于“相信”这样的意向词的判断都与从句中的“谓述语句”密切联系在一起，形成以“谓述结构”为核心的意向层级结构

② “是”在语言中是否具有意向构造的作用，并不取决于我们的一厢情愿，而必须要深入到语言实践中去考察。实际上，“是”这个词本身在句子中的作用就是很奇特的，并且在古希腊时期人们关于它就产生了很多争论，柏拉图的《巴门尼德斯》主要就是围绕着“是”在语言中的作用以及“是”与“存在”之间的关系来探讨的。当然，这种探讨一直延续到亚里士多德的大部分著作中。而亚里士多德只是从逻辑的角度把“是”作为一个“系词”来看待，但并没有使问题得到真正的解决。我们看到在后来康德对“存在”一词的追问、罗素关于摹状词理论的探讨以及蒯因的“本体论的许诺”中，都有“是”这个“幽灵”的影响。在海德格尔那里，对“是”和“存在”的问题给予了异乎寻常的关注。对这一问题的详细讨论在本书第二章以及后面的部分中进行。可参见：“康德的存在论题”. 海德格尔. 路标［M］. 孙周兴译. 北京：商务印书馆，2000；［德］马丁·海德格尔. 尼采（下卷）［M］. 孙周兴译. 北京：商务印书馆，2003. 880-885

向构造，对象在意识中给予我们的。在这里，获得一个对象的涵义在弗雷格看来是通过对象的显现方式来实现的，而在胡塞尔那里则是通过涵义（或意义）意向和涵义（或意义）充实来完成的。涵义意向是意向指向“意向之物”，涵义充实则是通过范畴直观的形式予以完成的。在涵义意向中，意向指向某一语境的“指称点”（reference point），涵义充实是围绕着语境中的“指称点”来完成的。脱离了语境，涵义充实过程就成为一个永远无法完结的过程。涵义意向设定了任何一个意义的构造都具有一个意向，都指向某一“侧显”（指称点），这样也就暗含了语境的要素。

在对语言的意向和语境思想做了一番探讨之后，我们对传统分析哲学所关心的“指称”“意义”和“真”的问题就可以逐一地进行梳理。在指称问题上，本书澄清了人们经常混淆的指称（reference）和指称对象（referent）之间的关系。指称是一种关系，它与语言相联系；而指称对象则与外部世界相关联。当然，指称对象在弗雷格看来就是“对象本身”，而在胡塞尔那里，它是经过现象学还原之后的意向构造对象。这样一来，涵义被看作是指称对象的显现方式，而意义（meaning）理论包含了涵义（sense）理论和指称理论。在弗雷格的理论中，意义和涵义有着明确的划分，而在胡塞尔那里，这两个词会经常混用。弗雷格认为涵义和指称对象是不同的，它只是对象的显现方式，所以，相同的对象可以有着不同的涵义。他以“启明星”和“暮星”同是“金星”为例来说明对象和涵义的关系。当然，最初弗雷格在意义和指称对象之间也是不加区分的①，他用德语词“bedeutung”来表示指称对象。在他看来，涵义通过语词来表达，但语词的涵义只有在语境的联系中才能确定下来，一个句子可以有涵义而没有指称对象。涵义（sinn）在德语中多用在语词的意思方面，而弗雷格使用的“bedeutung”（用作指称对象）表示有重大意义、深远意义的意思。弗雷格用“bedeutung”一词表示指称对象，是否因为它比“sinn”更基本呢？无论怎样，澄清意义和涵义是有必要的。这样，在对一个语句的意义进行判断时，我们才能清晰地知道，它是有涵义的还是无涵义的，以及它是真的还是假的，并在此基础上才能谈论它的意义。例如，如果在我眼前存在着一朵玫瑰，当我说“这朵玫瑰花是红的”时，那么上面的句子就是有涵义的（从涵义是指称对象的显现方式这一角度来理解）。当然，这一句子（涵义）既可能是真的，也可能是假的，无论真与假，它都是有涵义的。但如果我眼前根本就没有玫瑰，那么，“这朵玫瑰花是红的”就是没有意义的。而当我们混淆了意义和涵义的使用时，就会造成混乱。

---

① 王路．世纪转折处的哲学巨匠——弗雷格［M］．北京：社会科学文献出版社，2002. 59

弗雷格认为，语句的涵义是思想，语句的指称（对象）就是真值。① 这话很让人费解。如果把意义理论看作包含了指称理论和涵义理论的话，把真值看作涵义和指称对象之间的关系可能更恰当些。这样，语义的形成就决定于指称对象如何显现而成为涵义，并形成涵义和指称的一致关系。语义是在某一具体语境中形成的，任何一个意义的确立都通过一个语言事件来完成。当涵义被人们所接受成为规约化的用法时，就变成字面意义。但在隐喻中，经常会出现语义的偏离，当我们说"太阳播撒阳光"时，"播撒"已不再是"农夫播撒种子"中所表达的那个播撒的动作了。所以，语义的偏离既是对字面意义的偏离，也是对原来的指称对象的显现方式的偏离。之所以能有这种语词的"借用"，是因为一个语义的表达在实现（或构造）时，包含了意义意向和意义充实。在上面这个句子中，意义意向指向太阳放射光芒这个事态，而意义充实则通过直观形式充实我们的感官知觉，形成对这一事态的完整描述。当然，在我们肯定了这一事态的真实性后，在意义充实时还包含一个语境推理过程，它涉及我们选取什么样的词来表达事物（或事态）。语词的组合是通过语境的推理来完成的。在上面的例子中，我们可以选择规约的语词用法"太阳'放射'阳光"，但我们选取"播撒"这个语词用法时，恰恰是在一种隐喻语境中把太阳看作是具有生命的"农夫"，把生命的种子（阳光）播撒到人间。从隐喻的语词用法中，我们可以看到语义在语境条件下的构造过程和机制。

关于"真"的问题，存在着相互并列的多个理论，如符合论、紧缩论、融贯论、证实理论等。总的来说，"真"的问题可以归结为两个方面：一方面是"真"是怎样一个词；另一方面是"真"意味着什么。而这两个方面涉及命题（proposition）、陈述（statement）和事实（fact）。由于任何指称对象的显现都是语境化的侧显，所以，由这种显现所形成的涵义也都是语境依赖的（context-dependent），而由语句涵义所表达的思想同样也具有语境依赖性。本书通过"真"与"是"和"存在"之间关系的分析，得出：任何命题、陈述和事实都是依赖于一个概念系统，因此，都是依赖于语境的。

对于诠释学和修辞学的分析和论述，是我们理解意义的语境依赖性方面的不可或缺的环节。前面曾提到语境论受到人们的普遍关注也是由于诠释学和修辞学的发展。但之所以把这部分放在后面，是因为前面所涉及的主要是语义在语境中的形成，而这部分主要涉及在文本意义产生以后的诠释和对话交流过程中意向和语境的影响。

在对语言的意向性和语境关联进行了必要的论证之后，我们所面临的一个不

---

① ［德］弗雷格．论涵义和所指［A］//马蒂尼奇 A P．语言哲学［C］．牟博，等译．北京：商务印书馆，2004．381

可回避的问题就是，把一种对“变化的语言”的分析建立在同样“变化的语境”上面究竟有多大意义？问题是我们如何能够获得一种固定不变的语言或固定的分析平台呢？实际上，那种试图把语言建立在万古不变的基础上的想法恰恰来自于古希腊伊始的形而上学的哲学传统。它们的注意力只关注不变的“存在者”，而存在者何以成为存在者或者说存在者“如何存在”的问题却被人们所遗忘。所以，海德格尔反复强调说，形而上学的历史就是“存在”被“遮蔽”的历史。“存在者的优先地位与存在的自明性，这两者标志着形而上学的特性。”① 但问题是，离开了存在的那些关于“在者”的语言究竟能为我们揭示世界提供多少帮助。实际上，在古希腊的柏拉图和亚里士多德那里，就一直被“苏格拉底是白的”“苏格拉底是健康的”“苏格拉底是文雅的”这样的“一”和“多”的问题所困扰。

海德格尔第一次深刻地指出了遗忘存在，而径直去关注“存在者”的形而上学语言观只能是一种语言“解蔽”的僭越。只有重新回到语言的存在性的追问上来，我们才有可能真正找到语言分析的“阿基米德点”。这一伟大的思想作为一种实践实际上早已经出现在弗雷格关于“名称—涵义—指称”的划分中，只是并未得到应有的阐释。如果一个语词的涵义不是属于孤立的指称对象（存在者），而是属于指称对象的显现方式，那么，这个显现方式不正是依赖于“存在”本身吗？指称在不同的显现方式下具有不同的涵义，而这不同的显现方式，恰恰是意向对象在不同语境下向我们显现的结果（用胡塞尔的话是构造），或者说，是指称对象和语境要素以不同方式“共在”的结果。从这种意义上讲，语境恰恰表现了一种意向所指向的“在场”。因此，语境论既说明了语言是关于“存在”而不是“存在者”的，也把语言和存在的关系以容易理解的方式摆在我们面前。

正是基于这样一种思路和任务，将本书题目定为“语言、意向与存在”。

① ［德］马丁·海德格尔．尼采（下卷）［M］．孙周兴译．北京：商务印书馆，2003. 1047

目　录

第一章 语言的意向性及其研究思路

语言转向是贯穿于20世纪西方哲学发展中最受人们关注的运动。这场运动不仅出现在弗雷格和罗素及其传承者的英美哲学那里，同时也发生在以胡塞尔、海德格尔、伽达默尔、利科、德里达等为代表的欧洲大陆哲学中。①如果把语言转向仅看作是对语言的重视和分析，那么我们不仅低估了这场哲学运动的意义，并且也无法给予它一个恰当的历史评价。因为在古希腊和中世纪的哲学中已经对语言进行过深入地探讨，可见哲学的语言转向并非以此就能说得清楚。所以，我们需要从更深的层面来寻找原因。

第一节 从语言的逻辑分析到意向性研究

20世纪被称为“分析的时代”，这种说法看似简单，但它描述了这样一个事实，那就是分析哲学在当代哲学中占据了统治的地位。② 无论是科学语言的分析还是日常语言的分析，分析方法已经成为20世纪哲学研究中最重要的方法之一。回顾和总结分析哲学的发展对我们把握20世纪哲学的脉络及其走向具有重要的意义。

一、分析哲学的起源及其发展

通常人们习惯于把分析哲学说成是“英美”分析哲学，这种说法容易让人产生一种误解，即只注意英美哲学家的工作，而忽视了其他地域哲学家的研究工作，特别是忽视了这种分析哲学的思想渊源实际上就在欧洲大陆这一事实。如果从分析哲学产生的历史背景来看，我们说“英奥分析哲学”这种说法要比“英美分析哲学”更为合适。③ 分析哲学主要是由弗雷格、罗素、摩尔、维特根斯

---

① 把现代西方哲学分成英美哲学和欧洲大陆哲学是有些不妥。原因很简单，哲学是按照一种研究传统来划分的，而不是按照地域来划分的。而从源流上讲，分析哲学最初的思想渊源来源于以德语方式写作的弗雷格、迈农和维特根斯坦。达米特认为，如果用英奥传统来表示英美传统可能会更恰当。但考虑到表述上的方便，我还是按照约定俗成的分类方式，来称呼英美哲学和大陆哲学，但这并不说明我赞同这一分类，而是一种行文上的方便

② ［美］M.K. 穆尼茨．当代分析哲学［M］．吴牟人，等译．上海：复旦大学出版社，1986. 3

③ ［美］迈克尔·达米特．分析哲学的起源［M］．王路译．上海：上海译文出版社，2005. 1

坦、20世纪二三十年代维也纳学派逻辑实证主义、奥斯汀等为首的牛津日常语言哲学学派、后期维特根斯坦，以及各种与指称和真的语义问题的考察相关的哲学家如蒯因、斯特劳森（Strawson）、辛提加、克里普克、戴维森、达米特等的思想构成。其中，主要体现了弗雷格、罗素和摩尔所开创的注重对语言进行逻辑分析的“理想语言学派”和对日常的语法规则和语词意义进行语用研究的“日常语言学派”两条线索。如果追溯历史的话，人们可以在英国哲学家洛克、贝克莱和休谟的经验论，以及大陆哲学家康德的先验哲学中找到分析哲学的渊源。甚至在古代哲学家柏拉图和亚里士多德的著作中，也可以看到分析哲学方法的许多主题和预设，如柏拉图的《克拉底鲁篇》，以及亚里士多德的《范畴篇》和《解释篇》等都有语言的分析传统。如果我们要恰当地概括当代分析哲学的起源的话，那么，它可以看作是认识论中的经验主义传统，以及康德的基础主义理论与19世纪后期弗雷格发明的逻辑分析方法和哲学理论相结合的产物。

弗雷格生前发表了40篇论著，其中最重要的有：《概念文字》（1879年）、《算术基础》（1884年）、《函数和概念》（1891年）、《论概念和对象》（1892年）、《论涵义和指称》（1892年）、《算术的基本规律》第一卷（1893年）、《思想结构》（1923年）等。在《概念文字》一书中，他构造了一种形式语言，并且建立了一阶演算系统，提出了逻辑主义的纲领——“逻辑是数学的基础”这一重要思想。在1884年的《算术基础》中，他比较系统和全面地表述了《概念文字》一书的核心思想。在导言中，他明确强调了哲学研究的三个基本原则：始终把心理的东西和逻辑的东西，以及主观的东西和客观的东西严格区别开来；决不孤立地询问一个词的指称对象（bedeutuong），而只是在一个命题的语境中才有指称对象；牢记概念和客体的区别。① 第一个原则表明了从心灵中驱除思想，即拒斥心理主义。第二个原则表明语言的基本单位是语句，而不是语词。使用语言的根本目的是构造或使用句子，而语词只有在语句的语境中才能确定指称对象。第三个原则就是认识概念和客体之间的区别，概念和客体的区分使他成功地进行了“涵义”和“指称对象”的划分。② 在弗雷格看来，思想——思维活动的内容——不是意识流的构成物，即它们不是心灵或意识的内容。与感觉、内心印

① 参见［德］弗雷格G. 算术基础［M］. 王路译. 北京：商务印书馆，2002. 8-9. See Frege G. The Foundations of Arithmetic［M］. Trans by Austin J L. New York：Basil Blackwell Ltd.，1989. 19. 在弗雷格的《算术基础》中，英译者把bedeutung译作meaning（意义），认为弗雷格后期对sense和meaning做了区分，而这一时期并未做区分，也就是meaning和sense相当，都可以当作意义来理解（见英译本序第10页注）。这实际上是不对的。应该译为referent

② 在弗雷格Uber Sinn und Bedeutung一文中，对bedeutung一词的译法一直存在着争论，本书第四章就这一问题有详细的分析

象和类似的东西不同，思想是客观的，而表象不是客观的。① 实际上，直到人们把思想哲学与哲学心理学区分清楚以后，才能够发生语言转向，而语言哲学反过来又依赖于和促使我们从心灵中驱逐思想并因而拒斥心理主义。人们认为，弗雷格是历史上第一位对思想实质及其内在结构给予清晰说明的哲学家。然而，他认为分析思想的策略和途径是分析其语言或符号表达的形式。从心灵中驱除思想是为了清除心理主义，因为如果思想不是心灵的内容，它们就一定处于与物理和个人经验的内在世界相区别的一部分现实空间中——即“第三领域”，而这一空间成为他们抵御心理主义的前沿堡垒。所以，使用语言来解释思想而不借助于意识，只是避免再回到心理主义，正是由于这个原因，可以把语言转向仅仅看作是一种策略。这种策略为弗雷格和胡塞尔所采纳。“当哲学家们有意识地接受弗雷格追求的策略时，由此就明确发生了语言转向。”②

在英奥哲学那里，至少在维特根斯坦早期著作中包含了这样的思想：世界是由事实构成的；而事实的逻辑图像就是思想；思想是有意义的命题；命题的总和即是语言。这样，世界的逻辑结构就存在于语言的逻辑结构中③。现代分析哲学被当作是一种批判哲学，它是对传统唯心论系统构造的形而上学的反叛。但分析哲学也强调一种构造，只是构造的基础发生了变化，即从思辨的构造转向了语言的逻辑构造。如果把世界的结构归结为命题的结构，那么对世界的探究转化为对语言的逻辑分析就成为必然的了。

但我们是怎样获得世界的逻辑结构的呢？维特根斯坦认为，图像可以表象一切实在，每一个图像都是一个逻辑图像，而图像自身看不出其真假，图像的真假在于其意义与实在的符合与否④。如果世界和语言的逻辑同构只是一种最终依赖于图像的有效性。而当构造理想语言成为一种空想时，语言分析从语形、语义回到语用，就是迟早的事情了。因而，维特根斯坦后期及奥斯汀和塞尔的意向性研究体现了这样一种趋势。

二、分析哲学研究兴趣的转变

从20世纪五六十年代开始，情况发生了变化。这种变化体现为对语言的分析由过去的语形、语义分析发展为语用分析。在这种趋势下，人们逐渐对语言的意向和语境发生了兴趣，究其原因主要有以下几个方面。

① ［美］迈克尔·达米特．分析哲学的起源［M］．王路译．上海：上海译文出版社，2005. 22-23
② ［美］迈克尔·达米特．分析哲学的起源［M］．王路译．上海：上海译文出版社，2005. 135
③ 见［奥］路·维特根斯坦．名理论第1、2、3、4和4. 001命题
④ 见［奥］路·维特根斯坦．名理论［M］．张申府译．北京：北京大学出版社，1988. 第2. 171、2. 182、2. 222和2. 224命题

首先，从分析哲学内部来看，这一转变肇始于传统分析哲学所坚持的还原论陷入困境。与此同时，哲学取得了一系列重要的理论发展：维特根斯坦从早期所坚持的逻辑语言分析转向了日常语言分析的立场，认为传统哲学的问题源于错误地使用了日常语言。他否认存在一切命题共有的逻辑形式，提出了语言的概念并不存在一个不变的意义核心或本质，而是体现了多种多样的“家族相似”的不同用法。哲学的任务就是对日常语言用法进行分析，通过治疗语言疾病来治疗理智上的疾病。蒯因驳斥了康德关于分析命题与综合命题的区分，说明了分析命题的基础不是先验的，而是经验的。他认为，以往的分析命题和综合命题的划分是建立在“同一性”的基础上的，而“同一性原则”实际上并不是一个先验原则，而是经验的。由此，作为分析哲学的意义标准受到人们的普遍质疑。

其次，奥斯汀通过对完成式语言和记述式语言的区分，反驳了逻辑实证主义所坚持的意义分析标准。他认为，尽管完成式语言不具有记述式语言的真和假，但并不是没有意义的，因为它们都完成了一个语言行为，都是施事话语和施事语句。此后，奥斯汀意识到记述式语言和完成式语言并无实质上的差别，有些完成式语言也有真假之分，从而提出了一种新的语言分类标准。在《如何以言行事》这部著作中，奥斯汀认为，一个完整的语言行为可抽象出三种行为：“说话行为”（locutionary）、“施事行为”（illocutionary）和“取效行为”（perlocutionary）。具体地说，说话行为是指符合语言习惯的、有意义的话语；施事行为是指一种话语在语境中的“语力”；而取效行为是指说话行为或施事行为在听者身上所起的作用。①塞尔继他的老师奥斯汀之后也提出了一套完整的言语行为理论。他认为说出某种语言就是在实施言语行为，说话即在行事。所以，在他看来语言研究是行为理论的一部分。心灵的意向性是最基本的，语言的意向性是心灵的意向性所派生的，因此言语行为是派生而来的意向形式。由于言语行为同人类其他一些行为一样是人类精神的不同方面，语言哲学不再被看作是“第一哲学”，而是精神哲学的一个分支。

最后，人们对心灵问题的兴趣迅速扩展还有另外一个原因，是与20世纪60年代以后计算机技术及相关科学技术领域的迅速发展有关。科学已经意识到人类心灵隐藏着许多需要科学探索的奥秘。为了揭示它们，现在许多人已经加入到研究人的心灵的工作中来，他们有神经科学家、生物学家、数学家、语言学家、计算机专家、认知科学家和人类学家。② 今天无论是哲学界还是自然科学的相关领域都对心灵的问题给予了极大的关注，可能他们认为，在心灵问题上的进展可以为其他相关领域的发展找到突破口。

---

① Austin J L. How to Do Things with Words. Cambridge, MA: Harvard University Press, 1975. 109-111

② Stroll A. Twentieth-Century Analytic Philosophy [M]. New York: Columbia University Press, 2000. 255

对意向性的研究在中世纪已经开始，18～19世纪英国哲学家、经济学家边沁（Bentham）就把意向性作为区分有意图和没有意图的行为标志。当然，对意向性进行深入研究的当属弗朗茨·布伦塔诺。布伦塔诺生前从来没有完整地叙述过他的哲学，他的大部分学说是从他死后发表的遗著中得到的，然而，我们在他的遗著中所看到的并不是一个自身完整的体系。人们对于布伦塔诺的研究对现代哲学所具有的意义，直到现在还没有充分认识。可以毫不夸张地说，现代哲学各个不同方向的许多线索都在布伦塔诺那里汇聚在一起：首先，他开创了现象学，是胡塞尔的老师，对胡塞尔产生过重大影响，从这种意义上讲，他是马克斯·舍勒尔和马丁·海德格尔精神上的“祖父”；其次，布伦塔诺对本体论和形而上学的研究，特别是他对范畴的分析，为现代哲学关于存在的理论提供了宝贵的思想；最后，布伦塔诺关于语言逻辑是哲学研究的出发点的观点，与现代经验哲学，特别是英美分析哲学方法有许多明显的相似之处。尽管我们很难确定布伦塔诺对现代西方分析哲学产生了多么大的影响①，但至少可以说，现象学和分析哲学作为现代西方哲学中的主要流派，在布伦塔诺那里，都可以找到自己的思想源泉。

第二节　意向性及其研究态度

意向性问题是现代语言哲学研究中越来越受到人们普遍关注的问题，也是许多学科研究和探讨的具有多学科交叉点性质的问题，如心理学、心灵哲学及认知哲学等都对意向性问题进行了深入的分析。意向性问题不仅涉及语言如何与世界相联结，同时，也是语言哲学与心理学、心灵哲学及认知哲学相互沟通的桥梁。语言是用来表达思想的，它具有表征的功能。而要说明和揭示语言的表征功能及其机制，就必然要涉及语言的意义、指称、真，也必然会涉及人的心理意向活动。因此，意向性研究对于研究语言的形成及其发展、语言和心灵，以及语言和认知的关系都具有重要的意义。塞尔认为：意向性问题是心灵哲学和语言哲学的交汇点，语言哲学和心灵哲学就是通过它连接在一起的。他认为，由于言语行为是人类行为的一种形式，表征（represent）对象和时态的言语能力是个更为一般的把有机体和世界联系起来的心灵能力，任何言语和语言的完整说明都需要对心灵/大脑如何把有机体和世界联系起来给予说明。因而，可以说，“语言哲学是心灵哲学的一个分支”②。

① ［德］施太格缪勒．当代哲学主流（上卷）［M］．王炳文，等译．北京：商务印书馆，1986. 41-42

② Searle J R. Intentionality: An Essay in Philosophy of Mind［M］. Cambridge, MA: Cambridge University Press, 1983. vii

一、意向性的本质和特征

当代心灵哲学关于意向性的研究始于布伦塔诺，他是通过说明心理现象的本质特征而提出他的意向性理论的。在《从经验的观点看心理学》一书中，他指出："中世纪经院哲学用关于某个对象的意向（或精神）中存在这个概念来指示任何心理现象，而我们则把它称为——尽管如下说法不无含糊之处——对于某内容的关联性，对于某对象的指向性（在这里它不应被理解为某种实在物），或一种内在的对象性（gegenstandlichkeit）。"① 从中我们可以看出，布伦塔诺把意向性从心理学的精神分析中拯救出来，使它回到了意识活动的构造分析中。

（一）意向性的本质

布伦塔诺认为，每个心理现象都以不尽相同的方式包含着作为其自身内部对象的某物：在一个表象中某物呈现着，在一个判断中某物被肯定或否定着，在爱中某物被爱着，在恨中某物被恨着，在欲望中某物被渴望着，诸如此类。② 在这个意向性的定义中，我们可以看到有两方面的内容：一方面是"意向中的存在""精神的存在"和"内在的对象性"；另一方面是"对于某对象的指向性"和"对于某内容的关联性"这两种表达。第一个方面说明了意向内容是一种内在的、精神性的，这是后来胡塞尔所坚持的立场，也是胡塞尔的意向性理论与英美心灵哲学中的意向性研究相区别的一个重要特征；第二个方面说明了意向性具有对于某个意向内容的指向性。这两个方面初看起来，好像有着不同的性质和基础，"是两个全然不同的东西"，但实际上，它们之间有着密切的关系。这种联系主要表现在我们采取一种什么样的认识方式和态度，是自然科学的还是哲学的：①自然科学不关心认识的可能性问题，它们只是关注于意识（我思）之外的客观世界，所以，它们的态度是超越的，而哲学是要解决认识何以可能的问题，所以要寻找认识的开端，要进行反思，而"我们在开端的时候不能把任何认识当作认识，否则我们就不具有可能的、或者说同一的，充满意义的目的"。这就使得哲学的认识内容是内在的，而不是超越的。②自然科学的思维满足于对象的被给予性，而哲学思维要求显现的被给予性，也就是说，自然科学的意向对象是外部的实在对象，而哲学的意向对象是显现本身。③这就使得自然科学思维中

---

① 转引自：［荷］泰奥多·德布尔．胡塞尔思想的发展［M］．李河译．北京：生活·读书·新知三联书店，1995. 6-7

② ［荷］泰奥多·德布尔．胡塞尔思想的发展［M］．李河译．北京：生活·读书·新知三联书店，1995. 7

意向性的方向是向外的，而哲学思维中意向性的方向是向内的。[①] 由于采取了不同的认识态度，所以就有了不同的意向性理论。

关于意向性，有不同的涵义，但人们普遍认为，所谓“意向性”就是意识活动的指向性。它是一般体验领域的一个本质特性，因为一切体验在某种方式上均参与它，尽管我们不能在同一意义上说，每一体验都具有意向性，但就我们把意向性理解作一个体验的特性，即“作为对某物的意识”来说，每一体验仍能包含着意向性关系。它充斥于“我思”中，一切认识理论和形而上学的谜团和困惑都源于这种性质，即这种指向性：一个知觉是对某物的知觉；一个判断是对某事态的判断；一个评价是对某一价值事态的评价；一个愿望是对某一愿望事态的愿望；如此等等。在这种指向中，在我们思维中被知觉的对象，由于特殊的“自我朝向”而从此背景中被凸现出来。这就是说，虽然我们现在朝向“我思”样式中的那个纯粹对象，但各种对象都在“显现”，它们是直观地“被意识”和“被给予”的，它们都被汇入一个被意识的对象场的直观统一体中。在这个统一体中，意识成为一种潜在的知觉场，一个特殊的知觉用“朝向……的目光”，指向显现给我们的每一物。意向性是在严格意义上说明意识特性的东西，而且也有理由把整个体验流称作意识流和一个意识统一体。[②]

我们把体验流看作是一个意识统一体，是因为物知觉具有某种非独立性。物体必然只能“在一个侧面中”被给予，而且这不只意味着它在某种是不完全的或不完善的，同时也意味着侧显式呈现所规定的东西。物体必然只是在“显现方式”中被给予，在不同的知觉中形成不同的“物知觉”，并构成诸可能的知觉复合体。它们彼此不断相互融合，共同汇为一个知觉统一体，在此统一体中连续持存的物在一个永远不断更新的侧显系列中显示着永远更新的（或者在回顾时复旧的）“侧面”。体验是多方面的，通常有关物的体验是在知觉中通过侧显的显现方式被给予的，而一种情感体验是无侧显作用的。[③] 当然，如果我们考虑到意向性中关于某物的相关性内容，那么这种体验还是关于这个“绝对的所与物”的相关方面的。

因此，胡塞尔认为：虽然显现中的所与物的本质在于任何显现都只是单侧呈现，它不呈现作为“绝对物”的事物，而内在性的所与物的本质却在于呈现某种绝对物，它不可能按诸侧面被呈现或被侧显。显然，真实地属于知觉物体验的，对它物进行侧显的感觉内容本身，尤其起着对它物侧显的作用，但它们本身不再通过侧显被给予。[④] 认识通过感觉器官的各个不同信道侧显对象，最后形成

---

① ［德］埃德蒙德·胡塞尔．现象学的观念［M］．倪梁康译．上海：上海译文出版社，1986. 8-18
② ［德］埃德蒙德·胡塞尔．纯粹现象学通论［M］．李幼蒸译．北京：商务印书馆，1995. 210-212
③ ［德］埃德蒙德·胡塞尔．纯粹现象学通论［M］．李幼蒸译．北京：商务印书馆，1995. 121-123
④ ［德］埃德蒙德·胡塞尔．纯粹现象学通论［M］．李幼蒸译．北京：商务印书馆，1995. 123-124

康德称之为“统一的统觉”。

塞尔对意向性问题进行了系统深入的研究，1982 年他出版了《意向性：论心灵哲学》一书，他把该书看作是为 1969 年发表的《言语行为：语言哲学方面的一篇论文》和 1979 年发表的《表达和意义——言语行为理论研究》两部著作提供了理论基础。在《意向性：论心灵哲学》中，他认为，语言哲学是心灵哲学的一个分支，而心灵哲学的关键就是我们的心理状态怎样表现世界上事物的状态。通过意向性问题，他把语言哲学和心灵哲学结合起来。[①] 他认为：“意向性是心理状态和事件指向、关于、涉及或表现世界上某些客体和事态的特征。”[②] 也就是“我的主观状态使我与世界的其他部分相联系”的这种关系。[③] 他给出了不同于传统的意向性特征：①只有某些心理状态具有意向性，而不是全部。间接的焦虑、失望和得意不是意向性的，而直接的情形则是意向性的。所谓直接的情形就是这些心理状态是指向某个客体和事态的。②意向性不等于意识，许多意识状态不是意向的。意识和意向性的关系表现为并非所有意向状态都是有意识的，也并非所有的意识状态都是有意向性的。③意图（intending）和意向（intentions）只是意向性（intentionality）中的一种形式。[④]

（二）意向性的基本特征

按照布伦塔诺的观点，意向性是心理现象所独有的特征，因此它构成了区分心理现象的标准。如果把意向性作为区分心理现象和非心理的物理现象的标准，那么，我们就可以通过对描述心理现象的语句的分析，来间接地说明意向性的特征。人们按照上述思想提出了辨别有意向性的句子的种种标准。但总的看来，没有哪一个能成为把意向语句和非意向语句区别开来的标准。因此，齐硕姆把这些标准称之为不能解决问题的，不令人满意的标准。[⑤] 例如，将句子是否断定实在的存在，是否概括、抽象了存在的性质，来作为句子的意向性的逻辑标准。如果一个句子不包含对实在的断定，就是意向性句子。反之，如果句子断定了事物或事态的存在性，就是非意向性的句子。给出下列两个句子：①“约翰想到马”；②“约翰骑在马上”。在①中不包含对实在的断定，没有断定“马”是否存在，

① ［美］约翰·塞尔．心灵、语言和社会［M］．李步楼译．上海：上海译文出版社，2001．译者的话，1

② Searle J R. Intentionality：An Essay in Philosophy of Mind［M］．Cambridge，MA：Cambridge University Press，1983. 1

③ ［美］约翰·塞尔．心灵、语言和社会［M］．李步楼译．上海：上海译文出版社，2001. 81

④ Searle J R. Intentionality：An Essay in Philosophy of Mind［M］．Cambridge，MA：Cambridge University Press，1983. 1-4

⑤ 高新民．现代西方心灵哲学［M］．武汉：武汉出版社，1994. 422-423

因此属于意向句；而在②中包含了对“马”的存在的肯定，所以属于非意向句。但是，在描述物理现象的某些陈述中，如“中国没有北极熊”等陈述中也没有对存在做出断定，但它们也并不是意向句。

其次，把非外延性出现当作是意向语句的一个可能标准。所谓“外延出现”是指表达式在某句子中有展延地或非内涵地出现。例如，某表达式在某句子中外延地出现，当且仅当该表达式或①单指项 a，或②谓词 F，或③句子 P，同时按照下述方式置换而并不会影响该句子的真值：①b 置换 a，这里 a 和 b 有相同的外指；②G 置换 F，这里两者外延相同；③q 置换 p，这里两者有相同的真值。而非外延性出现则与之相反，它指出现在句子中的某表达式既不蕴含它所表达的对象的存在，也不蕴含该表达式的真假。[①] 根据上述观点，如果一个短语 P 可以说非外延地出现在一个句子中，即如用其他有同样真值的短语代替 P，放入到 S 中，其结果就产生了一个与 S 有同样真值的句子。例如，“5+7=12”这一短语可代替“12=12”的短语，当把前者放入到“12 要么等于 11，要么等于 12”的句子中时，并不改变句子的原有真值，那么，这样的句子就是一个表达了意向性的句子。但对句子“琼斯相信 12=12”，假如我们说“琼斯相信 5+7=12”，其真值就发生了变化，因为，琼斯可以只知道“12=12”，但并不一定知道“5+7=12”。因而，非外延的出现并不一定是有意向的句子。

最后，主张指称的不透明性或含混性是有意向性句子的标准。对于句子 S“托·马丁曾相信：杜威是杜鲁门的继任者”，其中的表达式“杜鲁门的继任者”可以被“艾森豪威尔的继任者”替换。如果经过替换后的语句真值没有发生变化，那么，S 中的“杜鲁门的继任者”这一表达式就是指称上含糊或不透明的，而该句子就是一个意向句。但事实上，如果“杜威是杜鲁门的后继者”，那么，“杜威就是杜鲁门的后继者”必然为真，但我们不能相信如果“杜威是杜鲁门的后继者”，那么，“杜威就是艾森豪威尔的后继者”也必然为真。指称上不透明的句子并不必然的是意向句。

为了克服上述“意向标准”的困难，齐硕姆提出了一种新的语句的意向性标志：他用限制日常英语的方式来描述语句的意向特征，即在表示命题从句式不用带“that”的从句，把从句“that”后面的部分放在（……）里，如“约翰相信（that）存在着人”可写成“约翰相信（存在着人）”。这样，在原从句（……）前面的语句部分 M 可以看作是包含了不严格的，逻辑上等值于一个句子功能的表达式。如果对于每一个句子 P，M（P）在逻辑上是可能的或偶然的，那么我们就说一个简单语句词头 M 是有意向性的。符合这些标准的词有相信、

① 高新民．现代西方心灵哲学［M］．武汉：武汉出版社，1994. 424

问、期望、等待、记得、愿意等。从描述的角度来看，心理的东西与非心理的东西的区别在于，对于心理的东西的恰当描述需要用到意向语词，而对非心理的东西的恰当描述则不需要这样的语词。而当我们在一个从句前面使用了意向性的词头，那么这一语句或陈述也就成为关于心理现象的描述，该语句所描述的现象也就有了意向性。因此，意向性陈述的一个特定的标志就是其词头是一恰如其分的意向性的词头。而对于有些不符合这个标志的语句也可以是意向性的，如“他害怕战争”“他处于痛苦之中”等。这些都是描述心理活动的语句，在齐硕姆看来，意向性如果不是心理的东西的必要条件，至少也是其充分的条件。①

二、意向性研究的两种基本态度

对现象学来说，知识的唯一来源是内在材料的自明性。为了获取具有自明性的材料，就需要进行现象学的还原。现象学的还原就是把所有东西都还原为它们的现象，这种现象就是表象，并且所有表象都是某种为意识而存在的东西。要理解这一点，我们首先要弄清楚自然态度和现象学态度。

（一）自然的态度

胡塞尔把“自然态度”叫作人类意识的自发态度，这种自发态度的趋向是外部世界，并且确认这一世界的存在。自然的态度把“现实客体”看作是意向客体，现实客体就是在我们之外的存在之物。我们把自己的目光指向它，然后描述它，做出有关它的陈述。英美哲学中的意向性研究基本上是坚持这样一种态度和立场。如果我们采取现象学的态度，就需要使用现象学的还原，一切外在于我们的“现实”客体和超验的设定，都应被“置入括号”，悬置起来、存而不论。通过这种还原，世界上所有现实存在之物都成为纯粹的所思之物。② 而自然态度则把外部世界的存在当作一种理所当然的存在，不加任何的哲学审视和反思，把现实世界给予意识的东西看作是现实世界本身，因而把外部世界的现实对象当作是意向对象，把意向对象看作是和我们的意识活动相脱离的东西。

（二）反思的态度

而现象学态度又叫作“反思态度”，这种态度把意识生活、事物被给予意识的各种方法当作它的对象。从这种意义上说，现象学是一种为了分析意识而进入到意识之中的方法。按照这种态度，现象学的工作就是要进行还原。这种还原包

---

① 高新民．现代西方心灵哲学［M］．武汉：武汉出版社，1994. 426

② ［德］埃德蒙德·胡塞尔．纯粹现象学通论［M］．李幼蒸译．北京：商务印书馆，1995. 229-230

括以下内容：①排除自然世界和超验设定的东西。对象不是被看作世界中的独立存在，而是被看作某种依赖于我的精神的思维活动的东西。这种依赖于我的思维活动的对象叫作“现象”，或者叫作“意向对象”。②作为自然存在物的人类也被排除。也就是说，自然的自我、心理学的自我、作为存在的自我，也被排除掉了。所剩下的只是纯粹的自我或超验的自我。而纯粹的自我并不是驻留在那里，我们在多重精神过程流的任何地方都找不到纯粹的自我，自我似乎属于连续不断地，即将要到来和将要离去的精神过程，它的“关注点”直接地“通过”每一种活动的“我思”而指向某种客观（意向）事物。每一束新的“我思”射线从一种“我思”延续到下一种“我思”，随着每一种新的“我思”而重新延续下去。然而，自我是某种同一物。每一种“我思”都属于自我，而自我属于每一种精神活动。纯粹的自我是内在的，它不隶属于意识流，同时，它又是超验的，因为它是某种剩余物，它不容易被还原为意识流，也不容易成为纯粹的现象。③关于上帝的超验性也属于现象学还原。④现象学还原要排除所有超验之物。[①]通过这种还原，我们得到了“自我—我思—所思之物”这个结构。而这一结构，就是现象学的基本结构，即“意向结构”。“自我”是意向主体，“我思”是意向活动，“所思之物”就是意向对象。根据意向性活动的本质结构，胡塞尔区分了几种意向活动。意向活动的本质结构产生于对这些活动的意向性描述。也就是说，意向活动具有意向性的本质属性，而意向活动通过这种属性而具有意向对象。在这里，“意向对象”不是人们称作“对象”的东西，因为对象和事物是同一的。而意向对象是指向对象的意向活动的结果。“我思”不是一种实体，而是一种具有“同一化”作用的体验。意识，作为思维活动、感觉活动处在一个过程之中，它处于由许许多多意识行为的意识流中，它既非主体，也非客体。可以说，“意识就是所意识到的一切：意愿［will］消融在所意愿的内容中，思维消融在所思的内容中，感觉消融在所感的内容中”[②]。所以，在我们进行体验活动时，不存在关于这一活动的内在体验，当然，也不存在关于它的对象的外部体验。因为在我们内在地体验这种意向活动的同一体验中，我们也在体验着它的意向对象。

第三节　意向结构及其语言分析思路

随着语言哲学和心灵哲学的各自的发展和相互影响，语言和意向性之间的联系已越来越被人们所重视。一方面，运用语言哲学解决心灵哲学的一系列问题成

---

①［美］维克多·维拉德-梅欧．胡塞尔［M］．杨富斌译．北京：中华书局，2002. 67-69

②［德］吕迪格尔-萨弗兰斯基．海德格尔传［M］．靳希平译．北京：商务印书馆，1999. 112

为心灵哲学发展的一种趋势；另一方面，使用意向性的理论来解释语言问题，也成为20世纪70年代之后，分析哲学的一次意义深远的转向。所有这些都说明并且凸现了语言与意向性之间的内在联系，也为我们从哲学史的视域梳理20世纪语言转向的发展脉络及其未来走向提供了思路。

一、意向结构与语言结构

胡塞尔把意向活动看作是一个整体，它包括质性和质料两部分。在《逻辑研究》中，现象学的重要成就之一，就是对活动的质性（quality）与作为意向的或使某物对象化的活动整体的两个要素的质料（matter）做了区分。胡塞尔把作为再现、判断等体验的变更叫作“活动的质性”，把“质料”叫作意向活动的要素，它在人们改变对象性、保持相同体验（再现、判断等）时发生变化。活动的质性是确定的意向对象所借以进行意向活动的模式，是造成不同种类的意向体验的原因。[①] 质料是意向活动的要素，它具有再现确定的意向对象的功能。“质料概念是通过总体认同的统一而得到定义的，而且是被定义为在行为中的那些作为认同基础而起作用的东西。”[②] 活动的质料和质性的统一构成了活动的“意向本质”。活动的意向本质至少具有两种实在的要素：①活动的质性，意向活动通过这种质性而以不同的主观态度（怀疑、判断和想象等）使某物对象化；②质料，意向活动通过它而成为确定的意向对象的意向参照物。在这里，胡塞尔用意向质料而不用意向内容是为了澄清术语的涵义。“意向活动的内容”这种表达可以指两种不同的东西：意向内容（意向活动的对象）或物质内容，胡塞尔通常把后者称为“质料”，认为它是任何意向活动的结构要素。[③] 在意向结构中，思维的“我”和意向对象都存在于意向活动中，虽然意向对象不属于意向活动的成分，但它被统一在意向活动中，而“我”则存在于指向对象的意向活动中，存在于不断变化的意向活动中。我通过质性的作用指向意向对象，而质料则是在形成意向对象的意向活动中的结构要素。意向活动包括感性活动和范畴活动，感性活动是范畴活动的基础。对感性对象的直观是感知（外部感知），对范畴对象的直观是范畴直观或理性直观。范畴活动包括空洞的意向和范畴直观。范畴直观的基本逻辑形式是“S是P”的形式。从语言的角度讲，这是一种谓述结构形式。

---

① ［德］埃德蒙德·胡塞尔．逻辑研究［M］第二卷．第一部分．倪梁康译．上海：上海译文出版社，2006.479-480

② ［德］埃德蒙德·胡塞尔．逻辑研究［M］第二卷．第二部分．倪梁康译．上海：上海译文出版社，2006.92

③ ［美］维克多·维拉德-梅欧．胡塞尔［M］．杨富斌译．北京：中华书局，2002.42-43

塞尔对语言结构和意向结构做了细致的研究。他认为，意向状态和言语行为有着密切的联系，后者根源于前者，而前者决定并表现于后者之上。另外，它们在结构和特征方面也具有某种相似性：①两者都可以区分为“命题内容”和逻辑形式；②两者都具有从自身到世界，以及从世界到自身的适应方向；③两者有相同的满足条件。心灵所具有的一个值得注意的特性就是，它通过意向性使我们与实在世界相联系。意向性是心灵用来连接我们同世界关系的特殊方法。同样明显的事实是不同类型的意向性内容以不同的方式与世界相联系。不同类型的意向状态用不同的适应职责（obligations of fitting）把命题内容与实在世界相联系。[①] “适应指向”这个术语是奥斯汀提出的，塞尔在此基础上认为有两种适应指向：一是语词（或意向状态）向世界的适应指向，即语词（或意向状态）去适应世界；二是世界向语词（或意向状态）的适应指向。像相信、知觉和记忆属于前者，因为它们的目的就是要表达事物本身。而愿望、意图等属于后者，因为它们不是为了表达事物，而是表示我们想要使它们如何。当然，并非所有意向状态都具有适应指向，即世界向心灵或心灵向世界的适应指向，如高兴或抱歉等意向状态。对于这种情况，塞尔认为，它们具有零指向。塞尔认为，理解意向性的关键是满足条件。

所谓满足条件，就是世界以某意向状态所表示的方式存在，我们就说这种意向状态被满足了。言语行为和意向状态有着相同的满足条件，而言语行为和意向状态是否被满足取决于命题内容和被表示的实在之间实际上是否一致。[②] 在塞尔看来，明白了意向状态语言与行为的上述联系，我们就可以在此基础上进一步揭示意向性的结构和特征。按照塞尔的观点，首先，每个意向性心理状态都由某种心理模式和对内容的描述所构成。也就是说，意向性状态有形式和内容两个方面。其次，意向状态表征对象和事态与言语行为表征对象和事态具有同等意义。例如，我的陈述“天要下雨”与我的信念“天要下雨”表征的是同一个事态。意向状态是由心理形式的意向内容构成的。

二、两种意向结构及其意向分析思路

值得注意的是，塞尔所说的意向状态的结构和特性是逻辑上的，而不是本体论意义上。尽管他强调我们不从言语活动的本身寻找言语与现实之关系的解释，是因为言语行为“表征”（representation）客体以及客观世界的事物状态的能力是“更基本的”精神的生物能量的“外延”。换句话说，是以诸如信念、欲望等

① ［美］约翰·塞尔．心灵、语言和社会［M］．李步楼译．上海：上海译文出版社，2001.96
② ［美］约翰·塞尔．心灵、语言和社会［M］．李步楼译．上海：上海译文出版社，2001.98-99

精神状态的方式，通过行动和感知把人体与世界联系起来的大脑的生物能量的"外延"。[①] 但由于塞尔的基本立场是要在心理主义与还原主义之间寻找出路，所以，他并不赞成还原分析，无论是意向性的还原分析，还是语言结构的还原分析。这样，要解决"语词如何与世界发生关系"这个问题，只能借助于对完成言语行为的过程的分析来解决，即言语行为的完成是由精神的内在意向性的驱使。在这种范围内，语言的对象参照只不过是意向的对象参照的一种特殊情况，意向的对象参照全部由意向内容决定的。而意向内容部分地是由适应关系和满足关系决定的。[②]

在这里，存在着两种意向结构和分析思路。一种是布伦塔诺和胡塞尔所坚持的具有内在性的自明性的意向性，尽管布伦塔诺晚年放弃了意向的内在特征，但是他始终坚持意向是心理现象所具有的，并且在它的全部多样性中呈现出一种统一性。[③] 因此，意向结构表现为｛【意向主体—意向活动—意向对象】｝。应当注意的是，在布伦塔诺和胡塞尔的意向理论中，意向活动作为一个体验统一体，而意向主体就存在于每一次的意向体验中，每一次的意向体验都是朝向意向对象的活动。在意向体验中，构成了意向关系的基本部分——意向对象的意义。可以看作为：意向行为→意向内容（"内核"＋"极"）。而在早期的《逻辑研究》中，胡塞尔则坚持：意向行为—意向内容（意义）→对象。由于强调意向对象的内在性及任何显现都是都只是单侧呈现，它不呈现作为"绝对物"的事物，这样，无论是思维还是知觉的"看"都是意向性的活动。这就使得胡塞尔的意向理论不仅研究"命题态度"，更为基本地，是要研究范畴活动。范畴活动是一个判断，它具有"S是P"这样的逻辑形式。这样，意向性研究通过范畴直观的逻辑形式回到了语言的谓述结构上，通过分析这样一个结构，我们对指称、涵义以及真的分析都可以建立在意向分析的基础之上。也就是说，在语词的意义形成的过程中，都具有意向构造的作用。

而英美的意向哲学研究则坚持一种自然的态度。尽管它们也承认每一个意向活动都是指向意向对象的，但意向对象是外在于意向活动的。所以，意向结构表现为｛【意向主体—意向活动】→【意向对象】｝。由于把意向对象看成是一种超意识的"现实对象"，尽管这种现实的存在物可以通过我们的意向活动所指向，但这种现实对象的存在并不依赖于我们的意向活动。这样，意向所指向的是一个

---

① ［法］米哈伊尔·苏波特尼克．言语行为哲学［M］．史忠义译．天津：天津人民出版社，2003. 103

② ［法］米哈伊尔·苏波特尼克．言语行为哲学［M］．史忠义译．天津：天津人民出版社，2003. 138-139

③ ［德］施太格缪勒．当代哲学主流（上卷）［M］．王炳文，等译．北京：商务印书馆，1986. 54-55

"完整的事物"（或事态），从而其意向性研究的中心问题不是建立在知觉判断上的"S是P"这样的逻辑形式，而是"名词性的词+意向词+从句"这样的逻辑形式。例如，我+相信（期望、愿意等）+that（从句）。这就使得英美哲学的意向性分析只是局限于命题态度和心理表征的范围内①，而不研究意向词之外的语言的意向性，如述谓语句的意向性。

所以，胡塞尔现象学的意向性思想与英美心灵哲学中意向性思想之间的区别表现在以下几个方面：首先，前者把意向指向的对象看作是内在的，是一种意向对象，它是由人的意向构造活动实现的。当然，这个对象并不是主观的东西，而是先验的内容。而后者把意向指向的对象看作是外在的，是一种"现实对象"。它是如其所是的存在在那里的。其次，前者把意向活动看作是一种综合活动，如在命名的过程中，意向活动是多向放射（many-rayed）的活动（复合活动），包括许多其他诸如搜集、关联、计算之类的多向放射活动。通常，所有称为"范畴活动"的活动都是多向放射活动，而后者的活动则意味着或倾向于单向的放射活动（如迈农）。再次，前者把感知直观看作是范畴直观的基础，坚持"思维和看"都是意向性的，突出强调感知直观侧显的普遍性，从而把意向性建立在基本的谓述结构的层面上。而后者只是研究思维的意向性，更没有侧显（一种意向构造）的思想，把意向对象的结构看作是外在于意识的内容。这样，尽管把意向看作是指向某物的意向，但由于缺乏知觉直观的侧显作用，使得这种"我—思—客体"的活动成为一种相互分离的"（我—思）—客体"的活动，使对意向性的研究成为仅仅对命题态度的研究。实际上，"只有当意向性概念被用于知觉并因此对意识与显现世界之关系具有普遍意义时，全新的意向性概念才会出现"。② 只有在知觉的基础上，一种对范畴直观的判断"S是P"的侧显体验才能够完成。

三、意向结构与给予方式

通过上述分析，我们可以看出，尽管现象学和英美心灵哲学都承认意识是"对某物的意识"，但由于它们对意向对象的性质有着不同的看法，所以对意向活动本身有着不同的认识。正如胡塞尔所说的，以往人们生存于知觉中，观察被知觉物并将其理论化，但并未努力将其目光指向知觉行为本身，或指向被知觉物的所与性方式的独特性上，从而去分析内在地呈现给我们的东西。③ 而只有现象

---

① Gilead Bar-Elli. The Sense of Reference: Intentionality in Frege [M]. Berlin: Walter de Gruyter, 1996. 16

② [荷] 泰奥多·德布尔. 胡塞尔思想的发展 [M]. 李河译. 北京：生活·读书·新知三联书店，1995. 52

③ [德] 埃德蒙德·胡塞尔. 纯粹现象学通论 [M]. 李幼蒸译. 北京：商务印书馆，1995. 222

学的意向性分析才对意向的给予方式进行研究。

（一）对象的给予方式

胡塞尔认为，无论如何，在一种正常的思想态度中，我们通过活动所指向的是活动对象。但在现象学中，与之不同的是，我们不是去关注对象，而是转向活动本身以便对它们进行分析。从活动的对象转向对象的活动，具有完全不同的意义。他把这种指向对象活动的指示活动称为思想的指向，它与那种从我们心理发展初期起便日益强化的根深蒂固的实践全然不同。胡塞尔把这种在每一个体中形成的，并且只有在遇到困难时才会发生改变的日常的思想态度说成是“直接的客观性”。在另一个地方，他说这是“幼稚的客观性态度”①。在他看来，这显然是一种自然的认识方式和素朴的认识态度，这里的素朴性在于，我们的确看到了对象，但却没有看到使这些对象呈现给我们的活动。因此，在分析我们的认识内容时，只看到对象本身，而不去关注对象所处的境遇，更不去关心呈现给我们的这个意向对象是如何被构造的。与自然的、朴素态度相区别的是一种哲学反思的态度。胡塞尔通过分析洛克和英国心理学派的反思态度，强调反思并非轻而易举的事情。在英国心理学家那里，寻求一种直接的客观性已经取代了现象学的反思，“我们以为自己正在分析活动，实际上我们正在描述主观化的对象”②。与之相类似的是，以奥斯汀和塞尔为代表的英美言语行为理论，在意向性分析中，只是分析命题态度，而没有从更为基本的谓述结构层面去研究，没有分析主词和谓词如何能够集中在一个事物上，只是分析非构造性的意向活动，而并未对意向对象的给予方式做出说明。首先，这里需要说明的是，胡塞尔认为，存在着各种各样的意识活动，有的指向意向对象，有的不指向意向对象，如痛苦和快乐、烦恼和忧愁。其次，有些感受活动或意识活动是意向性的，有一些则不是意向性的，如灼热的疼痛与被灼，都与对象有关，即我们的身体的某一部分与灼热的客体接触，尽管这种体验是在意向活动中进行的，但我们并不把这种感觉本身标识为意向体验。再次，在欲求和意愿、希望和等待中也具有类似的情形，如我们的欲求在对象方面通常具有某种不确定性，或者说，这种确定的意向表述一个不确定的“某物”。③ 总之，上述意识活动都不具有意向构造的作用。要分析意识对象是如何被构造出来，只是停留在命题态度和心理表征的分析上是不够的。

---

① ［荷］泰奥多·德布尔．胡塞尔思想的发展［M］．李河译．北京：生活·读书·新知三联书店，1995.124-125

② ［荷］泰奥多·德布尔．胡塞尔思想的发展［M］．李河译．北京：生活·读书·新知三联书店，1995.125

③ ［德］埃德蒙德·胡塞尔．逻辑研究［M］第二卷．第一部分．倪梁康译．上海：上海译文出版社，2006.458-462

由于没有认识到意向对象的显现方式（侧显）的重要性，不是从“意向构造”的方面去研究意识过程，而只是去研究命题的意向词，即只关注命题态度，因而无法对我们所获得的知识给予正确的解释。从语言学哲学的角度来看，关注知觉物的给予方式，就是关注在我们指称某对象时所形成的涵义和指称对象的关系（包含意向语境和言外语境）。当然，对于胡塞尔来说，由于在意向体验中重视意向对象的显现方式，所以，他所关注的不是语境，而是具有意向作用的知觉直观和范畴直观。

实际上，每一种体验都不可能完全被知觉，即它不可能在其完全的统一体中被充分地把握。我们的知觉只通过对物的纯侧显作用本身才能达到物本身，这既非由于物的一个偶然的特殊性，也非由于“我们人的构成”所具有的某种偶然性。相反，从空间物（甚至在最广义上包括“被视物”）的本质可以得出，那样一种存在必然只能通过侧显在知觉中给予我们。因为，一个空间存在只能在某一“方向”上“侧显”，这个方向必然是被包含在具有诸可能方向的系统中，其中每一个方向又都依次对应于某种“显现方式”，我们可将此显现方式表示为（例如）某一“侧面”上的所与性，如此等等。① 这种侧显在古希腊构成了柏拉图“一”与“多”的隐喻形式。

（二）弗雷格的涵义和指称对象

实际上，胡塞尔的意义（Sinn）理论和弗雷格的意义（meaning）理论具有许多相似之处②：意义在胡塞尔和弗雷格看来都是指向某个对象的方式。胡塞尔认为，每一种意向活动都有其内容，也就是说，都有其意义，并且通过这种意义而与其对象联系起来。那么，从这种意义上讲，把胡塞尔的对象概念与弗雷格的指称对象（referent）概念相比较并非不可。③ 胡塞尔和弗雷格基本上持相同的立场，他们认为，一个表达式的涵义构成一种东西，凭借这种东西，这个表达式有

---

① ［德］埃德蒙德·胡塞尔．纯粹现象学通论［M］．李幼蒸译．北京：商务印书馆，1995. 119

② 按照词典的字面意义来说，德语中的 sinn（涵义）是和英语中的 sense（涵义）相对应，而德语中的 bedeutung（意义）和英语中的 meaning（意义）相对应。但在胡塞尔那里 sinn 和 bedeutung 在使用时通常是不加区分的（［德］埃德蒙德·胡塞尔．逻辑研究［M］第二卷．第一部分．倪梁康译．上海：上海译文出版社，2006. 60- 61），但为了将“语言学意义”与“知觉意义”区别开来，胡塞尔用“bedeutung”来表示狭义的语言学意义（“表达性意义”），而用“sinn”来表示广义的意义观念。（［荷］泰奥尔·德布尔．胡塞尔思想的发展［M］．李河译．北京：生活·读书·新知三联书店，1995. 134）。这样，在这两词的使用上与弗雷格的用法相反。所以，倪梁康先生把 bedeutung 译为含义，而把 sinn 译为意义。另外，对于弗雷格所使用的 sinn（sense）一词，译者通常译作“涵义”。由于弗雷格的涵义和胡塞尔的涵义（含义）有不同的用法和意义，另外为了便于引用和探讨，我们把弗雷格的 sense 都译作“涵义”，把胡塞尔的 sense（sinn）译为意义

③ ［美］维克多·维拉德-梅欧．胡塞尔［M］．杨富斌译．北京：中华书局，2002. 84

了它所具有的对象所指。任何对意义的说明必须提供一种解释，即解释不同范畴表达式的意义是如何相互配合而产生出整个句子的意义的。在这一点上，弗雷格依赖于他关于“不饱和的”和“不完整的”表达式的看法。他表示这种不完整性的模型是一个函数，这个函数必须通过一个自变元作为“补充”而获得一个值。语言表达式的不完整性并不在于它是一个函数，更不在于它有一个函数作它的涵义，而在于它有一个函数作它的指称对象。① 谁也不会怀疑单称词一般有指称对象，问题是，这样一个词还有一种涵义，而这种涵义又不同于这个词所具有的指称，这样的认识是不是正确？单称词、包括专名的涵义或所指称的是一种方式，借助这种方式，由于某个人知道或理解含有这个词的语言，就可以得到它所指称的对象。如果这样理解，我们几乎不会怀疑，对任何个体说话者而言，一定有某种他附加在单称词上的涵义，以此可以寻觅到一条达到相关对象的特殊途径。正是基于这样的考虑，我们才可以说，单称词拥有涵义，而这些涵义大于它们具有的指称对象。②

当然，在对待指称对象的问题上，他们之间也有许多差别，弗雷格把指称对象（referent）看作是超语言的存在物，是一种“实在存在物”。而胡塞尔把意义看作是非语言的，意向对象和意向活动相互隶属，因此，意向对象是内在于意识活动的，理解意向对象就是对意向活动的理解，这样就排除了对作为意义的意向活动的语言解释。③ 胡塞尔认为，意义本身是一种表象的内在和本质的特征，而对象的所指表明真命题之间一定的联系和引入意义的判断之间一定的联系。胡塞尔的“意义”在语词的使用上相应于弗雷格的“涵义”。对于弗雷格来说，涵义也独立于语言，因为它们的存在不依赖于它们被表达。但是弗雷格同时认为，我们只能通过它们的言词或符号表达才能把握它们。④ 对胡塞尔来说，每个符号都是某种东西的符号，然而并不是每个符号都具有一个“含义”（bedeutung），一个借助于符号而“表述”出来的“意义”（sinn）。表达是因为具有含义而与对象发生关系，那么，只要有一个和它相对应的对象存在，表达便具有含义，否则，表达就没有含义。也就是说，在信号（anzeigen）或记号（kennzeichen）、标号（merkzeichen）等意义上的符号不表述任何东西。如果它表述了什么，那么它便在完成指示（anzichen）作用的同时还完成了意指（bedeuten）的作用。⑤ 胡塞尔进一步指出：“含义作为观念统一（在这里可以被标志为意指的意向）和在某

① ［美］迈克尔·达米特．分析哲学的起源［M］．王路译．上海：上海译文出版社，2005.53-55

② ［美］迈克尔·达米特．分析哲学的起源［M］．王路译．上海：上海译文出版社，2005.41-42

③ ［美］维克多·维拉德-梅欧．胡塞尔［M］．杨富斌译．北京：中华书局，2002.84-85

④ ［美］迈克尔·达米特．分析哲学的起源［M］．王路译．上海：上海译文出版社，2005.40

⑤ ［德］埃德蒙德·胡塞尔．逻辑研究［M］．第二卷．第一部分．倪梁康译．上海：上海译文出版社，2006.32

些关系上以它为标准而充实着的含义。这种观念关系是那些根据充实统一的行为而进行的观念直观抽象被把握到的。”① 从胡塞尔对含义的定义来看，含义包括了意向行为和充实过程。

（三）胡塞尔的含义意向与含义充实

在胡塞尔的现象学中，意向活动就是一种思维的构造过程。在意指的过程中，至关重要的是，不要把范畴直观视为直观的起源，视为无须感性经验的直观。范畴直观是以感性经验为基础的真实思想活动。空洞的范畴活动（意义–意向）的范围要比范畴直观的范围宽广得多。空洞的意义是无限的，它们不能找到相应的充实它们的范畴直观。总之，范畴直观是其他范畴对象诸如事物状态（S是P）被直观地给予的方式。②直观的特征是能够直接地呈现对象，或者说，该对象是直接给予的。直观的意向对象既可以是感性对象（如红色），也可以是范畴对象（如关于马的观念）。感性对象是低层次对象，而理念对象则是高层次对象。对感性对象的直观是感知（外部感知），对范畴对象的直观是范畴直观或理性直观。胡塞尔的创新之处就在于描述了我们具有理智直观或范畴直观这一事实，正像我们具有对感性对象的直观一样。③ 通过感性直观的侧显活动，我们形成了某物的各个方面的判断“S是P”。由于意向对象的复杂性，我们的“含义意向”和“含义充实”有时会不一致。含义意向就是我所意向的含义；含义充实是指一个意向内容得到展现。④ 例如，当我说“S是蓝色的”，而后来证明S是红色的，那么红色的直观就与原来蓝色的含义意向发生了冲突。但是，就S本身来说，对它的意向和直观还是彼此符合的。当然，意义意向与意义充实之间的差别涉及全部客观化行为，但这种差别只与行为的质料有关，而与行为的质性无关。⑤ 而当一个含义意向与含义充实相一致时，“不仅所有被展示的东西都已被意指，而且所有被意指的东西都得到了展示”。⑥只有这样，主词和谓词才能集中在一个事物上，也只有这样，一个判断才能形成。

从语言和意向的关系来看，语言是以意向性为基础的。通过研究语言的意向性结构，我们可以发现语言的生成过程。在语词层面上，它是由含义意向和含义充实两个方面构成的。通过含义意向指向意向对象，在意向活动中，对象的某一

① ［德］埃德蒙德·胡塞尔．逻辑研究［M］．第二卷．第一部分．倪梁康译．上海：上海译文出版社，2006. 64

② ［美］维克多·维拉德–梅欧．胡塞尔［M］．杨富斌译．北京：中华书局，2002. 48-49

③ ［美］维克多·维拉德–梅欧．胡塞尔［M］．杨富斌译．北京：中华书局，2002. 48

④ 倪梁康．现象学及其效应［M］．北京：三联书店，1994. 46-49

⑤ ［德］施太格缪勒．当代哲学主流（上卷）［M］．王炳文，等译．北京：商务印书馆，1986. 103

⑥ 倪梁康．现象学及其效应［M］．北京：生活·读书·新知三联书店，1994. 49

侧面显现给我们，形成了范畴直观的基本逻辑形式或语法形式“S 是 P”。而这一形式是建立在意向的感知直观和感性判断的基础上的。在这个含有系词“是”的逻辑结构中，包含了我们意向的构造活动。因此可以说，在这一结构中，隐藏着人类语言起源的奥秘和信息。从这一语言基本的逻辑结构出发，我们可以进一步把握语言与世界的关系。

四、语言意向性分析的“阿基米德点”

从语言的构造性上讲，只有从“S 是 P”这一语言的基本逻辑结构出发，语言的意向构造的基底才真正被找到，但这并不是那么容易让人接受的。对语言的这一基本的逻辑结构还有着许多不同的看法，吉奇在文章《主词和谓词》中，也发现了主谓结构中所具有的语言的复杂性，并因此对语词和语词的对象做了明确的区分。他认为，正如亚里士多德逻辑中所构想的那样，在各种词项的转换中，一个词项在一个命题中可以是主词而在另一个命题中又可以是谓词，既然只有名称而非作为谓词的词项才能是句子的逻辑主词，那么，作为主词的非名称词的地位问题就受到质疑，由此引发了更多的混乱。一个混乱集中在系词上。一个命题应被分析为主词和谓词，还是应被分析为主词、谓词和系词？这一问题实际上非同小可。这涉及我们如何理解谓述语句中的系词，更重要的是由这一系词的理解所带来的对整个西方哲学史的重新认识。

亚里士多德对系词不感兴趣，也许是他认为这一问题已经得到解决或者是并不那么重要。正像我们所看到的，在《前分析篇》的开头部分，他漫不经心地提到，一个命题可被分析为一对词项［带有或不带有动词“是”（to be）］。对亚里士多德来说，这并不奇怪。因为在希腊语中，“苏格拉底是一个人”可以逐字地要么译为“人那个苏格拉底”（Man the Socrates），要么译为“人是那个苏格拉底”（Man is the Socrates）。[①] 所以，弗雷格一再坚持说，单独的系词没有任何特殊内容。他之所以这样说，是因为在他看来，单独的语词是无法确定指称对象的，只有借助于语境语词才能有所指称。这也是吉奇为其辩护的。但如果真像吉奇所认为的那样，系词本身没有任何特殊内容，那么，这个问题也不会让维特根斯坦感到烦恼和不安。在《哲学研究》中，他分析道：当我们说，“2+2 是 4”和“玫瑰花是红的”时，两句话中“是”的涵义肯定是不同的。如果说这两个词有不同的规则，那就可以说我们在这里只有一个词。而如果我们只是注意它的语法规则，而恰恰是这个规则使得我们允许在两种语词的联系中使用“是”这

---

① ［美］马蒂尼奇 A P. 语言哲学［C］. 牟博，等译. 北京：商务印书馆，2004. 363

个词。而这种使用却使得我们在第二个语句中用等号代替“是”，而禁止在第一个句子中使用。[①] 为了消除这种不安，他借助于“一个词的意义就是它的用法”这一屡试不爽的原则。但问题是，在两种不同的涵义上使用“是”这个词，即用作系词或等号，如果它们自身没有任何涵义，那么，两种语句中“是”的用法的差异又是怎样体现出来的呢？这里不仅涉及一个语词究竟是否存在着字面意义的问题，同时，也说明了在基本谓述结构中，“是”一词所存在的疑难，特别是我们有什么理由来确定在不同的语句中，“是”有着不同的用法。

从这一事例我们可以看出：①“S是P”这一语言的基本逻辑结构虽然看似简单，但却蕴藏着一个巨大的语言之谜，并且在古希腊就引起了学者们的普遍关注和不安，使他们试图着力进行解决；②但由于没有深入到“是”这个语词的性质中去，没有把“是”与“存在”看作是整个形而上学所最终指向的核心，他们只是通过改变语法以回避这个词的使用来解决“一”和“多”的矛盾，把这一重大的问题搁置起来。而对于亚里士多德这位古希腊哲学的集大成者，毫无例外地也面对这一棘手的问题，但他只是从逻辑学的角度，把“是”这个语词作为一个没有涵义的连接词[②]，使得“是”这个词的意义沉入到他那宏伟的逻辑大厦的最深处。因此，回到这一看似基本的逻辑结构，重新分析这一结构的语言学意义以及深层的存在性意义，似乎可以为语言学的分析找到源流活水。

---

① ［英］维特根斯坦. 哲学研究［M］. 陈嘉映译. 上海：上海人民出版社，2001. 232

② ［古希腊］亚里士多德. 范畴篇、解释篇［M］. 方书春译. 北京：商务印书馆，1959. 57

第二章　哲学的基本问题及其演变

20 世纪的哲学是语言哲学。语言哲学的发展经历了从语形、语义向语用的过渡。在这一转变过程中，语境问题逐渐被人们所关注。语境分析是不可避免的吗？它同整个哲学的发展究竟有着怎样的关系？在我们进行哲学的语境分析时，必须要对上述问题进行深入的思考。

第一节　“存在论”与哲学的基本问题

哲学的基本问题究竟是什么，而这一问题在不同的时代又是怎样地发生着形式和主题上的变化，它在我们这个时代又有着怎样的表现？这是反思 20 世纪语言转向时需要我们思考的问题。

一、哲学基本问题及其转换

如果我们追根溯源，从古希腊哲学中寻找哲学基本问题产生的源头的话，我们会看到在对待希腊思想开端的认识上有两种不同的线索。一条正如文德尔班在《哲学史教程》中所说的那样，即建立在存在者基础上的德谟克利特的唯物主义和柏拉图的唯心主义，以及对这两种对立体系的调和所产生的亚里士多德的集大成的学说——形而上学体系[①]；另一条线索是海德格尔在《尼采》一书中所叙述的对“存在者是什么”的解答，其中一个答案是巴门尼德的，叫作存在者存在，这个答案蕴涵了“是”与“存在”的关系，即持存状态和在场状态。另一个答案是赫拉克利特的，叫作存在者生成[②]，即存在者生成着并且持存着。

海德格尔把第一条线索看作是依从于第二条线索的。海德格尔深刻地揭示了古希腊思想开端中的这条主线，即“是”和“存在”的关系。在西方哲学史上，第一个系统地研究“存在”与“是”及其关系的是柏拉图，柏拉图在《巴门尼德斯》中就受困于“一”和“多”的问题。[③] 同样，亚里士多德也为像“苏格拉底是白皙的”“苏格拉底是有教养的”“苏格拉底是文雅的”等多重意义而感

---

① ［德］文德尔班．哲学史教程（上卷）［M］．罗达仁译．北京：商务印书馆，1987. 139

② ［德］马丁·海德格尔．尼采（上卷）［M］．孙周兴译．北京：商务印书馆，2002. 454-455

③ ［古希腊］柏拉图．柏拉图全集（第二卷）［M］．王晓朝译．北京：人民出版社，2003. 778-779

到纠结，因为这样一来，一个苏格拉底就会产生多个苏格拉底。而这恰恰是哲学的基本问题，即“存在”与“是”的关系问题所引出的。但在当时，古代学者是无法接受这样的看法的。他们宁可改变语言的用法，也不愿意面对“是”的多义性。① 正像亚里士多德所描述的：那些早期古代的学者们，也为此惶惶不安，生怕自己使用“是”这个词出现了同一个东西既是单一同时又是众多的说法。因此，留科福朗等学者索性取消了“是”这个词的使用。另一些人则改变了语言的说法，不说“那个人是白的”，而说“他已经白了”；不说“他是在走路”，而说“他走路”。以免加上“是”这个词之后造成单一就是众多的情况，似乎“单一”或“存在”都只有一层涵义。② 从这里，我们可以发现一个重要的事实，即在古希腊早期，人们就对“being”（存在、是）给予了高度的重视，但在“是”（being）一词的理解上，到亚里士多德之前古代学者并没有形成一致的看法。但这种语言上取消“是”的用法，使得动词“是”在句子中的作用不断被削弱，衍生出许多不同的语句形式，而对于基本的谓述结构，“是”这一语词的真实意义也不断被分化。

二、哲学家们对“是”与“存在”关系的探讨

正如海德格尔所说的，对于“在者”来说，它可以有多个“是什么”。柏拉图在《巴门尼德》一书中，通过巴曼尼德斯、芝诺与苏格拉底等的对话，表达出“不但是的一是多，而且一自身也必然地由于是分为多”。③ 可以说，在《巴门尼德》一书中，理式的“一”和具体事物的“多”的问题，成为了柏拉图试图要解决的首要问题。为了解决这一问题，柏拉图用“分有”来隐喻“存在”与“是”之间所具有“一”与“多”的关系。这样，一事物所具有的多重意义，就被看作是“分有”这一事物的理式所得到的。④ 分有是柏拉图解决“存在”与“是”这一关系的所有方法的总和，分有就是以近似的方式部分地或完全地拥有其他事物的性质。⑤ 所以，当柏拉图把存在解释为相，形而上学也就开始了。⑥ 由此，“柏拉图作为逻各斯事件抓住不放并在中世纪‘三位一体’思辨中得到神

---

① 苗力田．亚里士多德全集：第二卷（物理学）［M］．徐开来译．北京：中国人民大学出版社，1990. 7-8

② 苗力田．亚里士多德全集：第二卷（物理学）［M］．徐开来译．北京：中国人民大学出版社，1990. 7-8

③ ［古希腊］柏拉图．巴曼尼德斯［M］．陈康译．北京：商务印书馆，1982. 183

④ ［古希腊］柏拉图．柏拉图全集（第二卷）［M］．王晓朝译．北京：人民出版社，2003. 760

⑤ ［法］保罗·利科．活的隐喻［M］．汪唐家译．上海：上海译文出版社，2004. 379

⑥ ［德］马丁·海德格尔．尼采（下卷）［M］．孙周兴译．北京：商务印书馆，2002. 852

秘证明的‘一’和‘多’的辩证法之谜才获得它真正的基础和根据。当柏拉图认识到语言的语词既是一同时又是多，他只迈出了第一步”。[①] 同样的是，亚里士多德也在他的哲学研究中把“存在”问题当作哲学首先要追问的。他认为，数学中的所谓公理和关于实体的科学属于同一门科学，这就是哲学家的科学，这种科学研究事物最基本的东西，即存在。无论是实体还是实体的属性，实体的性质以及生成、缺失还是消灭，总之，在“一”与“多”“静”与“动”“生成”与“消灭”中，存在是共同点。[②] 面对存在的多重意义，亚里士多德强调实体在一切意义上都是最初的，“原始意义上存在不是某物，而是单纯的存在，只能是实体”[③]。通过对第一实体和第二实体的区分，亚里士多德给“存在”加上一些修饰词或去掉一些修饰词，就把存在分为了实体和其他范畴。由此，柏拉图“分有”的隐喻过渡到亚里士多德类比的“谓述”关系。这样一来，存在的多重意义统一到第一实体的定义上来。亚里士多德批判了柏拉图的理式论，认为作为事物的实体的理式独立于事物存在，是很难站得住脚的。“所谓的分有，正如我们前面所说，是毫无价值的。”[④] 总之，无论是把本原看作是水、火、土、气，还是看作是无限，其结论都没有超出那个时代物理学所探讨的范围。亚里士多德认为，应该在哲学的层面上，从是其所是和实体方面思考这一问题。从“存在”的多重涵义上，亚里士多德提出了具体的存在者“这个”是实体，而其他则是归属于实体的东西。也就是说，相对于第一实体来说，它所表明的是一“这个”，在数目上是单一的，而第二实体则表现为“多”。[⑤] 实体不述说句子的主项，其他东西都要述说主项，成为主项的谓词，而实体则作主词。[⑥] 在谓述结构上对“是”的多义做出分析的是亚里士多德。在《范畴篇》中，他探讨了“是”的两种涵义：“依存于”和“在……之中”。[⑦] 这种把“是”当作一般概念来分析它的同形异义关系，尽管没有切中问题的要害，但至少在关于存在的问题上向前迈出了重要一步。它揭示了第一实体和第二实体的复杂关系问题，最终将其归结为“存在”与“是”的关系问题。但从柏拉图开始，特别是在亚里士多德那里，存在被看作有多种涵义（实际上他们把存在和存在物混在一起），因而

---

① ［德］伽达默尔．真理与方法［M］．洪汉鼎译．上海：上海人民出版社，2004. 593

② 苗力田．亚里士多德全集：第七卷［M］．苗力田译．北京：中国人民大学出版社，1990. 89

③ 苗力田．亚里士多德全集：第七卷［M］．苗力田译．北京：中国人民大学出版社，1990. 153

④ 苗力田．亚里士多德全集：第七卷［M］．苗力田译．北京：中国人民大学出版社，1990. 89

⑤ 苗力田．亚里士多德全集：第一卷（范畴篇）［M］．秦典华译．北京：中国人民大学出版社，1990. 10

⑥ 苗力田．亚里士多德全集：第一卷（后分析篇）［M］．余纪元译．北京：中国人民大学出版社，1990. 290

⑦ 苗力田．亚里士多德全集：第一卷（范畴篇）［M］．秦典华译．北京：中国人民大学出版社，1990. 3-4

“是”被当作一个没有涵义的系词，从而分有“存在”（being）。从此开始了海德格尔所说的“‘在者’遮蔽了‘在’”的形而上学的历史。按照利科的观点，语言尚未发展到区分动词“是”的两种意义，即关系词的意义与存在的意义的地步。如果我们从字面上去理解动词“是”，就会出现这种情况。难道不存在动词“是”的隐喻意义？在这方面，古希腊的学者们也在“是”的使用过程中感到迷惑。在这里，利科意识到了“是”与“存在”之间的这种复杂关系。为了说明这种与动词“是”的逻辑力量密切相关的张力，他认为我们首先得揭示“不是”。它本身隐含在不可能的字面解释中，但以隐蔽的方式出现在隐喻性的“是”中。它体现了“是”与“不是”之间的张力。当然，在“是”中，即便不明显，表示等价关系的“是”仍然不同于表示规定性的“是”（如“这朵玫瑰花是红的”，本质上属于提喻）。而这种区分恰恰是一个隐喻过程。利科认为这种隐喻过程影响的不仅是词项，也不仅是系词的指称功能，更是动词“是”的存在功能。①

利科强调指出，亚里士多德对柏拉图的指责间接地证明了“存在”（being）的合乎规律的多义性应当代替柏拉图所说的“分有”。这种分有不过是隐喻而已：“至于说理念是原形，其他事物分有了理念，那只不过是给空洞的语词赋予意义并利用了诗歌隐喻而已。”② 而“无所不包的”存在概念“反映了”动词“是”的用法的丰富性。③ 从实在论意义上理解的第一种对立造成了与个别实体（分离的存在除外）的质料相联系的系词无法减弱的模糊性。从概念论意义上理解的第二种对立代替了对柏拉图的理式的所谓“分有”，亚里士多德曾指责“分有”不过是隐喻而已。抽象是潜在的具体，它的内在性与个别实体的模糊基础联系在一起。④ 特别是由于“存在”与“存在者”的混淆，使得谓述关系变得更为复杂而难以理解，使得有关“是”的同义性、多义性的问题成为一个貌似问题的问题摆在人们面前。

在利科看来，所有困难的主要根源在于必须以“分有”的本体论来维持类比的谓述关系。类比事实上仅仅存在于名称与宾词的层面。它属于概念的范围，而它的可能性的条件就在存在的沟通过程中。分有是解决这一问题的所有方法的总称。分有就是以近似的方式部分地或完全地拥有其他事物具有的性质。⑤ 因此，“是”与“存在”的关系被“分有”所取代。这样，在逻辑关系上，柏拉图

① ［法］保罗·利科．活的隐喻［M］．汪堂家译．上海：上海译文出版社，2004. 340-341

② ［法］保罗·利科．活的隐喻［M］．汪堂家译．上海：上海译文出版社，2004. 356-357

③ ［法］保罗·利科．活的隐喻［M］．汪堂家译．上海：上海译文出版社，2004. 358

④ ［法］保罗·利科．活的隐喻［M］．汪堂家译．上海：上海译文出版社，2004. 360-361

⑤ ［法］保罗·利科．活的隐喻［M］．汪堂家译．上海：上海译文出版社，2004. 379

把理式就看作是与存在等价的东西了。当然，不同的是，在海德格尔看来，存在是无法定义的，因为它是最高的范畴，它什么也不“是”，它只能显现。而“是者”就是事物的每一个“在场”。一旦“在场”，就实现了天、地、神、人的“四方相聚”，就进入了语言。从古希腊早期的巴曼尼德斯开始，就意识到这一问题的重要性。在后来的柏拉图的《巴曼尼德斯》《智者篇》和亚里士多德的《形而上学》《范畴篇》《解释篇》《前分析篇》和《后分析篇》等著作中，都对存在一词的性质有过深入的研究。但在这一问题的探讨上，由于亚里士多德的逻辑学的影响，而偏离了原有的方向，存在问题“被挤到逻辑学里去”了。① 而逻辑学已逐渐从哲学中分离出去成为一门独立的学科，成为一种摆脱了哲学性质的学科。在这样“抽象”的逻辑中，亚里士多德顺理成章地把这系词仅看作是一种联结词，它本身并不具有其他意义。当然，在逻辑学之外，他并没有放弃对“是”这一词做存在论的研究。正是由于柏拉图和亚里士多德在本原上的分析引导了中世纪唯名论和唯实论的发展。无论是把第一实体看作是相还是看作具体事物，对存在者的追问已经取代了存在者何以存在的追问。

即使是在笛卡儿所进行的哲学的认识论转向中，这种“实体”的概念也始终困扰着他，而“一”和“多”的问题只是成为“自我”“世界”和“上帝”三个实体的预设，这必然带来了主客两分所造成的“超越”问题。海德格尔意味深长地指出：这种不成功在于根本未把思维物和广延物在存在概念的指导下得到统一的把握。② 康德首先重新赋予逻辑学一种核心的哲学功效，但并不奏效。因为他在分析“是”这一语词时，并没能跳出逻辑学的窠臼，而只能从语法上对这一语词做出词性的分析。康德在《纯粹理性批判》一书中，在反驳安瑟伦关于上帝存在的观点时，提出存在不是一个谓词，使得人们对存在一词的研究更加深入。

在此之后，黑格尔把逻辑学重新在概念上把握为哲学，对存在问题做了有益的梳理，从存在论、本质论到观念论，建立起一种哲学的逻辑学。尽管如此，他仍未对逻辑学本身作彻底的把握。经过 19 世纪穆勒、洛采（Lotze）、狄尔泰等的工作，对逻辑学的哲学看法也并未有大的改观。直到 1900 年胡塞尔的《逻辑研究》的问世，才给逻辑学及其问题的解决重新带来希望，他通过对系词“是”的研究，对语言意向性做了深入、全面的分析，试图重新恢复“是”所具有的丰富意义。然而，即使是胡塞尔也未能成功地以哲学的方式对逻辑学加以概念把握，相反，为了实现建立严格科学的哲学的夙愿，他反而强化了这样一个趋势，

---

① ［德］海德格尔．现象学之基本问题［M］．丁耘译．上海：上海译文出版社，2008. 235

② ［德］海德格尔．现象学之基本问题［M］．丁耘译．上海：上海译文出版社，2008. 205

"即把逻辑学发展成为一门脱离哲学的、作为形式化学科的分离的独立科学"①。

为了克服和解决这一问题，胡塞尔采用了现象学还原的方法试图弥补主客两分所带来的问题。通过本质还原，他达到了笛卡儿的先验自我。在此基础上，运用意向性分析和先验还原，他达到了意向结构中的意向对象。通过把认识的"阿基米德点"还原到意向对象上，胡塞尔试图实现现象和本质的同一，以弥合主客之间的断裂，从而建立一种严格科学的哲学。这样一来，事物的存在问题，就转变成事物的意义如何在我们的意向结构中被构造的问题。

20世纪无论是英美的分析哲学还是大陆的存在主义，都对存在问题给予了特别的关注。在哲学中，"存在"（sein）问题是一个极其重要的核心问题，正如海德格尔在《现象学之基本问题》中所指出的："存在是哲学真正的和唯一的主题。"② 这一问题早在古希腊就被先哲们广泛地探讨着，并且在哲学的发展中贯穿始终，困扰着一代又一代的哲学家。所谓"存在（sein）"问题，也就是存在究竟是一个怎样的词，以及在存在（sein）这个多义性的词中（表存在、表真实、表系词等），这些不同的意义之间有着怎样的关系，特别是要追问"是"（ist），这个在陈述、逻各斯中的系词意义上的存在（sein）。我们把"是"称为系词，是由于它在命题和陈述中处于主词与谓词之间的联系的位置，即构成S是P这样的语言结构。

第二节　语言的存在性之谜
与海德格尔对存在论的分析

海德格尔认为，要恢复逻辑学的哲学传统，有必要揭示系词"是"的存在论之谜。探讨现象学的基本问题无非是要从根本上阐明，哲学是关于存在的科学，证明这种存在科学的可能性和必要性，并通过研究的途径来展示这一学的性质。哲学是对存在、它的结构以及可能性的理论和概念的阐释。③ 在分析和探讨海德格尔关于系词"是"的观点之前，我们先来看看，系词"是"的问题在哲学史上是如何被讨论的。

一、"存在"是一个谓词吗

康德针对中世纪经院哲学家安瑟伦关于上帝存在的本体论证明，提出存在不

① ［德］海德格尔．现象学之基本问题［M］．丁耘译．上海：上海译文出版社，2008. 236

② ［德］海德格尔．现象学之基本问题［M］．丁耘译．上海：上海译文出版社，2008. 导论，12

③ ［德］海德格尔．现象学之基本问题［M］．丁耘译．上海：上海译文出版社，2008. 导言，13

是一个谓词。他认为存在之所以不是一个谓词，是因为它没有给主词的概念带来任何新属性。存在到底是怎样一个词？康德之后，许多哲学家都对此做了分析。尼尔（W. C. Kneale）认为，“‘存在’一词不是可作简单命题成分的任何东西的符号。‘驯虎存在’这个句子只是表示命题‘对于某个 x，x 是驯服的并且 x 是虎’的一种形式。‘驯虎存在’这个句子可能使哲学家误以为存在是一个谓词，因为它在语法上类似于这样一个句子：‘驯虎咆哮’或‘头领咆哮’”①。实际上，“驯虎存在”与“驯虎咆哮”是不同的。究竟有什么不同呢？摩尔通过对“咆哮”和“存在”的语义进行仔细地分析后认为，当尼尔说存在不是一个谓词时，是在逻辑的涵义上而不是在语法的涵义上使用的。“咆哮”和“存在”在用法上是有区别的。这种区别表现在，当我们说“驯虎咆哮”和“驯虎存在”时，我们可以说“有些驯虎咆哮”和“大多数驯虎咆哮”，但我们不能说“有些驯虎存在”或“大多数驯虎存在”。我们用“有些”或“大多数”这样的词来表示“驯虎存在”是没有意义的。当然，摩尔以上的分析并未切中“存在”一词特征。严格说来，当我们展示不同的老虎图片时，我们可以说，有些老虎存在而另一些老虎不存在（已绝种）。在摩尔的分析中，我们看到，在说“驯虎存在”时，实际上并没有太大的问题，但是如果我们指着一只虎说“它存在”，我们就根本没有表达任何思想。由此可以看出，摩尔的分析为我们划分出两类句子：一类是没有具体指称的“驯虎”，即一般观念意义上的驯虎，它并不强调对应物；另一类是有具体指称的“它（驯虎）”，这个“它”是我们亲临其境的指向者。在第一种情况下，如果我们说我们谈论的驯虎是实际存在的，那么这个“存在”是给我们增添了新内容（斯特劳森），但在第二种情况下，当我们指着一只驯虎说“它存在”则是非常荒唐的。

一般说来，“存在”不是一个谓词有两层涵义：其一，动词“存在”没有增添任何内容；其二，“存在”陈述并未对主词有所言说。所以罗素认为，存在命题没有对现实的个体作出任何说明，而仅对类和函项有所说明。正像我刚才说过的，命题函项本身是一种不存在的东西，它只是一个图式。一个命题函项不过是这样一个表达式，它包含一个未确定的成分，或几个未确定的成分，只要未确定的成分一经确定，它就变成一个命题。② 皮尔斯通过考察下面这个命题来加以分析。“这房间存在”这个陈述是荒唐的，因为当我们说“这房间”时，已经蕴涵着“这房间存在”，而动词“存在”又一次断定其存在，这样，动词“存在”是多余的。他称其为“指称上的同语反复”。反之，如果说“这房间不存在”，基于同样的理由，该陈述是“指称上的自相矛盾”（当然，“这房间”是我们直接

① 徐友渔．哥白尼式的革命［M］．上海：上海三联书店，1994. 331

② ［英］伯特兰·罗素．逻辑与知识［M］．苑莉均译．北京：商务印书馆，1996. 278-283

指向现实的房间）。因此，皮尔斯认为：“我们也许可以说，存在不是一个谓词这论题至少意味着，动词‘存在’至少以这种方式产生了指称的同语反复和指称的矛盾……如果存在是一个谓词，那么它是一个奇怪的谓词。”①

笔者认为，它的奇怪之处就在于，在某种情况下，即当主词没有确定的指称或有确定的指称，而在谈话中，我们没有明确指向某一实在指称时，我们就可以有意义地说“它存在”，如我们可以说“画面上的这个房子存在”“外星人不存在”等。反之，当主词具有特定的指称，也就是说当主词是有确定实在指称的名称时，这时“存在”就是多余的。因此，“存在”在句子中是否有意义，关键在于人们在陈述一个语句时，主词是否是一个真正“实在指称”的名称。这样就涉及名称、摹状词和指称的问题。

二、名称与摹状词的指称性

指称理论的中心问题是语词如何和世界相关联。按照穆勒的划分，名称有两种涵义：一是内涵，一是外延。名称的内涵就是概念的涵义，外延就是具有这种涵义的对象集合。穆勒认为，真正的专名只有外延而无内涵（如金星）。而通名则有内涵也有外延（如行星）。对于专名来说，它直接和对象相联系，而对于通名来说，则借助于对其意义的把握而间接与对象相联系。弗雷格则认为，名称（指号）和指称不是一一对应的。名称是通过涵义和对象相联系。而其涵义中包含了名称（指号）出现的方式和语境。②而罗素认为，严格意义上要取得逻辑上的名称是非常困难的，“人们确实在逻辑意义上用作名称的词仅仅是一些像‘这’或‘那’的词。人们可以用‘这’作为一个名称代表此刻有人亲知的一个殊相”③。当我们说“这是白的”时，“这”就成为一个专名，但是一个模糊的专名。因为“这”可以指任何一个亲知的事物。除此之外，人们认为的其他专名不过是一些摹状词。“‘罗穆路斯存在’或‘罗穆路斯不存在’这个命题引出一个命题函项，因为‘罗穆路斯’这个名称实际上不是一个名称，而是一种删略的摹状词……如果它真是个名称的话，那么就不会出现存在这个问题了。因为一个名称必须命名某种事物，否则就不是名称。”④如果你把一个缩略的摹状词当作一个名称，就会陷入逻辑矛盾。因为按照罗素的观点，名称必须命名某种事物，但当我们根据存在的事物进行命名后，再谈论一个已存事物的存在问题，必

---

① 徐友渔．哥白尼式的革命［M］．上海：上海三联书店，1994. 334

② 涂纪亮．语言哲学名著选辑［M］．北京：生活·读书·新知三联书店，1988. 2

③ ［英］伯特兰·罗素．逻辑与知识［M］．苑莉均译．北京：商务印书馆，1996. 242

④ ［英］伯特兰·罗素．逻辑与知识［M］．苑莉均译．北京：商务印书馆，1996. 293

然会出现矛盾，即皮尔斯所说的“指称上的同语反复”或“指称上的自相矛盾”。而“对于摹状词来说，它未必描述一个个体：它可以描述一种属性、一种关系或其他任何东西”①。或者说，摹状词与名称的区别在于：名称表达的是事物；而摹状词表达的是事实（事态），它反映的是事物之间的关系（事物的属性也体现了事物之间的关系）。

从以上的分析可以看出，名称对应的是事物（态），摹状词对应的是处在某种事态中的事物的显现，或者是某种事态的显现。在这里，罗素提出了很少有人接受但颇具启发意义的看法，即只有“这”和“那”才是真正的名称。尽管它是很模糊的名称。也就是在这种情况下（在此刻有人亲知），名称是无法再分解的，成为一个简单的符号。这里罗素已经触及问题的根源，即“存在（者）”与“是（者）”的问题。

“存在（者）”和“是（者）”是两个完全不同的概念。所谓“在者”在这里是指存在着的事物，由于我们的意向只是关注其存在，只是把它称为“这个”。“这个”是一个指示词，指向一个事物或事态，作为罗素意义上的“名称”，它不具有任何意义。它之所以不具有意义是因为它还未被显现。这里的未被显现是说它还是一个我们没有指称其属性的事物。所以在罗素那里，和简单名称对应的“这个”，同亚里士多德的“这个”应该是一致的，都是指本（在）体，即亚里士多德所说的“第一实体”。亚里士多德认为：“所有的实体，似乎都在表示某一‘这个’，而相对于第一实体来说，它所表明的是一‘这个’，更是无可争辩的真理。因为它所表明的东西是不可分割的，在数目上是单一的。从表面上看来，第二实体似乎也同样表明的是某一这个，例如，当我们说到‘人’和‘动物’时就是这样，但这并不是真的。它更多地表明的是某种性质，它不像第一实体那样，是单一的主体，我们说‘人’和‘动物’，并不是一件事物而是多种事物。”② 在亚里士多德那里，第一实体是指本（在）体，而第二实体是有属性的事物，即“是（者）”——具有某种涵义的事物。按照罗素的看法，真正的名称就是“这个”和“那个”。罗素的观点不无道理，因为其他名称，无论是通过“摹状词”（当然，罗素认为摹状词不是名称）的方式，还是通过“历史因果”的方式所获得的命名，都包含了命名者在命名时的意向构造。因此，这些名称本身都具有某种涵义，即便是按照贴标签的方式进行的命名，其名称或符号也都具有某种涵义，都不同程度地反映了名称所对应的指称在某个语境下的“显现”，而这些名称所具有的涵义都不是指称“词”的意思。但谁也无法否认，我

---

① ［英］伯特兰·罗素．逻辑与知识［M］．苑莉均译．北京：商务印书馆，1996. 294

② 苗力田．亚里士多德全集：第一卷（范畴篇）［M］．秦典华译．北京：中国人民大学出版社，1990. 10

们可以用它们来指称事物。实际上人们也是这样来理解的。当看到“柏拉图于公元前427年出生于雅典的一个贵族家庭”时，人们不会理解成“宽肩膀和大额头”于公元前427年出生于雅典的一个贵族家庭（虽传说他由此得名）。① 当然，罗素对专名看法的真正意义是他从另一种角度揭示了“在者”和“是者”的区别。“在者”只是表明了它的存在，即“这个”，而“是者”则表明了“是什么”，即“显现之物”。

三、海德格尔关于“是”的存在论分析

语言是揭示存在的，只有进入语言我们才能理解存在。存在与存在者之间究竟有什么不同，追问存在而不是存在者的意义是什么。这些问题在海德格尔存在哲学中占据着中心的位置。理解这些问题直接关乎我们对语言本身的理解。海德格尔对语言的探求首先是从“sein”这个德语词开始的。由于对德文“sein”的译法不同，人们在海德格尔哲学的理解上也存在着差异。有些人认为海氏哲学应当是“存在论”，还有些人认为海德格尔哲学应为“是论”。② 众说纷纭，莫衷一是。如何做出判断，并非是一个简单的问题。德文“sein”具有“是”与“存在”等多种涵义，如果只从其主要用法上来断定是表示“是”还是“存在”，而忽略了“sein”的各用法之间的联系，则必然会影响到我们对海德格尔哲学的整体理解。笔者认为，“是”与“在”是不可分的，“是”显示事物的“存在”。学界大多数人只考虑“sein”的各种单独用法，考虑如何将“是”和“存在”区别开，很少去考虑“是”与“存在”的联系及其在海氏哲学中的意义，因此也就无法真正切中海德格尔哲学的真谛。

如何把握“是”与“在”的关系，成为连接海氏前期哲学关于“此在”和后期哲学关于“语言”的关键点，海氏在其哲学的发展中也逐渐走上这条探索之路。海德格尔认为“sein”这个词，看似在我们心中一个空洞的词“经过一切模糊、混杂与一般化的折腾之后我们还是把它意指某种确定者”③。事实上，对于“sein”这个最高的概念，“如果我们要克服词之空，那么在最高的与最一般的概念处指出在它‘之下’的内容，不仅是值得考虑的，而且是唯一的出路”④。

---

① ［英］黑尔 R M. 柏拉图［M］. 范进，等译. 北京：中国社会科学出版社，1992. 5

② “存在论”和“是论”都属于Ontology，传统中文译法为“本体论”。现有人译作“存在论”，也有人译作“是论”。这是由对西文 Being（德文 Sein）的理解不同所导致的。参见：俞宣孟. 本体论研究［M］. 上海：上海人民出版社，1999. 14；［德］海德格尔. 存在与时间［M］. 陈嘉映，等译. 北京：生活·读书·新知三联书店，1987. 4；王路. 理性与智慧［M］. 上海：上海三联书店，2000. 427-451

③ ［德］海德格尔. 形而上学导论［M］. 熊伟，王庆节译. 北京：商务印书馆，1996. 78

④ ［德］海德格尔. 形而上学导论［M］. 熊伟，王庆节译. 北京：商务印书馆，1996. 80

追问“sein”问题并非是语法学和语源学所能达到的，对这个词的通达必须有在此是和语言打交道而根本成为一种独特的情况。[①] 通过把出现在不同语言中的“在”列举出来，得到“这个被说成‘是（ist）’的‘在’有这些涵义……”[②]在这里，思想要进入能道说成“是”的“在”，应首先进入“是”，但海德格尔在《形而上学导论》中只是把“是”当作系词，仅仅当作以恰当的方式言说存在，使语言成为离开在场的道说。

那么，“是”与“在”究竟有什么关联呢？在《语言的本质》一文中海德格尔通过对格奥尔格的诗的分析，进入了“是”与“在”的层面。他修改了格奥尔格的诗句，把“语词破碎处，无物存在”写作“语词缺失处，无物存在”，并且进一步解释道，“只有在合适的词语从而就在主管的词语命名某物为存在着的某物，并且因而把当下存在者确定为这样一个存在者的地方，某物才存在”[③]。实际上，在当下存在者存在之处，正是“此在”“存在”的在场。也就是说，只有“此在”到场，物才有名称，才能“是”。正是通过命名让“被道说的某物达乎语言，亦即获得一种显露”[④]。道说是一种召唤，召唤天、地、神、人四元到场成其一体。“它把在场者和不在场者带入其当下本己之中；由之而来，在场者和不在场者在其那里自行显示并依其方式而栖留……它给出澄明的敞开之境，在场者能够入于澄明而持存，不在场能够出于澄明而逃逸并在隐匿中保持其存留。”[⑤] 在场者就能是。不在场者就不能“是”。实际上，“是”最初就具有动词的性质。“巴门尼德的 εστιν 却并非指作为命题之系词的‘是（ist）’，它命名的是 ἕον，即在场者的在场”。[⑥]

在《什么是哲学》的演讲中，海德格尔认为在赫拉克利特的“一（是）一切”就是“一切存在者在存在中，更明确地说：存在是（ist）存在者。在此，‘是’当作及物动词来使用，其意如同‘聚集’”[⑦]。海德格尔对“是”的这一解释说明在古希腊早期，这个“是”就是呼唤存在者到场，即聚集。它不仅仅显示“是者”，而是给出一种在场者的澄明。这其中也包含了“此在”的在场。逻各斯既作为语言，又作为这种聚集而被思考和命名的。逻各斯通过这个“是”表达出来。但“源于形而上并且同时支配了形而上学的逻辑，使得存在的隐含于早期基本词语中的本质丰富性始终被掩蔽着，这样存在才得以上升到最空洞和最

---

① ［德］海德格尔．形而上学导论［M］．熊伟，王庆节译．北京：商务印书馆，1996.87
② ［德］海德格尔．形而上学导论［M］．熊伟，王庆节译．北京：商务印书馆，1996.91
③ 孙周兴．海德格尔选集（下卷）［M］．上海：上海三联书店，1996.1069
④ 孙周兴．海德格尔选集（下卷）［M］．上海：上海三联书店，1996.1132
⑤ 孙周兴．海德格尔选集（下卷）［M］．上海：上海三联书店，1996.1138
⑥ 孙周兴．海德格尔选集（上卷）［M］．上海：上海三联书店，1996.564
⑦ 孙周兴．海德格尔选集（上卷）［M］．上海：上海三联书店，1996.595

普通的概念的不幸地位上去了”①。因此，建立在日常思的基础上的具有丰富内含的“是”，逐渐演变成哲学的“是”。而在“哲学本体论中的‘是’的意义就是它的逻辑规定性”②。

从柏拉图开始，“是”首次被当作一个理式。“是”作为一种理式，脱离了可感的经验世界，也就切断了与“存在”之间的联系，成为一种空洞的最普遍的概念。用亚里士多德的话来说，“因为不论‘是’或‘不是’以及分词‘系’都不标志任何事实，除非加上某些别的东西；因为它们本身并不标志任何东西，而仅只蕴涵着一种联结，关于这种联结，离开了所联结的东西，我们就不能形成一个概念”③。尽管如此，在亚里士多德的著作中还存在着“谓述复合体”的表达形式，也即存在着系词—表真—存在用法上的滑动。同时，表方位用法也可与表存在用法相通。④ 例如，一个“谓述复合体”是普通系词句的定语性变型：对应于“X 是 Y”，我们可以假定一个在逻辑上等价的谓述复合体的存在，即“YX 存在”。而对于像“苏格拉底是健康的”，我们可以得到相应的“健康的苏格拉底存在着”。无论是巴门尼德、柏拉图还是亚里士多德都有着系词、表真和存在用法上的滑动。⑤ 但在这里，有些人认为表存在应看作系词的一种用法。但实际上从古希腊早期思想的分析中可以看出，“是”揭示了存在者的在场。道说是“此在”存在的本质，道说就是人的语言在道说。“语言就是逻各斯。就是采集。”⑥ 通过道说让显现“既澄明着又遮蔽着之际开放亦即端呈出我们所谓的世界”⑦。语言由词语构成。“言词、命名不是事后为一个早已公开化的在者配上一个标记与记号，而是这个标记硬挤到在者前面去敞开在。”⑧ 也就是说，语词不是粘贴到物上的标记，而是反映了人与物、物与物之间的关系。语词“把作为存在着的存在者的当下的物带入它的‘是（ist）’之中。把物保持在其所是中，与物发生关系，……作为这样发生关系的东西，语词就是关系本身”⑨。而只有“此在”在，道说才“是”，才能召唤出“所是”。因此，从苍茫冥冥中召唤出天、地、神、人四重在场的正是这个“是”。

海德格尔后期已清楚地认识到这个“是”在揭示、通达存在的重要性。他在关于《时间与存在》的研究班的讨论中认为，“即使这个‘是’也并非总是仅

---

① 孙周兴．海德格尔选集（上卷）［M］．上海：上海三联书店，1996. 564
② 俞宣梦．本体论研究［M］．上海：上海人民出版社，1995. 51
③ ［古希腊］亚里士多德．范畴篇、解释篇［M］．方书春译．北京：商务印书馆，1997. 57
④ ［古希腊］亚里士多德．范畴篇、解释篇［M］．方书春译．北京：商务印书馆，1997. 56
⑤ ［美］卡恩 C H. 动词“To be”与 Being 概念研究之回顾［J］．世界哲学（京），2002（1）. 60-74
⑥ ［德］海德格尔．形而上学导论［M］．熊伟，王庆节译．北京：商务印书馆，1996. 172
⑦ 孙周兴．海德格尔选集（下卷）［M］．上海：上海三联书店，1996. 1103
⑧ ［德］海德格尔．形而上学导论［M］．熊伟，王庆节译．北京：商务印书馆，1996. 172
⑨ 孙周兴．海德格尔选集（下卷）［M］．上海：上海三联书店，1996. 1090

仅具有一种理论上的苍白的意义，即并非仅仅表示对某种纯粹的现成状态的确定"①。而是揭示了一种在场。他在阐释诗人特拉克尔的诗作《来自深渊》时，探讨了"是"的在场性。诗是这样写的：

"这是一片收割后的田野，经历了一场黑色骤雨。

这是一颗孤独地伫立的棕色大树。

这是一股围绕着空空的木屋的尖厉的风。

这夜晚多么悲哀。

……

这是一盏在我的口中熄灭的灯。"②

海德格尔认为，诗人的"这是"并非指称现成的存在，而是对"此在"在场的昭示。"凭这个'这是'也就连带着指出了那种与人的关联，而且比在通常的'有'那里要清晰得多。"③

在《康德的存在论题》的演讲中，海德格尔指出：康德关于"是"的"逻辑用法"的说法让人以为还有另一种用法，同时我们在康德的《表明上帝定在的唯一可能的证据》中经验到关于"是"的本质性的东西，即关于"是"的客观的用法。④"作为系词的'是'（ist）在一种客观认识的陈述中具有一种意义，不同于纯粹逻辑的意义，且比后者更为丰富。"⑤ 这种丰富性表现在作为系词的"是"不仅把主词和谓词连接到一起同时交叉地与主体和客体关系相接通。海德格尔认为："按照康德对'是'的阐释，在'是'中显露着命题主词与客体中的谓词的联结。每一种联结都带有一个统一性，它把被给予的多样之物联结到这个统一性中。"⑥ 联结依赖于统一性，那么这个统一性是从何而来的呢？这个"'统一性'，并不是共在（beisammen），不如说，它是既统一着又聚集着的，是原初意义上 λογos（逻各斯），但却转移到自我主体（Ich Subjekt）身上。这种 λογos（逻各斯）掌握着'整个逻辑学'"⑦。《康德的存在论题》一文被收录在海氏哲学文集《路标》一书的最后一篇。《路标》一书在海氏看来，"意在让读者对一条道路有所体察，这条道路只在途中向思想显露出来——既显示又隐匿"⑧。踏上这条路就是要探讨"sein"这个词语，这个词语的探讨在康德那里还远远没有完结，同样它也是海氏指引给我们的。

---

① 孙周兴．海德格尔选集（上卷）[M] 上海：上海三联书店，1996. 703
② 孙周兴．海德格尔选集（上卷）[M] 上海：上海三联书店，1996. 704
③ 孙周兴．海德格尔选集（上卷）[M] 上海：上海三联书店，1996. 705
④ [德] 海德格尔．路标 [M]．孙周兴译．北京：商务印书馆，2000. 533
⑤ [德] 海德格尔．路标 [M]．孙周兴译．北京：商务印书馆，2000. 534
⑥ [德] 海德格尔．路标 [M]．孙周兴译．北京：商务印书馆，2000. 539
⑦ [德] 海德格尔．路标 [M]．孙周兴译．北京：商务印书馆，2000. 542
⑧ [德] 海德格尔．路标 [M]．孙周兴译．北京：商务印书馆，2000. 前言

通过海德格尔的引导，我们已经能依稀辨认出 sein 这个词语隐匿的思想，即“是”——“存在”的显现。首先，“是”为聚集。在赫拉克利特的“一是一切”中，是作为及物动词。也就是说在希腊早期思想中，这个“是”就是呼唤存在者到场。其次，“是”作为语言之“是”。而语言是“逻各斯”，逻各斯既作为语言，又作为聚集被思考和命名，逻各斯通过这个“是”表达出来。最后，“是”作为“此在”意向的指向，语言通过人去道说，人在道说中成其为人。一切“是者”都作为道说召唤到场，每一个“是”都显现了天、地、神、人的相聚和在场。从柏拉图开始“是”逐渐成为一种理式，亚里士多德只把“是”当作一种主词与谓词的联结。“是”的意义没有了经验的东西，而只有逻辑规定性。但康德重新审视了“是”的意义，看到“是”除了“逻辑用法”外，还具有某种客观的意义。这种客观的意义就是“是”与聚集的统一。在海德格尔看来，这种意义的发现使我们认清了“是”的解蔽性，“是”既作为道说的语言，又作为“此在”的指向性，“是”把人带向语言，带向逻各斯，带向天、地、神、人四重相聚的在场。这样，“此在”“语言”“存在”通过这个“是”贯穿起来，成为我们把捉海德格尔哲学理路的关键。

综上所述，“是”在海德格尔哲学中是一个与“在”不可分的重要环节。不理解“是”与“在”的关系，就无法正确认识海德格尔哲学的重要转变，以及海德格尔哲学发展的内在连续性。实际上，其他一切存在论所源出的基础存在论都必须在对“此在”分析中来寻找。但这种寻找不是去阐释“此在”的状态，而是应去倾听“此在”的道说。道说就是“显现”。道说并不是像海德格尔所说的语言在说，而是“此在”用语词去道说。语词把存在者带入“是”中，“是”就是在场的显现。道说就有“是”，不道说就没“是”。语词破碎处，无物能“是”。

四、从“是”的角度来理解“存在”

当我们可以恰当地使用一个语词时，可以说我们就掌握了一个语词的涵义，也就是说我们认识了这个语词指称的“对象”或“事态”（这个对象或事态可以不是实在的）。这时，我们就可以说“这个是……”，当我们说“地球是一颗行星”时，就暗含了“地球是……”和“行星是……”这样的句子。怎样证明一物“是什么”呢？亚里士多德认为：“知道‘人’或其他任何事物‘是什么’的人必定也知道它是存在的，因为没有人知道不存在是什么。他可能知道‘独角兽’的意思，但不可能知道‘独角兽’是什么……人的‘什么’与人的存在是两个不同的东西”[①]。也就是说，说“存在”只是涉及本体的状态。一旦我们说“这个是……”我们就是在认识的角度上去说的，从而也就涉及了事物的属性，由此构成的句子“……是什么”，也就有了“谓词”的形式。因此，我们说，存在只是一种在场，或者说“……存在”只是认定了某一物的在场，它是某物“是”什么的基础。[②] 但具体的在场情况，只有通过“是”才能揭示出来。我们只有真正知道一物“是”什么，我们才能知道它如何存在。笔者认为，从本体论的意义上说，“存在”是“是”的基础，但从认识论来说，只有知道了“……是……”，我们才能知道“何物存在”。从认识的角度讲，任何“存在语句”都是以谓述语句为前提的。“存在悖论”就是由于没有区分开“是”与“存在”而产生的。在罗素的“摹状词理论”的分析中，实际上同古希腊亚里士多德的论述相类似，任何“存在”语句都可以分解为一组包含多个“是”的语句，通过分析谓述语句来清除语言矛盾。在《论何物存在》一文中，蒯因提出了本体论许诺的理论：当我们说“有些狗是白的”，要使这个陈述为真，“有些东西”这个约束变项所涉及的事物必须包括有些白狗，也就是许诺了白狗的存在。[③] 所以，唯有“是”才能揭示事物之间的关系，由此我们才能把一物同另一物区别开来，也才能谈论事物的属性。也只有在这种情况下，才能有谓词形式的出现。从这种意义上讲，“存在”不是一个谓词。

“存在”不是一个谓词，是因为当我们说“量子存在”这样的句子时，我们要使这个表达有意义，就应该解释“量子是……”，这样，量子的存在与否已由“量子是……”做出了判断。因此，当我们再说“量子存在”时，“存在”一词已成为多余的。而对于“画面上的这个房子存在”和“外星人不存在”这类句子，由于我们不能确定“画面上的这个房子”以及“外星人”到底“是”什么，所以它也无法给主词增加任何新内容。而对于罗素所说的“这”“那”这样的名称，由于是此刻有人亲知的一个殊相，所以在说“这个存在”时，“存在”也成为多余的。经过以上分析可以看出，“存在”不是一个谓词，或者说，“存在”并不能自身显现，不能告诉我们“何物存在”“如何存在”。唯有通过“是”，我们才能知道“存在”，“是”为“存在”之显现。理解这一问题，对于我们把握认识论的问题具有重要的意义。

首先，我们面对的世界是一个对象性的世界。所谓对象性的世界是说，世界

---

① 苗力田．亚里士多德全集：第一卷（后分析篇）［M］．余纪元译．北京：中国人民大学出版社，1990. 322

② 苗力田．亚里士多德全集：第一卷（后分析篇）［M］．余纪元译．北京：中国人民大学出版社，1990. 324

③ ［美］威拉德·蒯因．从逻辑的观点看［M］．江天骥，等译．上海译文出版社，1987. 13

不是离开我们的感觉而孤立存在的，而是作为我们的对象化存在而依赖于我们的存在。离开我们的认识和语言去谈论一个客观的物质世界是形而上学的独断论。普特南认为，说事物不依赖于我们的感觉而存在（exist）。我认为“不依赖”这个概念是一个形而上学的概念，一个在日常意义上没有地位的概念。事实上，这个概念处在一种毫无希望的混乱之中。虽然我们可以在我们所得到的事态的意义上说不管是否相信，存在一个“客观的”世界，但对于世界，如果不选择某一概念系统，我们就不能问什么存在的事情。①

其次，我们所谈论的世界是一个意义世界，因此是具有语言先在性的。正如我们以上论证过的，只有知道“……是……”，才能知道“……存在”。“当然，在月亮被我们感觉之前就已经存在的意义上讲，月亮‘不依赖’我们的感觉而存在，它的存在不是由我们的感觉引起的。”② 虽然普特南认为“不依赖”是一个有争议的词，但在这里，问题并不是普特南所强调的“不依赖”这个词的涵义问题，而是“月亮”一词的使用问题。当我们说“月亮存在”时，我们恰恰是借助于我们对于“月亮”的认识来使用“它”的，而在人类感觉到“它”之前，是无法提出这样的问题的，除非我们只是把月亮当作一个没有任何内容的语词来使用。当然，按照胡塞尔的观点，像“这个”“那个”也具有与说者相对应的意向关系，进入了人的认识领域。所以，一旦我们用了“月亮”这样的带有人的认识意义的语词，“不依赖”也就失去了应有的意义。所以“存在什么”，我们首先应该知道“是什么”。

① Andrew P. Key Philosophers in Conversation［M］. London：Routledge，1999. 50

② Andrew P. Key Philosophers in Conversation［M］. London：Routledge，1999. 50

第三章　语言的意向构造

语言具有意向性。但这个意向性是如何存在于语言中，又是如何起作用的呢？在这一点上，英美哲学与现象学关于语言意向性的看法是不同的。英美哲学主要关注的是命题态度中的意向词，而现象学则不同。从现象学的观点来看，范畴活动是一种构造活动，它的基本逻辑形式就是谓述结构“S 是 P”这样的形式，这样，在每一个谓述语句中也就包含了一个意向构造活动。一个不容否认的事实是，在每一个最基本的谓述结构中都有一个“是”，如果我们承认了这一结构的意向性，那么，在这一结构中，哪个语词具有意向构造性呢？显然，在“S 是 P”的结构中，“是”起着连接作用。因此，要研究语言的意向构造，我们就应该对语词“是”的语言学意义给予更多的关注。

第一节　“是”的意向构造性

“是”这个词在语言中的基础性是毋庸置疑的，因为从谓述结构的最基本的逻辑形式“S 是 P”来看，没有它我们就无法进行表述。当我们“思”的目光朝向某一事物时，当我们通过意向指向某一对象而获得它的意义时，我们都不可避免地涉及“是”，即“我们说的‘是’什么”“它的意义‘是’什么”。但遗憾的是，英美哲学的语言意向性分析只是关注命题的意向性，即命题态度，而忽视了命题和语词得以形成的“是”及其意向构造性。我们认为对“是”的意向构造性作一番深入的研究，对于我们理解语言和意向的关系是至关重要的。

一、“是”的意向构造性的涵义

“构造性”是胡塞尔现象学中贯穿始终的概念，用莫兰的话说，“在某种意义上，现象学全部问题可以归结为构造问题”①。当然，对于构造问题的研究并不是胡塞尔哲学所特有的成分。在《纯粹理性批判》中，康德就提出并探讨了这一概念，他认为，“构造”就是显现，“构造一个概念就意味着：把与它相应的直观先验地展现出来”②。在康德看来，知识，特别是数学知识的构造，是通

---

① Moran D. Introduction to Phenomenology［M］. London and New York：Routledge，2000. 164

②［德］康德. 纯粹理性批判［M］. 邓晓芒译. 北京：人民出版社，2002. 553

过概念先天地在直观中把它提供出来，并以这种方式获得一种综合的、但却是合理性的知识，这种合理性就是使这种构造出来的东西能够与经验直观中的某个对象相对应。如果说，康德的“构造”是与概念和范畴联系在一起的，那么，胡塞尔的“构造”涵义，则是与意向性概念一同给出的，即“构造”是意向性中一个非常重要的功能和特征。这种构造不是用意识创造世界，而是在意识中显现世界，通过构造，意识活动和意向对象建立起相互关系，这个相互关系被称作意向性。[①] 所谓意向性是意识活动的一个本质特征，这种特征表现为它是作为对某物的意识，“在每一活动的我思中，一种从纯粹自我放射出的目光指向该意识相关物的‘对象’，指向物体，指向事态等等”[②]。既然每一思维活动都是指向对象的活动，在指向的过程中形成了对意向之物的意向构造。因此，每一思维活动都具有意向构造性。那么，什么是“是”的意向构造性呢？

（一）“是”——存在的显现

“是”是一个在语言中普遍使用而又难以把握的词。在古希腊早期，“einai”（英语 to be，to exist）具有表存在、表真、表方位和系词的用法，但对于这些用法之间存在何种关系却众说不一。有人认为，“einai”用法可以划分为：①意即“存在（exists）”；②仅用作系词。认为两种用法之间是相互并列的。对此，卡恩有不同的看法，他认为，在希腊语的早期文本中，“einai”的系词用法在使用频率上是占绝对优势的。[③] 以此为根据，他认为存在着一个广义的系动词“to be”，它同时表方位、表存在、作谓词等。海德格尔通过语法学的考察得出，“sein”这个词有动词、不定式和名词三种语法形式。[④] 通过对“sein”的语源学分析，海氏认为，sein（是/在）这个动词的全部复杂情况是由三种不同的词干规定的[最古老的本来的词干是“es”（生活、生者、由其自身而在者、本真常住者），第二种（印度日耳曼语）词干是“bheu”（起作用、由其自身而驻留者），第三种词干只是在“sein”这个日耳曼与动词的变形范围中出现，即“wes”（居，留）]。我们可以从这三个词干中得到一种确定的涵义，就是生、升、起、停留。[⑤] 古希腊人对“eimi”（德文 sein）的解释就是（自然），就是展开，展开所起的作用就是出现。如此出现导致显露。在赫拉克里特的“一（是）一切”中，

---

① 倪梁康．胡塞尔现象学概念通释［M］．北京：生活·读书·新知三联书店，2007. 266-267

② ［德］埃德蒙德·胡塞尔．纯粹现象学通论［M］．李幼蒸译．北京：商务印书馆，1995. 211

③ ［美］卡恩 C H. 动词“To be”与 Being 概念研究之回顾［J］．世界哲学（京），2002（1）．60-74

④ ［德］海德格尔．形而上学导论［M］．熊伟，王庆节译．北京：商务印书馆，1996. 55

⑤ ［德］海德格尔．形而上学导论［M］．熊伟，王庆节译．北京：商务印书馆，1996. 71-72

“一切”意指存在者之整体、总体，“是”当作及物动词使用，其意如同聚集。[①] 聚集就是逻各斯，就是语言之“是”。

在巴门尼德的思想中，“是”与“不是”都是绝对的。这里的“是”意指存在，“不是”意指不存在。在《巴曼尼德斯篇》中，柏拉图认为，“是”与“不是”都有两种：“是”有广义的和狭义的区别；“不是”有绝对和相对的分别。广义的“是”一方面包含狭义的“是”和相对的“不是”，另一方面又和绝对的“不是”相对立。而相对的“不是”却又可能是另一种“是”。[②] 由此可以得出：巴门尼德的“是”只考虑本体论中的存在与非存在。因此，他认为只有存在而无非存在。而在柏拉图的“是”中，却包含了本体论和认识论两个方面，存在之“是”和系词之“是”，即对于“存在者”来说，既可以是此也可以是彼，但对于“无”，则不可说。因为“无”什么都不是。[③]从柏拉图关于“是”的分析中，我们可以把捉到“存在”与“是”在使用上的最初分离以及它们之间的关系，“是”（语言之“是”）展示、显现“存在”。“是”与“存在”的这种关系及其用法在亚里士多德的著作中也可以见到。他认为：“一个词在其本身意义之外尚带着时间的概念者，称为动词。动词的任一部分都没有任何独立的意义……‘健康’是名词，但‘是健康的’是动词，因为，在它的本身意义之外，它还指出所说的状况现在是存在着的。”[④] 无论是柏拉图还是亚里士多德的著作中，这种系词、表真和存在在用法上相互“滑动”的例子是很常见的。[⑤] 而这种用法恰恰反映了在古希腊时期，这两个词之间的某种深层联系，或者说它们具有某种应用上的等价意义，即它们都有着显现和澄明“在者”的作用。如果说有区别的话，只是所澄明的对象不一样，“存在”澄明的是“本体”，而“是”所澄明的是“分有”。

维特根斯坦在分析“是”一词的不同用法时，实际上也触及了“是”一词的涵义问题。[⑥] 在这里，维特根斯坦清楚地意识到，解决这一问题不是语法学和语义学的事情，而只能通过语用学来完成。但是，在运用语用学的分析过程中，他只是把“是”简单地等同于一般的语词，却没有意识到语词之所具有不同的用法，恰恰是通过这个“是”来指向不同的语境的。因此，他没有看到这两种用法上的内在联系。实际上，早在亚里士多德的著作中，对这两种用法就做过探

---

① 孙周兴．海德格尔选集［M］．上海：上海三联书店，1996. 595

② ［古希腊］柏拉图．巴曼尼德斯篇［M］．陈康译．北京：商务印书馆，1982. 72

③ 陈康在这个问题上的看法上是不同的，见：［古希腊］柏拉图．巴曼尼德斯篇［M］．陈康译．北京：商务印书馆，1982. 225-229

④ ［古希腊］亚里士多德．范畴篇、解释篇［M］．方书春译．北京：商务印书馆，1959. 56

⑤ ［美］卡恩 C H. 动词“To be”与Being概念研究之回顾［J］．世界哲学（京），2002（1）60-71

⑥ ［英］维特根斯坦．哲学研究［M］．陈嘉映译．上海：上海人民出版社，2001. 232

讨。他认为，本体有三类：物质、自然本性和个体。[①] 究其本源性来说，“本体当在序次上为第一，其次为质，继之以量。同时后两者实际上只是本体的禀赋与动变，并非全称实是”[②]。但除了本体之外，其他各范畴均不能独立存在。“数学是理论学术，讨论静止事物，但数学对象不能离开事物独立存在。”[③] “于是我们讲来，一般1与1若合在一起就是2，无论事物是否相等或不等。例如，这个善1和这个恶1，或者一个人和一匹马，总都是2。”[④] 从亚里士多德的分析中我们可以得出，数学中的“是”与自然语言中的“是”具有同样的意义。它们都是显现秉赋或动变的，虽然有时我们把它们当作相等，但它们本身还应该被理解为显现，即1+1显现为（是）2。这只是不同事物在数量方面的“侧显”。否则，就会遇到类似于蒯因对分析命题的保全真值性的诘难。[⑤]

通过以上的梳理，笔者认为：古希腊早期伊始，“是”这个词就有聚集和显现的涵义，但随着语言的演化，特别是亚里士多德逻辑学的发展，系词“是”的显现存在的涵义逐渐被遮蔽，只成为一个空洞的、没有涵义的联结词。“因为它们本身并不标志任何东西，而仅只蕴涵着一种联结。”[⑥] 在此之后的哲学发展过程中，由安瑟伦关于“上帝存在”的本体论证明，引发了康德对“存在（英文being）”是不是谓词的讨论。20世纪哲学家尼尔、摩尔（G. E. Moore）、皮尔斯（D. Pears）、汤姆森（J. Thomson）都运用逻辑的方法从不同的角度，对存在的意义进行过有益的探索。[⑦] 特别是罗素和蒯因，也不同程度地认识到“存在”与“是”用法之间的关系。但没有一位哲学家像海德格尔那样，对“是”与“存在”的涵义及其关系给予了异乎寻常的重视和深刻的阐发。尽管这种阐发带有浓厚的德国哲学家的晦涩文风，但对于我们研究“是”与“存在”的内在联系具有举足轻重的作用。

在《康德的存在论题》的演讲中，海德格尔认为：在康德关于“是”的“逻辑用法”之外，我们又看到了他的另一种用法，即关于“是”的客观的用法，这种客观的用法的丰富性表现在作为系词的“是”不仅把主词和谓词连接到一起，同时也把主体和客体的关系相接通。[⑧]

---

① ［古希腊］亚里士多德．形而上学［M］．吴寿彭译．北京：商务印书馆，1959. 244

② ［古希腊］亚里士多德．形而上学［M］．吴寿彭译．北京：商务印书馆，1959. 241

③ ［古希腊］亚里士多德．形而上学［M］．吴寿彭译．北京：商务印书馆，1959. 234

④ ［古希腊］亚里士多德．形而上学［M］．吴寿彭译．北京：商务印书馆，1959. 281

⑤ 蒯因认为，语言的分析性是建立在同义性基础上的，而同义性并不具有互相替换性，也就是说，两个语言形式的同义性，不具有在一切语境中可以互相替换而真值不变的性质。参见：［美］威拉德·蒯因．从逻辑的观点看［M］．江天骥，等译．上海：上海译文出版社，1987. 26

⑥ ［古希腊］亚里士多德．范畴篇、解释篇［M］．方书春译．北京：商务印书馆，1959. 57

⑦ 徐友渔．哥白尼式的革命［M］．上海：上海三联书店，1994. 329-337

⑧ ［德］海德格尔．路标［M］．孙周兴译．北京：商务印书馆，2000. 533

（二）"是"——意向的构造性的涵义

正是在这个意义上，海德格尔看到了"是（系词）"在揭示"在者"方面的意义。只有"此在"存在，才有世界在此，被道说的某物达乎语言，亦即获得一种显露。"言词、命名不是事后为一个早已公开化的在者配上一个标记与记号，而是这个标记硬挤到在者前面去敞开在。"① 一切"是者"都被"是"召唤到场，每一个"是"都体现了天、地、神、人的在场。当然，由于海德格尔不愿保留主体这一近代哲学的产物，企图彻底超越它。所以，他的哲学批判的阿基米德点不是"人"的语言，而是"语言"。在他的语言之"是"中，我们看不到人的作用，不是人去道说，而是语言让人去说。如果我们把语言看作是人的语言，那么，"是"就有着另一种意义。也就是说，每一个词语都有所"是"，而每一个"是"都具有意向构造性。

所谓"是"的意向构造性大致有三重涵义：第一从语法学上来看，是作为一个有涵义的"联结词"，把主语和宾语或表语联系在一起。同时，也把我们的意向活动联系在一起。亚里士多德认为，系词是一个动词，"动词本身是名词，并且代表和意味着某种东西，因为说话者在用这种用语时，自己的思想活动暂时停顿一下，而听者（的精神）也停顿一下"②。当我们说"S 是 P"时，我们的意识把 S 和 P 内化，成为意识中的要素。同时，通过意识行为产生了一个意识结构，也就是一个"意识场"。在这个场中，"是"的意向性把主客体相接通并且构造起来。海德格尔深刻认识到这个作为系词"是"在语言中的作用。他认为："在毫不显眼的'是'（ist）中隐含着存在的一切值得思的东西。但其中最值得思的东西始终是：我们要思索，'存在'（sein）是否能够存在，这个'是'本身是否能够存在，或者，存在是否决不'是（存在）'（ist），而依然始终真实的事情是——有存在（Es gibt Sein）。"③ 正是由于"是"的连接给出了诸存在者的"在场"。

第二，从语义学上来看，"是"意指显现和涌现。当我们说"S 是 P"时，是指"S 显现为 P"。无论形式语言之"是"还是自然语言之"是"，都具有显现的意义。"玫瑰花是红的"和"2 加 2 是 4"中的"是"是等价的，都意指显现。也就是说，玫瑰花是一种植物的花朵，它不等于颜色。同样，在 $2+2=4$ 的式子中，等号的左边是两个数，而右边是一个数。这一问题蒯因已做过详细的研究和论证。但通常人们很少意识到后面的数学式子中等号的实际意义。实际上，在上

① ［德］海德格尔．形而上学导论［M］．熊伟，王庆节译．北京：商务印书馆，1996. 172

② ［古希腊］亚里士多德．范畴篇、解释篇［M］．方书春译．北京：商务印书馆，1959. 57

③ ［德］海德格尔．路标［M］．孙周兴译．北京：商务印书馆，2000. 559

面两个句子中，“是”都具有显现的意义。通过这样的表达，我们的意向指向“玫瑰花”和“2加2”的显现。

第三，从语用学上来看，“是”实际上意指“侧显”。在这一问题上，胡塞尔对意向性在谓述语句中的构造性做了深入、细致的研究。他通过“侧显”来概括谓述结构特点，也就是当我们说“S是P”时，并不是指“S‘自然地’‘全面地’显现P”，“P”总表现为“S”的“侧显”。“侧显”是胡塞尔现象学中的一个概念，它是指不同的体验。意向对象作为被给予物，是一个整体。但总是按某种规定性显现，每一规定性都有其侧显系统，都有某种体验。[①] 对此，维特根斯坦从语用学的角度对“是”在不同语境中的用法做了分析。在《哲学研究》中，他分析道，当一个人指称“它是……”时，“‘即那人指的是对象的形状还是颜色或数目等。’——可‘指形状’，‘指颜色’又是怎么回事呢？你试着指一片纸看看！——你再来指它的形状——再……，我所说的是：在人‘把注意力集中在某种东西上’的这段时间里，会有这一类的情况发生”[②]。“侧显”是“是”的意向构造性的重要特征，它体现了“是”的指向性和构造性。按胡塞尔的话说，“意向客体是在连续的或综合的意识过程中被连续认识的，但不断‘不同地呈现’自己；它是‘同一的’，它只是在具有一个不同规定内容的其他谓词中呈现；它只是从不同侧面显示自己”[③]。当然，对胡塞尔来说，他只是意识到“是”所构成的谓述结构具有一种“侧显”的作用，但并未对“是”一词做更进一步地分析。因此，探讨“存在”之“是”的现象学在胡塞尔那里只是作为一种逻辑学。实际上，在“是”这个词中，蕴涵了人类语言中的意向性。而意向对象的这种“侧显”说明了意识活动具有一种指向、选择和构造的作用。通过这种作用，使意向对象的侧显从意向背景中“凸现”出来。

二、“是”的意向构造性特征

意向对象是统一体。也就是说，意向对象作为亚里士多的意义上的本体呈现给我们意识，给予我们一个“这个”，即“同一体”。而意向作用则是“构成性的”复合体。在功能上统一着多样性因素并同时构成着统一体的这个意识，实际上决不指示一个同一物。当意向对象的不同片断在意识作用下显示了某种同一性内容时，我们的意识所把握的还是不完整的。所以，“我们应该在完全的意向对

① ［德］埃德蒙德·胡塞尔. 纯粹现象学通论［M］. 李幼蒸译. 北京：商务印书馆，1995. 116

② ［英］维特根斯坦. 哲学研究［M］. 陈嘉映译. 上海：上海人民出版社，2001. 25-26

③ ［德］埃德蒙德·胡塞尔. 纯粹现象学通论［M］. 李幼蒸译. 北京：商务印书馆，1995. 317

象和（例如）在知觉中‘显现的对象本身’之间保持区别”①。从这种意义上讲，任何“是什么”都仅仅是一种“侧显”，因此，“是”并不意味等同。A 是 A 等价于 A = A 仅仅是数学语境中的“侧显”，它绝不是可以脱离人和语境的先验的东西，因为它随时会遇到丰富的自然语言（如“唐人不是唐人”）的责难。② 由于“是”的这种侧显作用，“是”的意向构造性是显而易见的。它表现在以下三个方面。

（一）“是”的指示性特征

“是”的指示性特征是“是”的意向性的一个方面，它主要表现在指示性定义的过程中。海德格尔认为，语言是由词语构成的，词语本身就是关系。词语这种关系总是在词语中扣留着物，从而物才是（ist）一物。由此，海德格尔进一步认为，“唯当表示物的词语已被发现之际，物才是一物。唯有这样物才存在（ist）。所以我们必须强调说：词语也即名称缺失处，无物存在（ist）。唯词语才使物获得存在”③。这一“存在”（是）就是一物能和另一物相区别，语言能将其召唤出来。当然这个词语和名称是通过命名来实现的。由此，海德格尔指出，“‘命名’意指赋予某物以一个名称。那么，一个名称是什么呢？是一种给某物提供一个声音或文字符号以及一个密码的标记”④。这一界定实际上已基本上表达出命名的本质，当然在这个问题上，弗雷格和早期穆勒的工作则更为精致。穆勒把名称分成内涵和外延两种成分，内涵即是它的概念或涵义，而外延即名称所适用的对象集合。他认为，真正的专名只有外延而无内涵，而通名则既有内涵也有外延。弗雷格则主张：“和一个指号（名称、词组、表达式）相联系的，不仅有被命名的对象，它也可以称为指号的指称（nominatum），而且还有这个指号的涵义（sense）、内涵（connotation）、意义（meaning），在其涵义中包含了指号出现的方式和语境。”⑤ 名称、涵义和指称对象的划分表明名称和指称对象不是一一直接对应的，而是通过意义联系在一起。同一指称对象可以有不同的名称，如金星有不同的名称——启明星和暮星。同样，同一名称可以有不同的指称对象，如通名——原子。在此基础上，关于命名先后出现了两种不同的看法。一种是罗素的“摹状词”理论，另一种是克里普克和普特南的历史因果命名法。而这两种不同的理论恰恰说明“是”在命名中的两种不同的意向构造。历史因果命名法属于指示性定义的方法，它是直接通过给予某一事物以名称来指称某一事物

---

① ［德］埃德蒙德·胡塞尔．纯粹现象学通论［M］．李幼蒸译．北京：商务印书馆，1995. 251

② ［英］维特根斯坦．哲学研究［M］．陈嘉映译．上海：上海人民出版社，2001. 277

③ 孙周兴．海德格尔选集（下卷）［M］．上海：上海三联书店，1996. 1067

④ 孙周兴．海德格尔选集（下卷）［M］．上海：上海三联书店，1996. 1065

⑤ 涂纪亮．语言哲学名著选辑［M］．北京：生活·读书·新知三联书店，1988. 5

的。无论这一名称有无涵义，都应看作是我们给予事物的命名。通常在这种命名中，名称的涵义与指称并无直接的关系。也就是说，名称不是由指称的性质（显现）决定的。例如，罗素所说的“司各脱”、普特南所说的“水”。当我们进行命名时，我们并不是因为考虑到“司各脱写了《威弗利》，而水‘是’由 H_2O 构成”，因此把司各脱称为“司各脱”，而把水称为“水”。所以，“威弗利”和“水”实际上都是在历史因果命名中，被人们偶然地指称了不同的“这个”。在命名中，意向之“是”并没有指向意向结构中“这个”的属性侧显，而是指向“这个”，即意向结构中的绝对同一物。在这一指向中，名称和“这个”建立起了联系。

（二）“是”的显现性特征

“是”所具有的显现性特征表明我们可以通过事物的显现来进行命名。也就是运用概念定义的方式来命名。罗素的“摹状词理论”就属于这一类。所谓摹状词，即是对人和物所做出的特征性描述的短语。摹状词理论认为，人们通常所使用的专名实际上是一种“缩略摹状词”。而只有像“这”或“那”的词从本体的意义上讲才是真正的专名。[①] 但摹状词理论并不能有效地解释名称、涵义和所指对象之间的关系。因为即使司各脱没写《威弗利》，也并不影响他是司各脱。也就是在给司各脱命名时并不是因为他写了《威弗利》，或者说“司各脱”与“《威弗利》的作者”没有涵义上的必然联系。但如果“电子”不带电，“基本粒子”没有表现出构成世界基本粒子单位的特征（后来发现这并不正确），就不可能有这些名称。当然，这种名称的涵义有可能并不准确，或者在使用的过程中逐渐发现其错误。但是，重要的是在我们命名时，我们的语言之“是”指向意向之物的侧显。正是指称物的在场状况或显现使其成其所“是”。只有这样，我们才能理解“燃素”“以太”等概念。这些概念都是我们把自然界在我们意向结构中的某些侧显当作存在某物来加以命名的。像现代物理学中的许多概念，如“量子”“波粒二象性”等都是如此。因此，我们说“是”乃“存在”之“显现”。每一“是”都指向某一场域或语境。在指向中，意识构造意向对象并侧显它。任何分有“是”的东西都是某一“同一体”的侧显，一个事物在不同的场域可以有不同的侧显。亚里士多德可以“是”亚历山大的老师，也可以“是”《工具论》的作者，还可以“是”柏拉图的学生，还可以“是”……因为他在这些场域存在（或实存）并且侧显。“侧显”可以是某一事物的，也可以是某一在场的状况，像“最小的分数”和“离太阳最远的星体”就属于后者。但在任何情况

① ［英］伯特兰·罗素．逻辑与知识［M］．苑莉均译．北京：商务印书馆，1996. 242

下，我们都不可能获得一事物的“全显”。当我们说“上帝在（God is）”时，我们是预设了一个“全显”的上帝，因为它存在于无限的时空中（处处是）。①

另外，“不是”也具有意向指向性。只是在我们的意向指向某一场域时，并没有显现出某一“所是”。但我们通过另外的“所是”把目光指向被抹消者本身。②

（三）“是”的主体间交往的语境指向性特征

“是”的意向性不仅存在于命名（语词）中，同时还存在于主体间的交往过程中，即它具有语境指向性的作用。可以说，有涵义和涵义的表达就会有“是”的意向构成性。例如，当我的目光落到“这是白的”这个图式上，这个过程不需要“表达”，也不需要一点声音语言意义上的表达或任何类似于语言意指的东西。但当我想到了或说出了“这是白的”，那么一个新层次同时出现了，这时也就有了意向的指向。③ 如果这时我们所表达的“这个”的确是“白的”，就说明我们对“白”的理解与其他主体相同。也就是说，当我正确地认出了这种颜色时，我就学会了一种语言。每一个语词都有着意向构成性作用，在用语词形成语句时，同样有着意向构成性的作用。在意向作用下，一个特殊的行为层次就会在“表达行为”下产生，一切其他行为都以各自特殊方式与其相符合或相融合。每个对象的行为意义以及存在其内的关系，都在意向对象的概念上表现出来。④ 确切地讲，每一个表达行为对应一个语境，在不同的语境中，语词和命题有了不同的含义。同时，原有的语言规则也在它们的运用中得到重新的规定。当维特根斯坦在《哲学研究》一书中说，某人把“拿给我一块板石”说成是“板石”⑤，就表明原有的语言在意向行为下获得重建，在新的语境下有了新的含义。但这并未否认原有“板石”的涵义，也就是说，是在原有语言意向基础上的意向重建。由于主体的意向不同，在主体间交往过程中，就会出现“语境错位”。这时我们会经常听到“你指的是什么”“我们说的不是一回事”等。而“是”在这里起着指向语境的作用，人们通过不断调整各自的意向之“是”或了解对方的意向之“是”，来达到相互理解。只有主体间弄清彼此的意向之“是”所指向的语境，他们才能更好地交流。

当然，我们经常会见到“隐喻”这样的用法。所谓隐喻，是指“语言中某

---

① 王路．理性与智慧［M］．上海：上海三联书店，2000．166

② ［德］埃德蒙德·胡塞尔．纯粹现象学通论［M］．李幼蒸译．北京：商务印书馆，1995．263

③ ［德］埃德蒙德·胡塞尔．纯粹现象学通论［M］．李幼蒸译．北京：商务印书馆，1995．302

④ ［德］埃德蒙德·胡塞尔．纯粹现象学通论［M］．李幼蒸译．北京：商务印书馆，1995．303

⑤ ［英］维特根斯坦．哲学研究［M］．陈嘉映译．上海：上海人民出版社，2001．4

些语词的特殊用法，往往是事物 x 的名称用于指称 y 事物；广义上来讲，隐喻可以指概念化以及再概念化的过程本身”①。通过隐喻，我们可以更清楚地理解语言中的概念构造。在概念构造中，人们通过对语词和语句的富于想象力的运用而造就出某种东西。一般说来，“隐喻完全依赖于这些语词的通常意义，从而完全依赖于由这些语词所组成语句的通常意义”②。隐喻不是概念或名称的简单互换使用，而是用具有某种所“是”即侧显（功能或属性）的概念或名称去意指另一具有相似侧显（功能或属性）的事物。可以看出，在隐喻中，“是”的意向性的作用是很明显的。我们把 x 的名称用于指称 y 事物，是因为 x 和 y 在某方面有相同或相似的“侧显”。也就是说，只有语言共同体的意向指向同一侧显，隐喻的用法才能进行。

三、“是”的意向构造性意义

任何人的语言都是同人的意向分不开的，都表现了意识的构造性。在构造过程中，“是”指向意向对象，从而使主客体相接通。当然，语言的复杂性也使得意向性呈现出逐级构造的复杂情况，即从语词的意向性、命题的意向性、文本的意向性到语言行为、交往行为的意向性等。尽管作为最小的语义分析单位是命题，即“说话人的话语意义对于我们分析语言的功能的目的来说是首要的意义概念”③，但并不能否认语词具有意向性④，“每一语词基本上有一种意思，甚至小词也不例外；只有凭借理解语词的基本意思，我们才能开始理解它的转义用法（‘它的意义的多样性’）”⑤。因为“语句的意义是由语词的意义和语词在语句中的句法排列来决定的”⑥。人类在生存活动中学会了使用语言，“在学习我们的母语时，我们遵循把语言的整个领域与特殊领域联系起来的自然过程。在学习外国语言时，我们也同样如此做。我们要常常把字典作为我们讲话的耐心指导者和修正者的替代物”⑦。字典成为主体间沟通和交往的语言平台，而词典中每一词语

---

① 郭贵春．科学隐喻的方法论意义［J］．中国社会科学，2004（2）．92

② ［美］唐纳德·戴维森．真理、意义、行动与事件［M］．牟博译．北京：商务印书馆，1993. 195

③ ［美］约翰·塞尔心灵、语言和社会［M］．李步楼译．上海：上海译文出版社，2001. 135

④ 语词是否具有意向性关键在于是否有涵义，按照弗雷格“涵义是指称对象的显现方式”，具有涵义的语词必然是通过指称对象的显现而获得的，因此，也就必然具有了意向性。但按照弗雷格的语境原则，似乎一个语词只有在句子的语境中才有意义。这里的“意义”应该理解为一个确定的指称对象，因为我们不能怀疑每一个词都有基本的字面意义，即涵义，就如同我们从不怀疑字典的作用一样。但只有在某一语境中才确有所指

⑤ 洪汉鼎．理解与解释——诠释学经典文选［M］．北京：东方出版社，2001. 24

⑥ ［美］约翰·塞尔．心灵、语言和社会［M］．李步楼译．上海：上海译文出版社，2001. 134

⑦ 洪汉鼎．理解与解释——诠释学经典文选［M］．北京：东方出版社，2001. 42

所含有的意思都体现了主体间意向之“是”的共同指向（虽然它们之间有时存在着很大的差异，但这可以通过语言规则来加以调节）。只有这样，交往行为才得以进行。在语词的基础上，语言共同体在表达行为中，进行着不同层面和语境的意向重构，而每一层面的交往行为都离不开意向之“是”的调节。即使是那些表达相信、希望和要求的命题态度，也离不开命题。而每一个命题都有谓词“‘是’什么”。因此，理解“是”的意向构造性对理解语言与世界、语言共同体之间的关系及其意义是不言而喻的。

（一）“是”的意向构造性的本体论意义

“是”作为“存在”的“显现”深刻揭示了语言与世界（事态）的关联，说明了在语言和意向之间的内在关系。作为人类行为的一部分，言语行为通过意向性来执行。通过意向性，语言指向实在世界。这个实在世界按照塞尔的话说一方面包括物理的和生理的世界，另一方面包括社会的和制度性的实在。意识和意向性都是某种生物学过程引起的生物学事实，然而它们又创造了与意向主体相联系的社会的和制度的实在，“所有制度性实在都可以确当地用集体的意向性、功能归属和建构性规则这三个概念加以解释”①。通过语言之“是”，“存在”向我们显露出来，我们才能够表达。否则，“存在”对我们总是晦暗不明的。从中世纪经院哲学家安瑟伦关于上帝存在的本体论证明到康德以来关于“存在”是不是一个系词的争论，都暗示了“是”在指向“存在”、昭示“存在”方面的作用。

罗素于1905年在《论指谓》一文中提出了著名的“摹状词理论”，试图解决哲学中的三个重大问题：①迈农悖论——金山不存在；②违反排中律——当今法国国王是秃头的；③同一性的问题——司各脱是《威弗利》的作者。罗素认为：通常人们所使用的大多数“专名”都是缩略了的摹状词，如果我们把这些“专名”分解成摹状词，以上问题就会得到解决。举例来说，当我说“‘《威弗利》的作者存在’时，我意指：有一个实体c，使得当x是c时，‘x写作《威弗利》’是真的，而当x不是c时，这句话就是假的。作为一个成分的‘《威弗利》的作者在此完全消失不见了”②。在罗素的分析中我们可以看到，同古希腊亚里士多德的论述相类似，任何“存在”语句都可以分解为一组包含多个“是”的语句。当我们断定了每一个“是”语句的真实性之后，“存在”语句的真实性也就相应地被断定。在《论何物存在》一文中，蒯因提出了本体论许诺的理论，即依据那个理论有何物存在。当我们说“有些狗是白的”，并不许诺承认狗性或

① ［美］约翰·塞尔．心灵、语言和社会［M］．李步楼译．上海：上海译文出版社，2001. 119

② ［英］伯特兰·罗素．逻辑与知识［M］．苑莉均译．北京：商务印书馆，1996. 62

白性是实体。要使这个陈述为真，“有些东西”这个约束变项所涉及的事物必须包括有些白狗，也就是许诺了白狗的存在。但他认为这种许诺只是“说”什么存在，这完全是同语言有关的问题，而究竟什么存在则是另一个问题。① 在这里，蒯因也触及了“是”与“在”的关系，但他只把它当作逻辑和语言的问题予以搁置，并未作深入探讨。实际上，当我们说一事物存在时，它必须有所“是”，即有所“显现”。这种显现可以是实体，也可以是属性或者是观念。没有显现的东西就是“无”（海德格尔意义上的），同“在者”相对，对“它”我们不可说。凡可显现的，都是存在的。通过“……是……”，我们的意向指向不同的存在领域（但都在意识中进行）并构造它。通过“是”的引导和确证，我们就可以区分一事物（名称）是属于实体的存在，还是属于属性的或者观念的存在。

（二）“是”的意向构造性的认识论意义

任何科学知识都是事物有限度的侧显。一旦我们弄清楚了“是”既不是一个没有意义的“联结词”，又不是一个被简单理解为“相等”的词，而是当作“显现”来理解的词时，我们对“他（它）‘是’……”的含义就会有完全不同的见解。当我们说“光既是粒子又是波”时，我们就会明白“存在一种事物（事态），它既显现为粒子又显现为波”。无论是粒子还是波不过是这一事物（事态）的不同（也不同时）“侧显”。

任何科学知识都来源于世界的“侧显”，来源于人类的建构。它不仅有意向性的建构，同时还有科学实践行为的建构。当我们说“它是粒子”或“它是波”时，这实际上已经指向了我们建构的一个“在场”。在这个建构的结构中，事物（事态）显现（被作用）出来。任何科学活动都是获得“侧显”的活动，同样，任何技术也都是一种“侧显”，它们是世界和人类理性的侧显，而不是世界和人本身。无论是胡塞尔对欧洲科学危机的分析还是海德格尔对技术的批判，都表达了对科学技术的理性自觉和对人类命运的忧思。胡塞尔认为，欧洲科学的危机来源于科学技术这一“理念的外衣”遮蔽了人类精神和生活世界。“精神，而且只有精神，才是自在自为的存在。它是自主的……也只有这种自主性中，以一种真正合乎理性的，真正而且彻底科学的方式被探讨。”② 由于效仿自然科学，精神科学越来越满足于客观性，而丧失了终极的、现实的合理性。由于把自然科学的客观性看作是一种自主，精神科学就成了客观主义的牺牲品。“理性文化的之所以衰落的原因，不在理性的本质之中，而仅仅在于它的外化，在于它在‘自然主

---

① ［美］威拉德·蒯因．从逻辑的观点看［M］．江天骥，等译．上海：上海译文出版社，1987. 13

② 倪梁康．胡塞尔选集（下卷）［M］．上海：上海三联书店，1997. 975

义’与‘客观主义’中作茧自缚。”① 自然科学的技术化使它变为一种技艺，一种按照技术规则，通过计算的技术去获得结果的单纯技艺。而真正给予这种技术过程以意义和给予这种正常的结果以真理的本来思想被排除出去了。“正是科学这件理念的衣服使得我们把只是一种方法的东西当作真正的存有”②，即把一种世界和人的侧显当作世界和人本身。而康德哲学的“哥白尼革命”就在于，“它是一种在反对前科学的和科学的客观主义的斗争中回到作为一切客观意义的授予和对存有的认定的最终所在地的认知的主体中去的哲学”③。并最终回到胡塞尔所发展的一种对自成一体的普遍真实的存在进行建构的意向哲学。只有在这种哲学中，我们才能真正理解人类意识的意向构造性；理解在这个构造过程中，科学技术之“是”对生活世界和我们人类理性的侧显作用。也只有在这个意义上，我们才能真正给予科学和技术以应有的评价。

（三）“是”的意向构造性的主体间交往意义

肇始于19世纪中期，实现于20世纪初的语言转向是哲学史上的重大事件。皮尔士和弗雷格是这场转折的关键人物。弗雷格在他的指称理论中，区分了指号、指号的指称和涵义，认为指号通过涵义和指称相联系，同一指称可以有不同指号，而有“涵义”有可能没指称。④ 实际上，在他的涵义和指称的关系上，已经暗含了人的意向性和语境的作用，即“为什么同一个指称会有不同的指号，而同一个指号会有不同的指称”。但弗雷格只是从语形学和语义学的角度去研究，而没有意识到，一个指称之所以有不同的指号，就是因为语言共同体在不同的语境指向一指称的侧显。因此，没有找到语言共同体命名的平台。尽管维特根斯坦后期转向了语用学，强调语词的用法符合语言游戏规则。维特根斯坦认为：“‘语言游戏’这个用语在这里是要强调，用语言来说话是某种行为举止的一部分，或某种生活形式的一部分。”⑤ 在语言游戏中，首要的任务是要给事物命名，然后才能开始游戏。命名在维特根斯坦看来，就是给事物贴标签。⑥ 要贴标签就要弄明白我们要指称的到底是什么。在每次指称的时候都要把注意力集中上去，在指向事物的形状时，可以用手指勾画着事物的形状，我们也可以用我们的目光

---

① 倪梁康．胡塞尔选集（下卷）［M］．上海：上海三联书店，1997. 977

② 倪梁康．胡塞尔选集（下卷）［M］．上海：上海三联书店，1997. 1030

③ 倪梁康．胡塞尔选集（下卷）［M］．上海：上海三联书店，1997. 1081

④ 弗雷格曾经意识到有些语词具有可以理解的意思，但是没有指称，像“金山”“圆的方”，但这类词是否是涵义是大可怀疑的。因为按照弗雷格自己的说法，涵义是通过指称对象的显现获得的。在没有指称对象的情况下，就根本谈不上显现了。在这里弗雷格似乎也并不是很清楚。后面我们要专门分析这一问题

⑤ ［英］维特根斯坦．哲学研究［M］．陈嘉映译．上海：上海人民出版社，2001. 19

⑥ ［英］维特根斯坦．哲学研究［M］．陈嘉映译．上海：上海人民出版社，2001. 21

沿着某物的轮廓移动，尽管我们用手指指着一块墨迹说“这……”，我们也无法辨认出它指的是颜色还是形状。在对话中，当我们谈论一个没有在场的事物时，这句话还是有意义的。但如果我们在使用指示词“这个”时，“这个”的承担者就必须存在，否则，我们就无法理解要指称的是什么。维特根斯坦反对罗素把“这个”或“那个”当作是真正的名称的观点，他批评道：“有人却耸人视听，说‘这个’才是唯一真正的名称。结果我们通常称之为名称的东西倒只是在不精确的和近似的意义上才是名称。”① 实际上，无论简单还是复杂，名称都体现了多种用法。这些不同用法以很多种不同的方式互相联系，但这些用法里面却不包括“这个”一词的用法。在分析为什么有人会把“这”这个词当作名称时，维特根斯坦认为，原因在于人们总会觉着“名称本来应该标示单纯的东西”②。通过这一分析，可以看到在定义一个名称时，要把人们的注意力聚集到被定义的事物上去需要用到一些词，如“这个‘叫作’……”“这个‘意指’……”，而这些句子中引号所引的词相当于“是”的作用。可见，“是”把意向集中到一事物上，构成了有意义的话语，使我们知道意向的指向。维特根斯坦在对命名的分析中实际上已经意识到了“是”在语句构成或在交流中的作用，但他更多的是从行为主义而不是有意识地从主体间解释的角度去研究语言的使用和理解。这样，单独的语词已失去原有的意义，而只是保留了抽离出语形学和语义学的游戏规则。莫里斯在《符号理论的基础》中比较系统地提出了语形、语义和语用的划分，但只看到了前两者的优先性，并没有真正把三者结合起来。或者说，没有把语境的思想贯彻进去，而仅仅是建立了一种形式语用学。③ 而奥斯汀从维特根斯坦的后期理论出发，区分了记述式语言（以言表意行为）和完成行为式语言（以言行事行为）。如果说以言表意行为是要促使面向客观世界的语言具有意义，那么，以言行事行为则可以在言语者和听者之间建立起联系，从而产生互动。在此基础上又提出了以言行事行为和以言取效行为。以言行事的行为必须通过意向性来执行，而以言取效则不一定通过意向性。塞尔则吸收了奥斯汀的适用条件，使它们成为“前提条件”。这些条件规定了一定的言语行为能否取得效果和获得意义所需要的语境。同时，塞尔还补充了可理解性条件和真诚性条件。这些条件包含了语言、语境和意向性。④ 塞尔认为，理解意义的关键就是，意义是派生的意向性的一种形式。当说话人把语词、语句、记号和符号有意义地说出来时，就

① ［英］维特根斯坦．哲学研究［M］．陈嘉映译．上海：上海人民出版社，2001. 30

② ［英］维特根斯坦．哲学研究［M］．陈嘉映译．上海：上海人民出版社，2001. 30-31

③ Apel K O. Slected Essays Towards a Transcendental Semiotics［M］. New Jersey：Humanities Press International，1994. 136

④ ［美］约翰·塞尔．心灵、语言和社会［M］．李步楼译．上海：上海译文出版社，2001. 138-150

有了从说话人的思想中所派生出来的意向性。这包括传统语言学的意义，同时也包括有意图的说话人的意义。[①] 但说话者如何把意向性赋予语词和符号？塞尔在分析摹状词命名和历史因果命名时，认为两者之间有着共同的基础，即摹状词理论，但他只是把指称看作是“满足”命名者头脑中的意向内容的东西。[②] 尽管在命名时，伴随有说话者思想中所派生出来的意向性，也就是说存在着和名称相联系的意向内容，它能够刻画作为和名称相一致的陈述的部分命题内容。但“我们寻求解释的事实是：名称通常用于指称对象”[③]，而不是用来描述对象。由于没有看到意向性在语词和名称的生成中的作用（侧显），即在意识活动中构造和凸现意向对象。因此，在塞尔关于名称和指称的分析中，意向性只是一种派生物。一种与名称和语词的意义相分离的派生物。其研究的角度不是具有意向态度的名称和命题，而是名称和命题的意向态度，没有从更基底的层面找到言语意向性研究的切入点。

纵观20世纪分析哲学的发展，我们发现，由于没有认识到“是”在显现“存在”方面的意义，这样从指称理论产生之时起，就使得人们对语形、语义和语用的研究相互分离。看不到在语词生成的时候，就有着人的意向性的参与。因而在研究语言的意向性时只注重研究命题，特别是“以言行事”的命题形式。因此，把“以言行事”的行为看作是语言交流的意义单位，而忽视了“以言表意”的意向性。用哈贝马斯的话说，“交往行为用不同的方式把它们所背负的生活世界设定为其语言的有效性基础。对命题内容的理解则又以一种不同的方式把对相关以言行事行为的理解当作前提，以言行事的意义隐形表现在言语行为过程中”[④]。尽管哈贝马斯把交往行为看作是人类普遍的实践行为，但如果不能在语词的生成和发展中发现人类意向的构造性，那么社会交往行为只能建立在一个断裂的平台上。因此，如何在一个更基底的意义上找到人类交往行为的“阿基米德点”，把语形学、语义学和语用学结合起来，是我们今后哲学研究工作中所面临的亟待解决且颇具价值的问题。

以上我们分析了在基本的谓述结构中，“是”所具有的意向构造的作用，通过这个“是”，把人的意向的“目光”指向意向对象，从而建立起了语言与世界之间的联系，使语言最终建构起来。这种构造活动在隐喻中，表现得十分清晰。下面我们通过对隐喻与意向之间关系的探讨，揭示语言形成过程中的人的意向构

---

① ［美］约翰·塞尔．心灵、语言和社会［M］．李步楼译．上海：上海译文出版社，2001. 135

② Searle J R. Intentionality：An Essay in Philosophy of Mind［M］. Cambridge，MA：Cambridge University Press，1983. 248-250

③ Searle J R. Intentionality：An Essay in Philosophy of Mind［M］. Cambridge，MA：Cambridge University Press，1983. 258

④ ［德］于尔根·哈贝马斯．后形而上学思想［M］．曹卫东，等译．南京：译林出版社，2001. 166

造作用。

第二节 隐喻与语义的意向构造

从古希腊开始，隐喻就为人们所重视和研究。在哲学的语言转向之后，特别是到了20世纪七八十年代，伴随着修辞学和解释学的转向，对隐喻的研究更加深入。但总的来看，对隐喻的研究，还是按照三个传统，即隐喻的修辞学传统(始于亚里士多德)、隐喻的语言学传统（以本旺·尼斯特和乌尔曼为代表）和隐喻的认知传统独立进行的①，而对它们之间的联系却缺乏研究。事实上，隐喻不仅仅涉及语言的使用过程，而且涉及语义构造和生成的过程，这个过程不仅仅是一个语言学层面的问题，它同样也离不开人的意向（思维）活动。

一、隐喻是一种语义构造的工具

在字面意义的基础上是否存在着隐喻意义？隐喻意义和字面意义之间又是一种怎样的关系？围绕着这些问题始终存在着争论，而这对于我们把握语言的意义是非常重要的。

（一）字面意义和隐喻意义

所谓隐喻是指语言中某些语词的特殊用法，通常是把事物x的名称用于指称y事物。② 最简单、最常见的句法形式是“S是P”这样的主谓结构。当然，按照布鲁克·罗斯（Brook. Rose）的观点，实际的隐喻形式要比人们常说的联系动词的隐喻形式复杂得多。③ 隐喻这个概念通常具有广义和狭义的两种涵义。从广义上讲，隐喻是和字面意义相对的，包括语言的非字面意义或修辞（figurative）解释的所有范围——反语、换喻、提喻、夸张法等。从狭义上讲，隐喻不仅和字面意义相对，而且也和其他修辞格（figures）和比喻（tropes）相对。④ 字面意义是指语词和语句的规约用法，即字典意义。如何理解字面意义对于理解隐喻及其构成机制具有重要的意义。人们常常引用维特根斯坦在《哲学研究》中的话说，一个语词的含义是它在语言中的用法。但却把语词的含义和意义混为一谈。这样

① 郭贵春，安军．隐喻的语境分析［J］．江海学刊，2002（5）．37；束定芳．隐喻研究中的若干问题与研究课题［J］．外语研究，2002（2）．1

② 郭贵春．科学隐喻的方法论意义［J］．北京：中国社会科学，2004（2）．92-101

③ Cormac E R M. A Cognitive Theory of Metaphor［M］. Cambridge，MA：The MIT Press，1985. 45

④ Stern J. Metaphor in Context［M］. Cambridge，MA：The MIT Press，2000. 23

一来，似乎每个语词在使用之前都没有含义，而只有在使用时才赋予了它某种含义。由于没有把语词的字面意义与使用意义相区别，如戴维森那样，看不到隐喻是对字面意义的偏离。实际上，每一个语词，都具有一个字典意义。它是在长期的使用过程中逐渐形成的一种规约用法，这是我们学习语言的一个基础和前提。遗憾的是，人们在讨论语言问题时，只注意到维特根斯坦所强调的语词的用法问题，而忽视了维特根斯坦关于孤立语词的含义是否存在的思考。显然，在《哲学研究》一书中，维特根斯坦提出了“原初的含义”和“次级的含义”的差别，并且认为，唯当这个词对你有原初的含义，你才能在次级的含义上使用它，但他同时认为次级含义不是一种比喻的含义。①

在《关于心理学哲学的最后著作》中，关于原初含义和次生含义的某些看法上发生了一些重要的变化。他强调指出：只有对那些知道它的原始意义的人来说，这个词才可能有它的派生意义。在这个范围内，可以把这个派生的意义称为“比喻的”意义。② 维特根斯坦所说的“原初意义”，就是语词的“字面意义”，而“派生意义”是指在原初意义上的引申。他的这个态度变化说明他已经注意到了语词在某些情况下的隐喻用法，但他并没有把所有次生用法当作是隐喻的用法。在他看来，“原初意义”和“派生意义”的关系并非类似于“切断一条线”和“打断一个谈话”这样的关系，在“原初意义”上的引申用法不一定是隐喻的用法。

语句的字面意义是语句要素的字面意义，按照规则构造（composition）而成。而隐喻意义是对字面意义的“偏离”，同时它又依赖于字面意义。拉考夫（Lakoff）和约翰逊（Johnson）在《我们赖以生活的隐喻》和《日常语言中的概念隐喻》中主张：“隐喻部分地建构了我们的日常概念并且这种建构反映在我们的字面语言中。”他们论证说，我们许多人称作“字面的”大多数语言实际上是“隐喻的”。③ 孔多塞断言：“在语言的起源时，几乎每一个字都是一个比喻，每个短语都是一个隐喻。”④ 理查兹（Richards）、布莱克（Black）、利科（Ricoeur）和语言学家雅各布逊（Jakobson）的著作，尽管在本质上不尽一致，但也都把隐喻看作是一种意义构造（meaning-construction）的工具。⑤ 拉考夫和约翰逊认为，“抽象表达的整个机制之构成是隐喻性的。我们只有凭借把抽象的思想作为可以

① ［英］维特根斯坦．哲学研究［M］．陈嘉映译．上海：上海人民出版社，2001. 339

② ［英］维特根斯坦．关于心理学哲学的最后著作［M］．涂纪亮译．北京：北京大学出版社，2012. 161

③ Cormac E R M. A Cognitive Theory of Metaphor［M］. Cambridge，MA：The MIT Press，1985. 57

④ ［法］孔多塞．人类精神进步史表纲要［M］．何兆武译．北京：生活·读书·新知三联书店，1998. 35

⑤ Holme R. Mind，Metaphor and Language Teaching［M］. Basingstoke：Palgrave Macmillan，2004. 5

由判断力加以概念化处理的现象，才能有效地指涉（refer to）它们。因此，我们凭借自己的空间体验使时间概念化，凭借自身的或具身化的（embodied）精神体验使情感概念化”①。

（二）隐喻的具身性

隐喻是语言扩展的重要形式，这种扩展是从身体的感知开始的，表现为由身体知觉向外部经验世界的延展，这也就是隐喻所具有的具身性的特点。

1. 经验、认识的具身性

具身性是认知语言学的一个重要概念，也是隐喻思维的出发点。在传统认识论中，对于具身认知的作用存在着两种不同的观点：另一种是经验论的观点，另一种是唯理论的观点。从近代开始，哲学的主要任务由形而上学转向了认识论，无论是唯理论还是经验论，首先关注的是人类认识的可能性及其限度。经验论者弗兰西斯·培根推崇经验的归纳方法。他认为，新科学应该脱离永无休止的概念争论转向事物本身，而这需要建立在直接的直觉上。而日常知觉不能给正确的自然知识提供可靠的基础。为了克服经验中的错误观念，他对“四种幻象”进行了批判，并提出认识事物就需要探索现象的“形式”，尽管这些“形式”还没有摆脱柏拉图的“理式”的束缚。为了寻找事物中的简单“形式”及其“差异”，培根研究了“三表法”。他认为我们通过归纳方法就可以从外部世界获取知识，以实现对自然的统治。同时，他要求他的经验原则也适用于人的知识。如果说，培根的经验论把科学的探究建立在直接的知觉基础上，那么，唯理论者则是从不证自明的前提出发来找到认识事物的途径。在17世纪法国哲学家笛卡儿那里，“我思故我在”这个命题与其说具有经验的含义，还不如说具有第一位的、理性真理的含义。在《沉思录》中，笛卡儿分析了我们的知识来源。通过分析，他发现无论是我们的印象也好，还是感觉也好；无论是我们清醒地感知事物，还是在做梦，我们都有可能受到欺骗。即使是简单的数学命题2+3=5，也有可能受到恶魔的指使，而使我们受骗。由此，他从怀疑一切的原则出发，通过还原的方法回到“我思”，从而确立了知识大厦的基础，并由此区分了心灵和世界两个实体，而得到“我思故我在”这一命题的真理性不是根据推论，而是直接的直观确实性。

笛卡儿的唯理论主张，自我意识的优越性在于它的充分的清晰性和明确性中，同时，所有与自我意识一样具有清晰性和明确性的事物必定是真实的。依靠

---

① Holme R. Mind，Metaphor and Language Teaching［M］. Basingstoke：Palgrave Macmillan，2004. 23-24

天赋观念的假设，笛卡儿论证了上帝的存在性。这种内在性哲学假设心灵可以不借助于身体，因而不需借助具身性就可以获得认识。在现代语言学中，唯理论在由乔姆斯基所发展的生成语法以及由理查德·蒙塔古所提出的框架理论，在对语义形式的探究中表现得尤为明显。他们主张不考虑人类的身体或经验，我们能够把语言作为一种形式或计算系统来研究。

比较而言，认知语言学在这种意义上不是唯理论的，而是来自心理学和哲学中的经验论传统。这种传统强调以人类身体为中心的经验的重要性，并且人类特殊的认知结构和组织的重要性，这一切都影响到我们经验的性质。按照这种经验论的观点，人类心灵及语言的探究都不能离开人类的具身性。①

不仅人类的心灵是具身性的，人类的经验也同样是具身性的。我们的具身性影响经验性质的一个明显的方面是在颜色领域。由于人类视觉系统有三种感官器和颜色通路。而其他生物的数目是不同的，不同的颜色通道范围影响了我们的经验范围。举一个简单的例子，响尾蛇可以感受到红外线，而人类却不能。类似地，我们的生物形态与我们周围环境的性质相互作用，决定了我们经验的其他方面。例如，人类对于重力的感受与水里的鱼对重力的感受是完全不同的。经验的具身性使得我们的认知也同样是具身的。换句话说，我们得到的概念，以及我们思考的实在的性质都是具身的结果。我们只能谈论我们知觉和想象到的东西，并且这些知觉和想象都来源于具身的经验。因此，可以说没有具身作用就没有我们的概念和语言。

2. 语词与语法的隐喻具身性

我们的语言是通过隐喻的概念化得到的，并且在语言中通过指称的并列，不断地执行着创造新语义的功能。没有它们，人类就很难把已经获得的知识扩展到未知领域，语言也将成为静态的。② 语词和短语最初就是通过隐喻方式建立起来的。我们在日常语言中，经常会遇到隐喻的说法，如山头、山脊、山脚、桌子腿、椅子背，这些语词都是把人体组织的部分延伸到自然事物的描述中。而许多科学概念和术语也是在日常语言的基础上通过隐喻方法形成的，如电子云、上帝粒子、黑洞等。同样，按照兰盖克（Langacker）等认知语言学家的观点，“语法是另一种我们通过隐喻获得的抽象的意义-创造物”③。同时也是一种概念化的结果。我们正是通过隐喻的形式构造着我们的语言。

---

① Ewans V, Green M. Cognitive Linguistics an Introduction [M]. Edinburgh: Edinburgh University Press Ltd., 2006. 44

② Cormac E R M. A Cognitive Theory of Metaphor [M]. Cambridge, MA: The MIT Press, 1985. 50

③ Holme R. Mind, Metaphor and Language Teaching [M]. Basingstoke: Palgrave Macmillan, 2004. 25-26

在隐喻中，我们按照与字面意义的偏离程度把隐喻分为活喻和死喻。所谓活喻是仍然以我们所认为的偏离或奇异的方式来使用的语词。① 对于“死喻”来说，有多种情形。一种情况是它们的（曾经）字面解释现在死了，并且很长时间已被遗忘，只是它们的（曾经）隐喻解释残存下来。尽管到现在人们还没有认识到它们是（过去）隐喻的。例如，“plastron”现在指称龟壳，但最初是用来指士兵的铠甲。显然，这个隐喻解释利用了龟-壳和铠甲之间知觉的（功能）相似。同样，“cosmos”最初指妇女的头巾，后来隐喻用于指队列，只是到最后才指世界的秩序。这样，从最初的“铠甲”到龟壳或从“头巾”到世界的秩序，所使用的方法是隐喻的。尽管我们现在的用法不再依赖其当时的预设，再去谈及有关的铠甲和头巾，但现代所使用的语词是古代通过隐喻方法形成的。总之，在这些语词的现代解释中已不再有相关的隐喻内容。如果要称它们为隐喻，仅仅是追溯它们的历史起源，而称它们为“死喻”，也只是说它们过去已经死了。第二种情况是称作双重—功能术语（物理的或感觉的术语，如“硬的”“深的”“明亮的”，即应用于心理状态的）和联觉形容词［指从一种感觉道（sensory modality）到第二种感觉道］。这些“隐喻”相对来说遵循着规则的语言发展道路，既按照语言的习得方式也遵循语言的规则来发展。② 以上的两种死喻已经不再是隐喻。第三种死喻是能够清楚地解释为隐喻，但已经死了或将要死的。它包括惯例化的（routinized）隐喻解释（如“山腰”）、根化的（root-inized）隐喻解释（相对于它们目前的解释语境，这些隐喻是死的，如“沟通”）和获得性的（aquired）隐喻解释（杰克听吉尔说“马克斯是一个转动的机器”）。这些已经死的或像是死的隐喻是字面意义的三个方面的例子，表现为内容的语境不变性、语境的前语义学状态和它的社会特征。其共同的特点是，它们的解释都脱离了实际的话语语境，成为语境独立的意义。③

通过以上的分析我们可以看到：大部分语言都不同程度地依赖于隐喻这种形式而生成，隐喻的发展首先经历了语词使用的偏离，这种偏离源于人类的隐喻性思维，在这个过程中，语义经历了活喻—死喻（将要死的或已经死的）—字典意义的更替。可以说，这些基本的隐喻方法对人类在探索知识方面是非常本源和基础性的，以至于要否认它是不可能获取新知识的。没有隐喻，假说的形式将会受到极大的限制，也就不会出现语义变化。④ 离开了隐喻，就没有不断变化和发展的语言。

---

① Holme R. Mind, Metaphor and Language Teaching［M］. Basingtoke: Palgrave Macmillan, 2004. 15

② Stern J. Metaphor in Context［M］. Cambridge, MA: The MIT Press, 2000. 309-310

③ Stern J. Metaphor in Context［M］. Cambridge, MA: The MIT Press, 2000. 315-316

④ Cormac E R M. A Cognitive Theory of Metaphor［M］. Cambridge, MA: The MIT Press, 1985. 51

我们说语言是隐喻性的，是说“语言是世界之镜”，语言的发展体现了隐喻性思维——从一个已知事物来理解未知事物。无论是语词还是语法都是按照隐喻的方式建构起来的。但这并不是说，现在的每一个语词和语句都是隐喻。当新的隐喻衰弱并且死亡，它们就不再是隐喻，而是语词的字面意义了，它们已离开了原有的语境，进入了字典的规约用法。如果把字面的意义当作伪装的隐喻，或者像戴维森那样，认为“隐喻完全依赖于这些语词的通常意义，从而完全依赖于这些语词所组成的语句的通常意义”①；认为除了字面意义，不存在什么特别的隐喻意义；隐喻中根本没有要去解释的其他意义。这样就会抹杀隐喻意义与字面意义的区别，从而也就否认了隐喻的语义偏离和变化，最终否认隐喻本身。② 当然，由于隐喻在语言的进化过程中表现为活喻、已经死亡的和正在死亡的隐喻，以及成为字面意义的死喻等多种复杂形式，我们无法找到检验隐喻的形式方法。这也恰恰说明隐喻分析不是单纯的语义分析，而是结合话语者意向的语境分析。对于我们来说，首要的问题不是去分析某个隐喻是活的、正在死亡或已经死亡，因为无论如何隐喻创造了新意义或正在创造着新的意义。所以，我们所关心的是隐喻如何在语言中创造新语义的。

二、隐喻是一种意向构造的形式

隐喻是通过语义的反常和偏离来实现的，“没有语义反常就不可能有隐喻”③。我们所说的语义反常，是指语词或语句的用法意义离开了它们的日常意义，即字典意义。最初的隐喻具有一种比喻性，如果这些比喻的（figurative）隐喻被广泛和经常地使用，它们就失去了这种张力并且成为规约的隐喻。大多数隐喻理论把这个描述为死亡或衰落的过程，在这个过程中，隐喻成为普通的、字面语言的一部分。④ 在隐喻产生的整个过程中，表现为名称的转移（epiphor）和互换（diaphor）。隐喻既是作为名称转移也是作为互换，通过日常语言的指称并列而形成的。这可以通过把两个词放置在一起，或把一个旧的、熟悉的词放置在一

---

① ［美］唐纳德·戴维森．隐喻的含意［A］//马蒂尼奇 A P．语言哲学［C］．牟博，等译．北京：商务印书馆，2004．845

② 戴维森的这种观点，应该说是来源于维特根斯坦的《哲学研究》中的观点。维特根斯坦在书中，尽管提出有“原初含义”和“次级含义”之分，但却认为，次级含义不是一种隐喻的含义。参见：维特根斯坦．哲学研究［M］．陈嘉映译．上海：上海人民出版社，2001．339。但在《关于心理学哲学的最后著作》中，这种立场却发生了变化。参见：维特根斯坦．关于心理学哲学的最后著作［M］．涂纪亮译．北京：北京大学出版社，2012．161

③ Cormac E R M. A Cognitive Theory of Metaphor［M］. Cambridge，MA：The MIT Press，1985. 37

④ Cormac E R M. A Cognitive Theory of Metaphor［M］. Cambridge，MA：The MIT Press，1985. 58

个不同的语境中，或通过正常结合的方式创造一个与指称无关的新词，并且赋予它一个新意义。[①] 隐喻经历了从互换经过名称再转移到日常用法的途径（或部分途径）。一个互换可以变成一个名称转移，一个名称转移可以变成日常语言，但并不是每个隐喻都经过这条路径。[②] 当隐喻在日常语言中最终成为死喻时，也就成为日常语言中的“隐喻纪念物”，作为新的字面意义增加到词典中语词的规约意义中。隐喻意义的形成发生在语义的变化过程中，在此过程中，语词的意义保留了相同和变化两个方面：一方面，语词和语句如果不稳定，就不可能进行交流；另一方面，如果语词的意义不能变化，要通过隐喻的形式形成新的假设意义也是不可能的。因此，在隐喻的理解过程中，我们既要理解其字面的、日常不变的意义，同时也要理解借助隐喻假设，所提出的新的可能意义。[③]

在对隐喻意义的看法中，有两种不同的观点，一种观点认为语词是意义的基本单元。“语词理论最终比语句理论占优势对我们来说具有至关重要的意义。实际上，比喻理论将最终以语词为基准而不是以语句为基准。”[④] 而另一种观点则认为，句子是基本的意义单元，句法影响了语义学的意义，并且语境也使隐喻的指称意义发生了变化。[⑤] 不论是哪种观点，注意力所指向的都不是语言，而是语言所论述的东西。[⑥] 只是前者所关注的是指称之间的并列以及比较和相似，而后者所关注的是语义内容的相互作用。字典中没有隐喻，隐喻仅仅存在于话语中。不论是以语词还是以语句为意义的基本单元，都强调了语义的变化。隐喻是一种语义事件，这一事件是在几个语义场的交汇处形成的。这种交汇使得不同的语词或语句成为一个相互作用的整体，从而成为获取新意义的手段。“那时并且只有在那时，隐喻的歪曲既是事件又是意思，是指称事件，是由语言创造的突然出现的意思。”[⑦] 隐喻是突现出来的，这种突现带来了语义的新奇性，“而新颖的隐喻就是意义创造过程的明证”[⑧]。

隐喻表现为一种语义的偏离，按照利科的话来说，是为了使整个陈述有“意义”而对这些词进行的“歪曲”。[⑨] 通过语词的歪曲来表达意义，说明原有语词的意义需要“扩展”或创造新语义。语言是世界之镜，是对“存在”的显现。

---

① Cormac E R M. A Cognitive Theory of Metaphor [M]. Cambridge, MA: The MIT Press, 1985. 41

② Cormac E R M. A Cognitive Theory of Metaphor [M]. Cambridge, MA: The MIT Press, 1985. 42

③ Cormac E R M. A Cognitive Theory of Metaphor [M]. Cambridge, MA: The MIT Press, 1985. 181

④ [法] 保罗·利科. 活的隐喻 [M]. 汪堂家译. 上海：上海译文出版社，2004. 68

⑤ Cormac E R M. A Cognitive Theory of Metaphor [M]. Cambridge, MA: The MIT Press, 1985. 187

⑥ [美] 唐纳德·戴维森. 隐喻的含意 [A] //马蒂尼奇 A P. 语言哲学 [C] 牟博，等译. 北京：商务印书馆，2004. 852

⑦ [法] 保罗·利科. 活的隐喻 [M]. 汪堂家译. 上海：上海译文出版社，2004. 134

⑧ [法] 保罗·利科. 活的隐喻 [M]. 汪堂家译. 上海：上海译文出版社，2004. 前言，3

⑨ [法] 保罗·利科. 活的隐喻 [M]. 汪堂家译. 上海：上海译文出版社，2004. 412

但语词的涵义既不是主观的想法，也不是对象（指称），它是介于两者之间的东西，是依附于对象的表达模式。涵义不随语境的变化而变化。“它是词本身的特征”[①]，是语词的字面意义，是指称在某一语境中的显现。作为一种语境化的结果“沉淀”下来，它不再受说话者的影响，也不随语境的变化而变化，成为一种词典的标准用法。而意义则包含了指称和涵义两个方面的内容，它是在某一语境中，涵义和指称所形成的一种关系。根据米利肯（Ruth Millikan）的观点，“作为意义的基础既不是在语义结构中，也不在说者的‘观念’或意向中，而是在通过语言的特殊用法所提供的‘稳定的’进化功能中”[②]。在这个语言用法中，由于人的意向指向的变化，指称以不同的方式“侧显”（adumbrate）自身。所谓侧显是说，“意向客体是在连续的或综合的意识过程中被连续认识的，但不断‘不同地呈现’自己；它是‘同一的’，它只是在具有一个不同规定内容的其他谓词中呈现；它只是从不同侧面显示自己”[③]。语义的偏离实际上就是指称的侧显发生了“偏移”，使得以往那些被认可和接受的侧显意义（字典意义）不再适用，而产生了新语义。

指称的侧显在语形学中是通过谓词的形式表达出来的，这同隐喻的基本形式是相同的，这其中暗含了异乎寻常的意义。正因为如此，利科认为：“隐喻最内在和最高的地位并不是名词，也不是句子，甚至不是话语，而是‘是’这个系动词。隐喻的‘是’即表示‘不是’又表示‘像’。”[④] 从最基本的隐喻形式上来看，它具有“S 是 P”这样的主谓结构。例如，“朱丽叶是太阳”，这里 S=朱丽叶，P=太阳。认知语言学家，如吉布斯（Gibbs）、福柯尼耶（Fauconnier）、拉考夫（Lakoff）和约翰逊（Johnson）使用了“来源域”和“目标域”这些术语。因此，“在朱丽叶是太阳”这个隐喻中，“朱丽叶”被当作目标域，而“太阳”被称为来源域。[⑤] 隐喻理论的任务就是要阐明说者和听者如何能从“S 是 P”进入到“S 是 R”，但我们并不知道应该把哪些值赋予 R。“目标域”和“来源域”只是为我们提供了一个语义场的“交汇点”——R。当我们的认知意向从“朱丽叶是一个人”转到“朱丽叶是莎士比亚戏剧中的一个人物”的语境中时，我们认识到朱丽叶对于罗密欧好像太阳对于生命一样。“太阳”的领域包含了给世界光明、明亮及美丽等属性。我们把朱丽叶描绘成太阳，她就具有了太阳的某些属性，她给予罗密欧一种新的生活，因而也就具有了照亮世界的能力。因此，

---

① Frege D M. Philosophy of Language [M]. London: Duckworth, 1973. 268

② Nye A. Philosophy of Language: The Big Question [M]. Oxford: Blackwell Publishers Ltd., 1998. 70

③ [德] 埃德蒙德·胡塞尔. 纯粹现象学通论 [M]. 李幼蒸译. 北京: 商务印书馆, 1995. 317

④ [法] 保罗·利科. 活的隐喻 [M]. 汪堂家译. 上海: 上海译文出版社, 2004. 前言, 6

⑤ Holme R. Mind, Metaphor and Language Teaching [M]. Basingstoke: Palgrave Macmillan, 2004. 17

当太阳这个“来源域”描绘到朱丽叶——这个“目标域”S上时，就产生了一个隐喻。[1] 这时，在这种语境下，一个生动、丰富的朱丽叶的特征被显现出来，也只有通过隐喻这种方式，新的语义才能在指称点产生。

以上所述的意向构造分析从以往的隐喻理论也可以得到启示。从亚里士多德到目前的隐喻理论可以分为两类，即比较理论和语义相互作用理论。[2] 比较理论断言隐喻表述涉及两个或更多对象之间的比较或相似（如亚里士多德和亨勒）。它所强调和关注的是两个或多个指称之间的并列，通过比较，找到它们之间的相似。比较理论告诉我们，它们从“S是P”进入到“S是R”时首先经过“S在R方面像P”这一阶段，但这样并未解释那个过程。[3] 因为在S和P之间可能有许多相似。所以，从意向构造的角度来讲，比较理论给出了两个或多个并列的指称，为我们提供了“侧显源”；而语义相互作用理论则更多地关注隐喻涉及言语的对立（比尔兹利）或两种语义内容之间的相互作用（布莱克）。也就是“朱丽叶（S）是……”以及“太阳（P）是……”之间的交汇点（R），或者更确切地说，是朱丽叶（S）和太阳（P）这两个指称在某一语境下显现出来的共同特征，或者说相同的“侧显”（R）。当然，两个或多个语义场的“交汇点”是意向在这些指称和涵义之间作用的结果。这样，通过隐喻这种形式也就完成了意向的重新构造。

三、隐喻性思维是语义构造的动力

对隐喻的认知探讨意味着我们的注意力超出了仅发生在语言中的东西，而指向了我们如何形成意义这样的问题。意义有各种不同的类型，基本上说存在三种相互重叠的意义类型：交往的意义、文化的意义和认知的意义。在不加限定的意义上说，文化意义也包含了隐喻的特殊语境，以至于交往意义部分地依赖于文化。当然，我们也可以在一个更广泛的意义上去看待语境，把语境分为交往语境、文化语境和认知语境。按照认知主义的隐喻理论，意义是通过隐喻的方式构造起来的，而隐喻是由其他的概念隐喻产生的。这些概念隐喻是在构造隐喻的文本中融合（blends）而成的，而且从这种结果中创造出进一步的融合。更为重要的是，所有抽象的意义都通过身体（body）的功能或身体自身在世界所处的方式来表达。图像图式（image schemas）是我们自身和物理世界相互作用的心灵图

---

① Holme R. Mind, Metaphor and Language Teaching [M]. Basingstoke: Palgrave Macmillan, 2004. 17-18

② [美] 马蒂尼奇 A P. 语言哲学 [C] 牟博，等译. 北京：商务印书馆，2004. 812

③ [美] 马蒂尼奇 A P. 语言哲学 [C] 牟博，等译. 北京：商务印书馆，2004. 820-821

像。我们把这些图像用作形成概念隐喻的资源。① 现在需要解决的问题是，如果语义是我们运用隐喻的方式构造出来的，那么它的动力是什么？

（1）隐喻中所包含的人类的认识能力是语义构造的最原始的动力。隐喻从身体的功能以及与世界的作用到心灵图像，再从心灵图像发展为概念隐喻。以概念隐喻为基础，人们又提出一般的隐喻理论来整理事实材料。这个过程反映了我们人类从感性的具体到思维的抽象、再从抽象回到具体的认知过程。概念隐喻的产生按照派普尔（Pepper）的观点，就是一个想要理解世界的人到处寻找关于理解的线索。他希望选取某些一望而知的事实领域作为出发点，那么，这一初始领域就成为他的基本类似（basic analogy）或根隐喻（root metaphor）。②由此，派普尔提出有四个根隐喻（世界观假说）。③ 有了根隐喻，人们就可以在此基础上发展出一些基本隐喻和概念隐喻。各种不同领域的科学家都可能有意识或无意识地采用了一些基本隐喻，如“世界是数学的”，作为一种激发他的理论建构的假设或提供了一个观察世界的特殊方法。④ 莫科姆林（ Ernan McMullin）曾详细描述了牛顿为形成物质、引力和动力，以及为把这些性质相互联系起来所做的努力。在《原理》中，牛顿注重对引力规律进行数学分析，并且也关心在自然界中这些规律所作用的物理学。莫科姆林表明了牛顿如何为解决新形成的数学物理学和常识的直观之间的冲突，而求助于一系列隐喻解释的形式。借助于一些基本的隐喻“世界是数学的”“上帝是空间”等，牛顿才弥补了日常经验材料的不足，提出他的许多概念和假设。⑤

（2）人类的认知意向借助于隐喻的形式，为语义构造提供了新的“指称点”。隐喻可以用作一个理论或整个学科基础的根隐喻（基本隐喻）假设，激发人们做出相应的理论建构，而认知意向的变化为意义的语境构造不断提供新的“指称点”。所谓“指称点”就是指称的某一方面，它是语境的凝聚点。⑥ 隐喻的这种普遍存在源于“意义的语境定理”，隐喻的原理就来自语词的这种构造。按照一种初步的表述，隐喻保持了在语词或简单表达式中同时起作用的不同事物的两种观念，其意义就是它们相互作用的结果。因此，它不是涉及语词的简单转

---

① Holme R. Mind, Metaphor and Language Teaching [M]. Basingstoke: Palgrave Macmillan, 2004. 22-23

② Cormac E R M. A Cognitive Theory of Metaphor [M]. Cambridge, MA: The MIT Press, 1985. 47-48

③ Capaldi E J, Proctor R W. Contextualism Phychological Research? A Critical Review [M]. London: Sage Publications, 1999. 39-42

④ Cormac E R M. A Cognitive Theory of Metaphor [M]. Cambridge, MA: The MIT Press, 1985. 48

⑤ Cormac E R M. A Cognitive Theory of Metaphor [M]. Cambridge, MA: The MIT Press, 1985. 203-205

⑥ 郭贵春. 当代语义学的走向及其本质特征 [J]. 自然辩证法通讯, 2001 (6). 14

移，而是思想之间的交流，即语境之间的和解。[1] 18世纪40年代，当“细微流体”概念在示范实验的物理学基础上提出来时，它只是一个隐喻想象。在这个基本隐喻的基础上，人们结合当时的电效应的转移和热现象，提出了“电‘流’(electric current)”和“热‘流’(thermal current)”等隐喻概念。这实际上是把“细微流体”这一隐喻概念推广到热现象和电现象中，产生出新的隐喻概念。“热‘流’”和“电‘流’”是通过两种“指称”的并列形成的隐喻概念，同时也隐含了两种语义场的交汇，这种交流与和解成为一个语境化的事件。语境化的形式，大致说来有三个方面[2]：首先产生了一个言外语境，即一个现象（语言）领域和另一个（世界）之间的联系，在上述例子中，表现为“细微流体”和热现象的联系；其次产生了一个内语境，也就是意义所包含的语言的内在联系，即“电‘流体’”的概念；最后，也就是心灵的语境，即围绕着研究的对象（意义），并且可以被归结为心理的或意向的语境，对“细微流体”和“电”来说，也就是认识主体从前者的意向转向后者的意向，试图找到两种意向的交汇点。这样就在意向中把已知事物（细微流体）和未知事物（电现象）联系起来。到18世纪末，随着实验物理学的发展，“电‘流’”和“热‘流’”等隐喻概念被验证并得到量化，成为一种有着一致含义的“电流”和“热流”等规约用法。[3]

(3) 隐喻中语义偏离所产生的语言张力，为新语义的产生提供了内在的结合力。在语境化的过程中，语境要素产生认知融合指向语境的凝聚点——“指称点”。认知为语义的语境构造提供了“凝聚力”。意义是通过语言的各种用法不断积淀形成的。在语言使用的过程中，语词、句子和语境相关联。在话语者的意向引导下，通过直指使话语指称在语境中聚焦，产生语境凝聚点。在此基础上构造出新语义。“朱丽叶是太阳”通过“朱丽叶”和“太阳”两个语词的并列，使我们最终找到两者之间的相似之处——R，即朱丽叶照亮了（罗密欧的）世界这样的新语义。同样，“船耕大海”按照相似理论来看，可以理解为“航行”和“耕”在某一语境中的相似，也可以按照相互作用理论，把它理解为船在大海中航行与犁耕地之间意义的相互作用。[4] 在这里语境类似于“镜头”(frame)，而指称点类似于“聚焦点”(focus)。经过一个语境化的语言用法事件，新语义就在聚焦点上产生。由于聚焦点（指称点）是由镜头（语境）决定的，所以，由此产生的隐喻意义是语境依赖的意义。在这个过程中，包含了语境与语义构造两个方面。语境在这里起着语义构造的限制作用，它为语义构造提供指称点。而构

---

① 保罗·利科．活的隐喻［M］．汪堂家译．上海：上海译文出版社，2004. 108-109

② Dilley R. The Problem of Context［M］. New York：Berghahn Books，1999. 12-13

③［美］托马斯·L. 汉金斯．科学与启蒙运动［M］．任定成，等译．上海：复旦大学出版社，2000. 54-82

④［美］马蒂尼奇 A P. 语言哲学［C］牟博，等译，北京：商务印书馆，2004. 827

造性则是语言表达从简单到复杂的构成特征。它包括语词意义和句法结构两方面的构成（composition），同时也包括意向作用的成分。

当然，从表面上看，构成性和语境论是矛盾的。构成性强调语句是按照基本句法要素构造而成，强调字面意义语境-独立的限制特征；而语境论恰恰强调语句的语境依赖。但实际上，在语言的发展过程中，构成性和非构成性总是并存的，在构成过程中存在着推理。① 语词有多种涵义，如何在构造原则的基础上生成语句和理解语句，不仅仅是语言构成本身的问题。实际上，无论是构成还是理解过程都带有推理。由于存在着推理，构成性所表现出来的就不再是一种按照句法结构的机械组合，而是在诸多构造单元中运用推理选取合适的组合。这种推理是借助于语境完成的。认知融合暗示，当它们被投射到心灵空间中时，被融合的各领域的特性被调和或消失，在那里，它们可能成为某个新事物的组成部分。随着"电'流'"和"热'流'"这些隐喻概念逐渐转变为"电流"和"热流"这些规约概念并具有一种字面意义，在"（水）（气）流"（current）这个概念中也就衍生出了"电流"的涵义。因此，在这个基础上，我们就有了"交流电"（an alternating current）"直流电"（an direct current）这样的语词，同时也就有了相应的语义。同样，在"美人是花朵"中，"美人"和"花朵"被融合成一个混合的概念，芬芳、幽雅而丰富多彩，丰富而具有吸引力。融合作用基于隐喻的创造，它表明隐喻-构造作用是如何暗含在人类更广泛的创造和发明活动中。②

以上可以看出，隐喻过程就是认知发展过程，就是语言所表达的世界不断向我们显现（同我们的意向构造是一致的）的过程。通过语言特殊用法的逐渐积累，那些具有恰当性的语言表达保留下来，保证了我们人类语言的不断进化。隐喻在语义构造过程中具有重要的作用。没有隐喻这种语言的构造机制，也就没有由此及彼、由已知到未知的知识扩展，也就没有语言的不断进化。

第三节　意向性与语境

语境概念是现代社会生活中广泛使用的一个概念，它涉及文学、艺术、科学、哲学、宗教、社会人类学等多个领域。可以说，在有说明和解释的地方，就会有语境概念的使用。在科学哲学发展的今天，语境分析已经成为一种重要的分析方法。成为指示现代科学哲学未来走向的一个标志。

---

① Borg E. Meaning and Representation ［M］. Oxford：Blackwell Publishers Ltd.，2002. 69-74

② Holme R. Mind，Metaphor and Language Teaching ［M］. Basingstoke：Palgrave Macmillan，2004. 21

一、语境概念的含义

语境这个词从词源学来讲，产生于拉丁文中的动词“texere”，即编织。相关的拉丁文动词“contexere”有编织在一起、交织在一起、结合在一起或构成的意思。“因此，这个旧词的意义从‘把语词、语句和文学作品编结在一起’引申为‘会话双方之间的相关性和连贯性’。较流行的含义作为那些涉及一个特定段落和文章的前后部分或决定它的意义的前后文。”① 语境不仅仅是一个语言学的概念，同时，它也是一个社会学、历史学人类学和哲学等学科的概念。在隐喻的认知主义观点中，“‘语境相当于由文化决定的认知”②。“‘语境’的含义——理解为意义的领域或范围——可以被看作是个人通过其自身意义的客观化来提供和设定个别性的东西。”③ “语境是由人们探究事件的问题决定的。”④ 语境用法的历史表明，人们对这个术语的指称出现了转变，即从无论作为会话语言还是书面语言意义延伸的构造活动，转变到理解语言延伸和决定其意义可能性的条件。⑤ 也就是说，语境是言语行为所涉及的基本条件和背景，它包括特定的时空、特定的情景，以及特定的人和物等。

弗雷格于20世纪初在《算术基础》一书中就提出了语境的概念，并提出了他的语境原则，即“必须在句子联系中研究语词的意谓，而不是个别地研究语词的意谓”⑥，从而为语言的哲学分析提供了一个思路和概念框架（当然，在弗雷格那里，语境只是限制在文本的范围内）。“从哲学上讲，语境作为一个概念，通常是作为一种分析策略。它是同普遍主义的、形式主义的和概念化的倾向相对立的。”⑦ 它强调一种认识论的整体主义。但这种整体主义并不仅仅局限在文本层面，而是着眼于语言与现实世界的联系。也就是说，语境论不仅仅具有方法论的意义，同时，它还具有本体的关联性。⑧

当然，也有一些人对语境论持否定的态度。沙夫斯坦（Shsrfstein）强调语境论与其他相对主义的关联。他认为依赖语境是一种限定的相对主义。这种相对主义，从哲学角度来看，是很难限定的。之所以难以限定，是因为“在理解语境时

---

① Dilly R. The Problem of Context［M］. New York：Berghahn Book，1999. 4
② Dilly R. The Problem of Context［M］. New York：Berghahn Book，1999. 83
③ Dilly R. The Problem of Context［M］. New York：Berghahn Book，1999. 189
④ Dilly R. The Problem of Context［M］. New York：Berghahn Book，1999. 190
⑤ Dilly R. The Problem of Context［M］. New York：Berghahn Book，1999. 4
⑥［德］弗雷格 G. 算术基础［M］. 王路译. 北京：商务印书馆，2002. 9
⑦ Dilly R. The Problem of Context［M］. New York：Berghahn Book，1999. 6
⑧ 郭贵春. 论语境［J］. 哲学研究，1997（4）. 48

试图绝对化会导致绝对的语境化，即每一事物都成为其他事物的语境。这种语境化是等价于相对主义的”①。沙夫斯坦的这种担心是因为他仅仅把语境看作是语言和现实相沟通的场域，而没有看到正是人的意向在指向特定语境的事物（态）时，构成了事物的“侧显”。而这个“侧显”不仅仅是意向和事物的作用，它本身就是和语境一起完成的。语境参与了语言意义的形成过程并嵌入其中，因而同语言的意义是分不开的。

二、意向侧显与“指称点”

“侧显”是意向构造性的重要特征。按胡塞尔的话说：“意向客体是在连续的或综合的意识过程中被连续认识的，但不断‘不同地呈现’自己；它是‘同一的’，它只是在具有一个不同规定内容的其他谓词中呈现；它只是从不同侧面显示自己。”② 意向对象的这种“侧显”说明了意识活动具有一种指向、选择和构造的作用。通过这种作用，意向对象的侧显从意向背景中“凸现”出来。“物体必然只能‘在一个侧面中’被给与，而且这不只意味着它在某种意义上是不完全的或不完善的，同时也意味着侧显式呈现所规定的东西。”③ 因此，“侧显”反映了意向构造性的特点，语言及其意义正是在意向对象的侧显中（构造）形成的。在这里，弗雷格的名称、涵义和指称关系的理论是一个有力的佐证。他认为，和一个名称相联系的不仅有指称对象，还有名称的涵义，而在涵义中包含了指称对象出现的方式和语境。④ 也就是说，同一指称对象可以有不同的名称，如金星有不同的名称——启明星和暮星。同样，同一名称可以有不同的指称对象，如通名——原子。与某个指号（名称）相对应的是特定的涵义，与特定的涵义相对应的是特定的指称对象，而与一个指称对象相对应的可能不只有一个指号。⑤ 对一个指称赋予什么样的名称（指号），无论是罗素的摹状词理论还是克里普克和普特南的历史因果命名法，都是在一个历史的语境中通过人的意向构造完成的。启明星和暮星都是金星，它们的指称相同，但涵义是完全不同的，它们是意向指向不同语境的结果。在意向指向中，语境并不是与指称相分离的部分，而是同指称一起构成了认识的视角。派普尔认为：“体验是由具有丰富特征的整个事件（event）组成，每一个事件都具有结构和性质——或‘它的直观统一体

---

① Dilly R. The Problem of Context［M］. New York：Berghahn Book，1999. 7

② ［德］埃德蒙德·胡塞尔. 纯粹现象学通论［M］. 李幼蒸译. 北京：商务印书馆，1992. 317

③ ［德］埃德蒙德·胡塞尔. 纯粹现象学通论［M］. 李幼蒸译. 北京：商务印书馆，1992. 121

④ 涂纪亮. 语言哲学名著选辑［M］. 北京：生活·读书·新知三联书店，1988. 2

⑤ 涂纪亮. 语言哲学名著选辑［M］. 北京：生活·读书·新知三联书店，1988. 3

或总的特征’。”[①] 历史事件根据个体体验者的意向指向，通过事件的结构和性质凸现出语境中的指称。正像弗雷格所分析的那样，在一个人用望远镜观察月亮的时候，月亮是指称，它通过投射到望远镜内物镜上的真实影像和观察者视网膜上的影像而成为观察的对象。我们把望远镜内物镜上的影像比作涵义，把视网膜上的影像比作意象（表象）。望远镜内物镜上的影像确实是片面的，它取决于观察的地点和角度。[②] 这个观察所使用的望远镜，以及观察的地点和角度就构成了月亮这一指称的经验语境。而对月亮（指称）的描述和解释则是在理论语境中完成的。它涉及关于观测仪器、观测方法和月亮等多方面的背景知识，这些知识就成为我们描述和解释的理论语境。总之，理论语境和经验语境一起成为描述和解释的语境，理论和经验的各种参数（parameters）相互作用，使语境作为一种语义抽象，凸现出指称的意义。[③]

三、“指称点”——意向的“语境聚焦”

由于语境作为参数参与到语言的构造和生成过程中，所以在语言的表征（描述）或解释过程中，语境成为一种背景和角度。沙夫斯坦把语境“定义为围绕我们感兴趣的对象并且通过它的关联有助于解释它的事物”[④]。“我们感兴趣的对象”就是我们意向的对象。它是我们在某一确定语境中选取的指称点（reference point），但它还不是指称本身，而是关于指称的某一方面。它是语境的凝聚点。[⑤] 它是新的语义结构的产生点，或者说是语用学和语义学的结合点。以前大多数语言哲学家都认为，语句的意义依赖于语词的意义，否则我们无法解释这样的事实，即“根据对于有限词汇和有限地加以阐明的一组规则的掌握，我们便有条件地造出并理解其数量潜在限的任何语句”[⑥]。而这样所形成的只是语言的字面意义，但不是话语意义。要形成有内容的话语意义就需要构造新语义，而这正是在上述的语境凝聚点上完成的。

在新语义形成过程中，“直指”和“隐喻”起着非常重要的作用。“在语义学的整体研究中，‘直指’和‘隐喻’（deixi and metaphor）是非常重要的两个核心概念，通过这两个概念的阐发和运用，可以揭示语义哲学的本质意义。”[⑦] 直

① Capaldi E J, Proctor R W. Contextualism in Psychological Research ? A Critical Review［M］. London: Sage Publications, 1999. 6

② 涂纪亮 . 语言哲学名著选辑［M］. 北京：生活 · 读书 · 新知三联书店，1988. 5

③ Stern J. Metaphor in Context［M］. Cambridge, MA: The MIT Press, 2000. 91-92

④ Dilly R. The Problem of Context［M］. New York: Berghahn Book, 1999. 145

⑤ 郭贵春 . 当代语义学的走向及其本质特征［J］. 自然辩证法通讯，2001（6）. 14

⑥ 唐纳德 · 戴维森 . 真理、意义、行动与事件［M］. 牟博译 . 北京：商务印书馆，1993. 1

⑦ 郭贵春 . 当代语义学的走向及其本质特征［J］. 自然辩证法通讯，2001（6）. 14

指所起的作用就是通过主体的意向，选取某一时空角度，将初始的语义结构嵌入到新结构中去，其结合点就是上述的语境凝聚点。而隐喻所起的作用则是从语词回到原有指称，按照意向重新选取凝聚点，构造（侧显）出本体（原有指称）在新的语境凝聚点上的意义。隐喻方法常用于修辞学中，修辞学被亚里士多德看作是一种劝说的技术，劝说就是说服论证。但修辞术的“功能不在于说服，而在于发现存在于每一事物中的说服方式”①。现代科学哲学的“‘科学修辞学转向’乃是科学研究方法论的转向，是修辞学的特征在科学方法论中的新的实现”②。在修辞学中隐喻起着重要的作用。当然，隐喻不仅是一种语言现象，同时它还是人类的一种思维方式。

利科认为，对一个隐喻存在着两种解释：一种解释是字面解释，它限于语词的既有意义；另一种解释是隐喻解释，它源于为使整个陈述有“意义”而对这些词进行的“歪曲”。③ 戴维森在《隐喻的含意》一文中，强烈反对隐喻除了其字面上的涵义或意义之外还有另外的涵义或意义。但他并不否认隐喻具有寓意，也不否认能够通过进一步使用其他语词把这种寓意显示出来。而这种扩展的意义依赖于特有的语境。④ 由原初的谓述关系过渡到派生的谓述关系，似乎表示谓述关系的精确性的逐步减弱，但这种减弱恰恰表明“是什么”与本体最初就存在着距离。利科认为：“隐喻的最内在的和最高的地位并不是名词，也不是句子，甚至不是话语，而是‘是’这个系动词。隐喻的“是”既表示‘不是’，又表示‘像’。”⑤ 当亚里士多德在《形而上学》中面对“存在可用几种方式来表达”这一悖论，并想通过合乎规律的多义性来代替柏拉图所说 的“分有”时，这种多义性和“分有”，都反映了动词“是”的用法的丰富性。由诠释学层面、修辞学层面转向语义学层面，由意义问题转向指称问题，是修辞学转向本体论的重要一步。⑥ 转向本体论也就是转向对语境中指称的分析，只有这样才有可能找到从字面意义产生隐喻意义的原因。当我们的一句话产生隐喻意义时，实际上是经过了从原有语义回到原有语义所指称的“事物（态）”上，再从原有事物（态）根据说话者的意向找到新的语境凝聚点，从而构造（侧显）出新的语义。其中，喻体起一个“借尸还魂”的作用，说话者通过本体与喻体的连接和作用，找到思想的最佳表达方式，而听者则借助喻体的引导，找到话语的语境凝聚点。在隐喻

---

① ［古希腊］亚里士多德．修辞术·亚历山大修辞学·论诗［M］．颜一，崔延强译．北京：中国人民大学出版社，2003. 6

② 郭贵春．后现代科学实在论［M］．北京：知识出版社，1995. 29

③ ［法］保罗·利科．活的隐喻［M］．汪堂家译．上海：上海译文出版社，2004. 412

④ ［美］马蒂尼奇 A P. 语言哲学［C］．牟博，等译．北京：商务印书馆，2004. 844-848

⑤ ［法］保罗·利科．活的隐喻［M］．汪堂家译．上海：上海译文出版社，2004. 前言，7

⑥ ［法］保罗·利科．活的隐喻［M］．汪堂家译．上海：上海译文出版社，2004. 356-358

中，语境凝聚点就是“喻底”，它是“本体”和“喻体”的意义结合点。由此我们可以看出，隐喻所涉及的意义，既不是某一语词的原有意义，也不是指称原有的意义，而是原有指称在新的语境中聚合出的意义。当我们说“光是粒子”这个隐喻时，粒子的涵义并不是“光”这个语词的意义扩展，而是“光”这个语词的“指称”在某种新语境下的“侧显”。所以，“是（或像）”什么，完全依赖于特定的语境，依赖于在这个语境中我们的意向构造（侧显）。以上我们可以看出，无论是从字面上还是从隐喻上讲，语境是我们构造和理解语言的基底和出发点。在意向指向的语境中，表达“事物（态）”的语言的显现性成为“侧显”，“语词”的涵义“绽放”出来。

第四节 语境的形成条件及其原则

语境可以分为三个层面：首先，是外语境，即境况语境（situational context）。它指向不同的现象领域或存在的层次；其次，是内语境，也就是文本语境（textual context）；最后，则是意向语境，它指向人的认知、心理和精神的领域。[1] 语境的形成，是借助于语义的构造来完成的，也就是说，当我们形成了某些有意义的话语时，语境也就相应地形成。

一、语境形成的条件

因此，语境的形成依赖于一定的条件。首先，语境的形成必须有意向指向。这个意向指向通常是通过意向意义来起作用的，话语者想要表达的思想都存在于意向意义中，同时我们对事物（态）的感性印象也在这个意向意义中。其次，必须有“指称点”。这个指称点就是意向的归宿。在这里应该注意的是，并不是有了意向意义（或意义意向）就一定会产生语境的指称点。当我们对事物最初的感性直观发生错误时，意向意义所描述的东西实际上不存在，那么，就没有和这个意向意义相关联的要素，当然也就没有与之相应的语境。例如，当一个人说“那个喝香槟酒的人”时，可那个人喝的不是香槟酒，那么，以这个摹状词作为指称的涵义就是空的。而以指称对象的显现方式作为直观内容的意向语境就无法建立起来。而当一个意向意义经过意义充实成为有真实的意向对象的语言时，语境就产生了。不存在完全语境——独立（context-independence）的语言。如果我们接受米利肯（Ruth Millikan）的语言进化的观点，那么，任何语言是在某一语

① Dilley R. The Problem of Context［M］. New York：Berghahn Books，1999. 14

境中完成这种进化的。在这种进化过程中，语词或语句受到语境的影响，也就是说是语言在某种意义上说都是语境-依赖的（context-dependence）。这样，语言成为语境中的语言，而语境又成为语言的语境。从语言的构造的意义上讲，不存在脱离语境的语言，同样，也不存在没有语言的语境。语境不是一个预先就存在着的“结构”，像牛顿时空观中的时间空间一样，等待着填充物质，相反，语境同语言的关系有点类似于爱因斯坦相对论中时-空与物质的关系。也就是说，有了语言就必然伴随出现了形成这一语言的语境，反过来讲，我们说到一个语境，也是在理解某一语言的情况下提及的。所以，当我们理解了某一种语言，我们也就理解了产生它的语境。同样，当我们知道了某一语境，我们也就更容易理解某一种语言。

二、语 境 原 则

我们所说的语境原则，是指对语义所作的语境分析和解释原则。语义的形成经过了一个语境化的构造过程。由于在语义构造的过程中，语境作为语义的某些信息嵌入其中，所以，在我们分析和理解话语的意义时，必须借助于语境才能完成。在解释和理解言语时必须遵循以下四条原则。

（一）整体性原则

正如弗雷格在《算术哲学》一书中所说的，即只有在句子的联系中一个词才有指称对象（bedeutung）。[①] 弗雷格的这条意义的语境原则，强调的是语词必须在句子中才有所指。而句子是由语词构成的，语词既有字面意义，也有话语意义。字面意义是话语意义的基础，而话语意义是字面意义在句子中的最终实现。所以，弗雷格的意义语境原则体现出意义的整体性原则。从语词和句子之间关系的角度来讲，语句是理解意义的出发点，也就是说，在意义理解上，句子先于语词。所以，尽管句子由语词构成，但句子的意义并不是语词意义的简单组合，而是在语境中与语境中的各种要素相互结合的结果。例如，维特根斯坦在《哲学研究》中提到的那个例子：在一个建筑工地上，甲对乙说：“板砖！”这里，“板砖”不仅仅是一个语词，而是一个句子，其语境意义是让乙把板砖拿给他。从语境整体上来把握语句的意义体现了意义的整体性原则，也体现出一种意义的构造性思想。因为，虽然每一个语词都有自己的字面意义（或涵义），但只有在某一语境的句子中才能组织起来，以形成完整的语义。

---

① Frege D M. Philosophy of Language [M]. 2nd ed. London: Duck worth, 1981. 193

（二）主客体关联原则

形而上学语言观的最大特点就在于：语言是语境独立的。语言分析只是研究和探讨语言与世界的关系，把语言和世界看作是两个子集，研究语言如何和世界相关联。这种观点只看到语言是描述世界的，而并没有看到，语言和世界共同参与到这种描述中来。也就是在“语言行动中”，世界也作为行动者加入到语言中来。这种加入使得我们在分析语言时，不仅要考虑语言如何切中外部世界，同时还要研究语言中那种主客体的关联，即语言本身就是一种关系。在这种关系中，有语言所描述的外部世界各事物之间的关系，同时也有语言生成时话语者与语境的关系。语言是在某一特定语境中进行构造的，而语境则起着一种主客体关联性的作用，而它也就成为我们理解和解释语言应遵循的原则。语境不是主观任意选取的，当然也不是自在地先于我们存在的一个东西，而是体现在语义的构造过程中，体现在主客体的关联中。它既有意向性，同时也具有本体论的意义。

（三）侧显原则

我们说语境的侧显原则是说，语境作为构造话语的场域，它本身是话语者意向指向的。在意向指向下，语境成为语言构造的参与者。正是这种参与，使得话语意义侧显某一语境中的指称。“命名是以语境为背景和前提的，没有语境就没有命名；而没有命名就没有确立的语境对象，就没有特定的意义趋向性。”① 无论是罗素的摹状词理论还是克里普克和普特南的历史因果命名法，都是在一个历史的语境中通过人的意向构造完成的。只不过这两种理论所揭示的语境显现方式是不同的。一般来说，通名和专名有着不同的语境侧显方式。通名所侧显的是事物的某种属性，或者说，通名总附带着某类事物的属性。因此，它体现为事物的概念。而专名侧显的是事物对象本身，它如同罗素所说的“缩略的摹状词”。罗素认为，真正的缩略摹状词只是“这个”或“那个”，因为，它没有揭示事物的任何属性，它只是把符号赋予某事物，类似于给某物贴标签。当然，有一类专名，在命名时，我们也是通过它的指称的语境显现方式来进行的，或者说，它也体现了指称的某种属性。例如，像“启明星”和“暮星”这样的命名方式。当我们说“启明星”时，我们是在早晨的语境中称呼“金星”的，而当我们说“暮星”，我们则是在傍晚的语境中称呼“金星”的。因而同一个指称由于在不同的语境下，有了不同的名称，同时有了不同的涵义。但对于“启明星”和“暮星”来说，因为它们显现了事物的某种属性，看起来有点像通名那样，但仔

① 郭贵春．论语境［J］．哲学研究，1997（4）．46-52

细考察，我们会发现它们和其他专名一样，也是按照像克里普克和普特南所说的那样，是一种通过因果命名方式所得到的。它的目的不是为了揭示某种属性，或者说，不是通过揭示某种属性而加以分类，而只是为了给予它一个名称而已。这样看来，语境在这里的作用体现了一种聚合作用，通过这种聚合，把内语境、外语境和意向语境聚合到一起，和语词共同完成一个语言事件。在这个事件中，语境作为背景，衬托或为指称的侧显提供了一个语境聚焦点。

（四）随附生成性原则

随附性原则是指，语境随着话语意义的生成而生成，在话语意义生成之前是不存在语境的。而在话语生成过程中，语境作为话语意义构造的要素，和话语结合在一起，使话语与语境相互嵌入。反过来讲，在话语中包含了“不完全”的或“不饱和”的部分，而语境作为话语意义的补充，成为我们传递和理解话语的背景。当我们说“安妮特的父亲”这样的话语时，我们只是知道“安妮特”的存在，或者说“安妮特”是有指称的，那么我们就可以有意义地谈论“安妮特的父亲”。按弗雷格的说法，“安妮特”的指称是饱和的，而“安妮特的父亲”的指称是不饱和的，我们可以不去考虑“安妮特的父亲”所对应的实体。为什么会如此呢？因为“安妮特”的存在已设定了一个生物学的语境，无论“安妮特的父亲”现在是否存在，但没有人会怀疑“他”肯定存在过。因为人们知道，从遗传学的角度来说，安妮特的出生必然依赖于她的父母。但是，当我们说“安妮特的哥哥如何如何”时，并不必然地存在着这样一个生物学的语境来保证“安妮特的哥哥”必然地存在。通常情况下，语境与语义的关系表现为，属于某一语词（或语句）意义的承载者，但是在话语中并未提到，就可以看作是这一意义的一级语境。上面的例子中的“安妮特”是一个生物学的人，这是与安妮特的意义有关的，因为安妮特显然是个人名。这样生物体就成为安妮特的一级语境。从生物学这个语境出发，我们自然会推出安妮特的父亲。

语境原则是我们理解话语和文本意义的范围和边界，因为语境是围绕语义而建立起来的。如果把语义看作是一个“辐射源”的话，那么，语境就可以看作是语义的“辐射场”，从指称点向外扩散，形成一个层级结构。例如，安妮特是人形成一个语境的层级结构，安妮特是女性又形成另一个层级结构。这样，在我们说明和解释文本时，就可以从一个层级到另一个层级，从而指向文本指称的不同意欲语境。

第四章　指称及其语境关联

指称问题是分析哲学的基本问题之一，也是语言哲学中所探讨的最激烈的问题。指称问题之所以重要，是因为语言与实在相联系的主要方式是通过指称来实现的。指称问题和涵义问题是分不开的，它主要涉及意向是如何作用于指称对象①；指称、指称对象和语境之间的联系是怎样的；涵义是如何获得的，并且如何确定指称。

第一节　涵义与指称对象

无论我们把语言哲学的核心问题看作是什么，不可否认的是，它首先涉及的是语言如何与世界相关联。弗雷格于 1892 年发表的《涵义与指称对象》一文，对指号（名称、词组、表达式）、涵义和指称对象之间的关系进行了深入的分析，从而梳理、探讨了语言与世界的关系，对后来的分析哲学的发展产生了深远的影响。但是，长期以来，由于英美哲学家对弗雷格在文章中所使用的某些语词（特别是“bedeutung”一词）的译法不同，大大影响了我们对弗雷格思想的理解。本书试图从这一问题入手，对弗雷格的涵义和指称对象的思想作一梳理，并对与之相关的诸多理论问题进行初步的探讨。

一、指称与指称对象的混淆

“Bedeutung”一词在德语中的意思是意义、意思、涵义，但与“sinn”（涵义）还是有区别的。它与英语中“meaning”的意思是相同的，它有时指比表面涵义更深层的意义。因此，从字面意义上讲，德语中的“sinn”和“bedeutung”对应于英语中的“sense”和“meaning”。但是，值得注意的是弗雷格在 *Uber*

---

① “指称对象”是分析哲学中使用的，在现象学中我们常说“意向对象”。意向对象是我们的意向所指，指称对象也包含了意向所指。但不同的是，在胡塞尔那里，意向指向过程就是构造过程，所以，意向对象是构造出来的，我们不能完全直观某物，所以，意向对象总是（可以看作是物自体的，但胡塞尔并不关心，因为它是超越的）“侧显”。但在弗雷格看来，指称对象是客观地存在于我们之外的东西，它作为一个整体，被我们所指称，而涵义作为指称对象的显现方式

Sinn und Bedeutung《涵义和指称对象》① 一文中却把“bedeutung”一词当作“指称对象”（英语应为 referent），当然，他之所以这样用，有着更深层的想法。可遗憾的是，正是这一语词的新的用法，给我们理解他的思想带来了许多困难。在许多英美译者那里对“bedeutung”的翻译是不同的，如在 *Philosophy of Language: the Big Questions* 一书中，弗雷格《涵义与指称对象》中的“bedeutung”被译作了“meaning”（意义）。② 而在费格尔和 W·塞拉斯编辑的《哲学分析读物》一书中，“bedeutung”被译为“nominatum”，而涂纪亮先生将其译为“指称”一词。③ 国内的大多数学者在使用“指称”和“指称对象”时并未严加区分，经常出现两个语词互换的情况。问题在于英语中的“指称”（reference）是指一种关系，而“referent”则表示一个对象。如果在这两个词的使用上不加以区分，不仅会造成我们对于弗雷格思想理解上的困难，而且对于涵义、指称和指称对象之间的关系也无法做深入、细致的研究。

近几年，随着人们对弗雷格思想的研究不断深化，英美哲学家也逐渐认识到“bedeutung”一词译法上存在的问题。詹姆斯·贝利（James Baillie）在 *Contemporary Analytic Philosophy* 一书中，开始把 bedeutung 译作“指称对象”（referent）。当然，在篇名上，他还是把“bedeutung”译作“指称”（reference）。④ 在《牛津哲学词典》（*Oxford Dictionary of Philosophy*）中，我们也可以看到英美学者对“reference”和“referent”所作的区分。“指称基本是指名称和它所命名的人或物之间的关系”，而“指称对象是一个表达所指涉的对象”。从它们的区别上我们可以得出，指称是和表达相联系的意向关系，而指称对象是客观存在的人、物或事态。但在“sinn”和“bedeutung”的词条部分，《牛津哲学词典》中却又混淆了“reference”和“referent”的区别，把“bedeutung”（指称对象或意义）译为“reference”（指称）或“meaning”（意义）。如果我们把“reference”（指称）理解为名称所命名的对象（bedeutung）的话，那我们就无法对“referent”（指称对象）一词做出合理的解释了。因为弗雷格在《涵义与指称对象》一文中始终是用“bedeutung”来表达指称对象的。例如，“如果一个指

---

① 按照词典的字面意义来说，德语中的“sinn”（涵义）与英语中的“sense”（涵义）相对应，而德语中的“bedeutung”（意义）和英语中的“meaning”（意义）相对应。人们在使用“sinn”和“bedeutung”时通常是不加区分的（埃德蒙德·胡塞尔．逻辑研究［M］第二卷．第一部分．倪梁康译．上海：上海译文出版社，2006. 60-61），但弗雷格在《涵义和指称对象》一文中，用“sinn”既表达涵义，有时也用来表达意义，而用“bedeutung”来表达“指称对象”。另外，对于弗雷格所使用的“sinn”（sense）一词，有的译者译作“涵义”，而有的则译作“意义”，在引用方面，为了便于探讨，我们都统一译作“涵义”

② Nye A. Philosophy of Language：The Big Question［M］. Oxford：Blackwell Publishers Ltd.，1998. 72-77

③ 涂纪亮．语言哲学名著选辑［M］．北京：生活·读书·新知三联书店，1988. 1

④ Baillle J. Contemporary Analytic Philosophy［M］. 2nd ed. New York：Pearson Education，2003. 9

号的“bedeutung”（指称对象）是感觉的对象，则我关于它的意象是一种内心图像”① 等。因此，在“reference”和“referent”之间谁应该被译作“bedeutung”，是显而易见的。

如果我们按照词的本来意思把“bedeutung”译作“referent”，那么，“reference”应该如何理解呢？正如我们前面所说，“reference”是一种指涉关系，当我们给某一人或物命名时，必然会有一种意向指向这一对象，而由意向建立起来的这种指涉关系就是指称。尽管弗雷格再没有使用过和指称意思相近的德语词，但是，我们还是可以从他对涵义和指称对象的关系中找出指称的结构和包含的意思。他说：“一个人用望远镜观察月亮，我们把月亮本身比作所指的对象(指称对象)，它是通过投射到望远镜上的真实影像而成为观察的对象的。我们把望远镜内物镜上的影像比作涵义，而把视网膜上的影像比作表象（或心理学意义上的意象)。望远镜内物镜上的影像确实是片面的，它取决于观察的地点和角度。”② 如果我们把涵义看作是对内物镜上影像的表达的话，那么，能够使指称对象显现给我们的这种关系结构本身就是指称，它包括观察的时间、地点、角度以及我们观察者的意向。在这里如何把指称和语境加以区分呢？我们说指称是一种意向关系，体现在说话者用语词指涉外部世界的关系，所以，连接这种关系的是意向。而语境也体现为一种关系，但这种关系不是靠意向性连接的，而是通过语义建立起来。“法兰克福学派”作为一个有涵义的词组，其指称对象所指的就是第二次世界大战结束后，在德国法兰克福大学所形成的以霍克·海默为中心的这样一个哲学研究团体。其涵义可以是“一个哲学流派”，也可以是“坚持社会批判立场的哲学流派”。这主要取决于我们的指称意向是从政治学、经济学或是哲学等层面上去划分，还是从哲学内部各流派之间进行划分。而这就决定了我们的意向指向的语境“指称点”是不同的，因此，所形成的指涉关系也就不同。当“法兰克福学派”这个词组以及语义形成以后，相应的语境因素也就确定下来。从语境的结构来看③，言外语境有时间（第二次世界大战之后)、地点（德国法兰克福大学）等；言内语境有学科、流派、观点等；意向语境指向学派的地域，指向某一观点。

把指称与指称对象加以区分对于我们把握语言形成的意向关系具有重要的意义：首先，指号（名称、词组和表达式）之所以能与外部世界相联系并且具有涵义，就是因为它们命名或指示了某个东西。无论是命名还是指示都体现了说话者的意向指向。其次，在使用语言进行意向指向的过程中产生了指号，这个过程

---

① Baillle J. Contemporary Analytic Philosophy［M］. 2nd ed. New York：Pearson Education，2003. 10

② Baillle J. Contemporary Analytic Philosophy［M］. 2nd ed. New York：Pearson Education，2003. 11

③ Dilley R. The Problem of Context［M］. New York：Berghahn Books，1999. 14

不是语词的简单构成，而是包含了意向的构造过程。最后，在指称关系建立起来之前，话语者具有某种意向涵义（说话者想要表达的涵义），将它汇入到指称中，并最终构造出表达指称对象的新语词或仅仅形成只具有意向涵义的语词。这一点很重要，后面我们会分析什么是具有真实涵义的语词，什么是单纯的“意向涵义”。

二、“涵义确定指称对象”所引发的涵义问题

弗雷格在《涵义与指称对象》一文中试图通过专名与指称对象之间的联系，弄清语言和世界的关系，所以，他的研究重点是指号中的专名。他认为指号、涵义和指称对象之间有如下关系：与某个指号相对应的是特定的涵义，与特定的涵义相对应的是特定的指称，而与一个指称对象（对象）相对应的可能不止一个指号。其原因是不同的指号与特定的涵义相对应，而一个指称对象之所以有不同的涵义是由于它的显现方式不同。① 正是基于这一点，弗雷格在《概念文字》中提出了著名的论断：一个表达式的涵义就是确定其指称（注：对象）的方式，这种说法在致乔丹的信函草稿中又重复过；用“论涵义和指称对象”的术语来说，它是指称（对象）被给予我们的方式——不是它被给予的唯一方式，而是许多可能方式中的一种特定方式。②

“涵义确定指称”（sense determines reference）③ 这个口号到现在似乎已经被确立为基本的和无可争议的真理，但在如何理解“涵义确定指称对象”的思想时，学者们之间存在着许多争论。弗雷格自己也认为有些具有某种涵义的名称是无法找到指称对象的，如“金山”。当他谈论空名时，他说每一个完整形式（well-formed）的名称都被当作一个涵义，但这并不是说对应一个涵义，也对应一个指称对象。④ 之所以会出现这样的问题，表层原因在于弗雷格本人并没有始终贯彻“涵义是指称对象的显现方式”的思想。如果从涵义源于指称对象的显现方式来看，那么，所有涵义都是依赖于指称对象的。如果一个名称没有指称对象，从逻辑上讲，就不可能有显现，当然也不可能具有真正的涵义了。但我们如何理解“离地球最远的天体”“最弱的收敛级数”，以及“以太”和“金山”这

---

① Baillle J. Contemporary Analytic Philosophy ［M］. 2nd ed. New York：Pearson Education，2003. 9

② 涂纪亮. 语言哲学名著选辑 ［M］. 北京：生活 · 读书 · 新知三联书店，1988. 32

③ 按照弗雷格的观点，“涵义确定指称对象”，即与某个指号相对应的是特定的涵义，与特定的涵义相对应的是特定的指称，而与一个指称（对象）相对应的可能不止一个指号。所以，在这里他把 bedeutung 理解为指称对象，但由于人们不加区分的使用指称（reference）和指称对象（referent），因而，在许多英美学者那里通常表达为有“sense determines reference”（涵义确定指称）

④ Makin G. The Metaphysicians of Meaning—Russell and Frege on Sense and Denotation ［M］. London：Routledge，2000. 124

类指号的“涵义”呢？遗憾的是，我们的确难以找到它们的指称对象，或者说，它们也许根本就没有指称对象。但它们也的确具有某种“涵义”。在相对论提出来之前，物理学家认为地球周围存在着一种称为“以太”物质，它被假定是一种媒介，电磁波通过它来传播。作为后来的科学发展的结果，这种信念被放弃了。假如不存在像以太这样的物质，那么名称“以太”就缺少一个指称（对象），但是要否定它有一个“涵义”，就是暗指这些过去的物理学家是在谈论连他们自己也不知道是什么的东西。弗雷格曾经说过，他们陷入了虚构，但这与陷入无意义的问题是完全不同的。①

仅凭这一点，是否否定了“涵义确定指称的方式”这一论断呢？显然，事实并非如此。因为道理很简单，如果我们坚持弗雷格所表明的主张“涵义是指称对象的显现方式”的话，那么，我们会问，在没有指称对象时，我们是怎样得到涵义的？理解这一问题的关键是要分析“离地球最远的天体”之类的语词是怎样获得的，它们是名称吗？如果它们不是名称，那么，它们的涵义与“指称对象的显现方式”下的“涵义”有什么不同？当然，涵义和指称之间还有更深层的问题就是指称对象的显现的条件究竟有哪些？当然这是我们后面要详细讨论的问题。

为了解决有些“涵义”没有指称对象这一困难，有些人把涵义看作是一条线路，认为无论是从语词还是从表达到指称对象，或以非语言的形式从一个主体到指称对象，它清晰地表现出存在着从一个主体到指称对象的线路这样一个假设。但也有许多人不愿意接受这样一种假设，这是因为有些名称缺少指称对象。② 达米特在《弗雷格哲学的解释》一书中，提出了解决这一困难的方法。他借助于克里普克所提出的说话者的意向指称和他所使用的语词的指称之间的区别，主张我们可以继续使用线路的隐喻，但我们必须把线路看作是达到我们预先指定的目的的线路。他认为，涵义的表达主要做的工作是决定一条线路，它的线路决定了它的目标，这样我们就可以发现不指向任何地方的线路。而麦肯（Gideon Makin）则对达米特的这一主张表示怀疑，他认为，线路模式必须为“空涵义”给出解决方法，否则，涵义的描述是难以把握的。③ 那么，我们如何解决“空涵义”的问题呢？

显然，没有指称对象的名称不属于真正的名称或弗雷格意义上的名称。这种

① Makin G. The Metaphysicians of Meaning—Russell and Frege on Sense and Denotation［M］. London：Routledge，2000. 126-127

② Makin G. The Metaphysicians of Meaning—Russell and Frege on Sense and Denotation［M］. London：Routledge，2000. 112

③ Makin G. The Metaphysicians of Meaning—Russell and Frege on Sense and Denotation［M］. London：Routledge，2000. 113-117

语词尽管有能让我们理解的意思，但这种意思并不是某一指称对象显现给我们的，或者说，它并没有表达一个真实的事物或事态。当然，我们也是无法按照这个涵义找到指称对象的。所以，严格意义上讲，像“金山”“外星人”等这一类词都不是名称，有些哲学家把它们称作“空名”。我们知道一个真正的名称（通名或专名）是由我们的意向指向某一语境的“指称点”而形成的，它具有一种指称关系。在这一关系中，指称对象必然以一种方式显现。“指称点”是我们的注意力（意向）所关注的事物、人或事物和人的某一方面。这样，在我们命名时，语词和外部世界建立了联系。

那么，上面所提到的“金山”这一类“空名”或“离地球最远的天体”这类词组的“字面意义”是怎样形成的呢？由上述分析，我们已经知道在给某物命名时，我们的意向是指向某物的，这样建立起来的指称关系把语词和指称对象连接起来。但在“金山”这类词的意向构造时，我们的意向并没有指向现实中的某事物或人，而是指向观念中的事物或人的意象。我们想象金子形成的山，我们想象离我们最远的天体以及外星生活的人。无论这类事物或人是否存在，在语词形成（而非命名）的过程中，我们没有建立起语词和外部世界之间的直接联系，也即没有对这些语词的指称对象作存在性的证明，而只是建立起一种语词间的联系，如“金的”和“山”构成“金山”。因此，如果说这类语词有能使我们理解的“涵义”（或意义），那么，这种“涵义”（或意义）只是一种意向上的，我们可以把它们称为“意向涵义”（或意向意义）。它是人们运用以往学习所获得语言能力，根据外部事物的某些特征在意识中通过意向活动所形成的某一意象（涵义），我们只能从它的字面意义上来理解。当然，由于这类语词并未经过弗雷格所说的命名过程，对这类语词的涵义，我们并没有找到或有些是不可能找到相对应的指称对象，这类语词也就不是真正的名称。

通过以上的分析，我们可以看出，辨别真假名称以及涵义和指称的关系问题涉及以下四个方面。一是要区别“意向涵义”和涵义，从涵义的线路上看，涵义是从涵义意向（主体）到指称对象，然后经由涵义充实以后完成的，而“意向涵义”是从主体到主体的意象，并未经过涵义充实的过程；涵义是指称对象的显现方式，而“意向涵义”是意象的表达。二是要明确指称关系不是建立在字面意义关系（名称/承载者关系）的基础上。它是由陈述的语境原则决定的。我们可以把它建立在相关性关系中。相关性（aboutness）关系，作为指称概念的基础，对涵义概念也产生了一种有效的约束力。因为一个句子的适当表达具有某种“意向结构”，这种意向结构表现为主体的语言意向指向某一语境中的“指称点”时，所形成的一种相关性。这种相关性的限制不是心理态度对涵义形成的影响。对弗雷格来说，涵义基本上是指称对象（一个对象，就专名来说）被给予我们的一种方式。“表达一个对象的方式”或一个“显现对象的方式”表达了弗雷格的涵义概念的核心内容。这里，它是在一个很强的实在涵义上来理解的。对象，它的存在和它的一致性是把握“它的”涵义和状态或描述它的基本组成部分。① 三是要全面地理解名称的命名方式，不仅有通过指称给予我们的方式（弗雷格和罗素所阐释的），还有历史因果命名的方式（克里普克和普特南论述的）。这两种命名方式之间的差异表现在，通过指称给予我们的方式进行命名所得到的名称（特别是专名）实际上是罗素所说的缩略的摹状词，因为我们是通过揭示对象在某一语境中的属性获得的，我们可以称之为“摹状命名”。而历史因果命名则把命名看作是根据对象的某些偶然的特征来进行命名的，只是借此把对象固定下来。所以，不论是名称的涵义是什么，名称和指称对象之间实际上都是一种直接指称的关系。例如，“亚里士多德”这个名称，它的涵义既不是“柏拉图的学生”，也不是“工具论的作者”等，这些涵义只是指称对象在某一时期的偶然特征。即使是这些特征发生了变化，即假如亚里士多德不是柏拉图的学生，或他不曾写过《工具论》这本书，也并不影响“亚里士多德”这个名称的使用。② 四是任何名称如果有涵义的话，这种涵义与指称对象的关系都是历史语境的。这种涵义可以通过历史上的使用，逐渐成为一种规约意义“凝聚”在语词上，但它和指称对象却没有必然的联系，只有名称和指称对象是一种恒定的指称关系。像“原子”和“基本粒子”这类词，虽然看起来这些命名涉及某种属性，但实际上，这些属性并不是所指称的对象所具有的性质。而是我们错误地把这些性质赋予这些对象。因此，当我们认识到这些命名是一种错误的命名时，并不影响我们用这些名称来指称对象。尽管我们用“皮黄”“味酸”等性质来定义柠檬，但即使有些柠檬不具有皮黄、味酸的性质，我们还是称它们为柠檬。因为它们同属于一个自然种类。③ 对以上四个方面的分析有助于我们更深入地认识和理解弗雷格的名称——涵义——指称对象的关系。在一个更深的层面来诠释这种关系，我们可以说，与某个指号相对应的是特定的涵义。这个指号是特定涵义的凝聚，它不随指称对象语境的变化而变化，它只是语词的规约意义，而特定的涵义和特定的指称之间的对应并不是必然的，而完全是一种偶然的对应，在其他任何可能的世界都不能必然地保证具有这个涵义的名称和其指称对象相对应。因为我们使用这个涵义的语词仅仅是为了给这个对象命名。如果把涵义和指称对象之间的对应看作是一种偶然的命名过程，那么，我们如何理解被人们广泛接受的“涵义确定指称对象”这一命题呢？

---

① Gilead Bar - Elli. The Sense of Reference：Intentionality in Frege［M］. Berlin：Walter de Gruyter，1996. 18

② ［美］索尔·克里普克．命名与必然性［M］．梅文译．上海：上海译文出版社，1988. 30-33

③ ［美］马蒂尼奇 A P. 语言哲学［C］．牟博，等译．北京：商务印书馆，2004. 601-602

三、涵义"确定了"一种意向指称关系

前面已经分析了指称不同于指称对象，同样，涵义也不同于指称。涵义是指称对象的显现方式。话语事件"绽放"出语词的涵义，语词朝向我们显现，而对于"指称点"上语境的关联项则隐藏在涵义的背后。例如，当我们说"启明星"时，涵义并没有给出地球、地球上的观察者、金星及太阳之间的位置关系，也没有给出恒星和行星的天文物理理论的语境背景，但指称则涉及这些语境关联项。明白了这一点，我们对涵义与指称以及意义的真值问题才能深入地讨论下去。

（一）涵义如何确定"指称"。

涵义决定指称还是确定指称？在什么情况下"涵义能够确定指称对象"，这句名言严格地讲指的是什么？实际上，它的精确意义还是有争议的，并且需要仔细地加以推敲。在研究这个问题之前，首先在理解"涵义确定指称"时，我们还是需要澄清"指称"。这里值得注意的是，指称与涵义不同：指称是一种指涉关系，而涵义是指称对象给予我们的方式；指称是具有意向性的人用语词指向外部事物（或人），而涵义是对由意向所形成的语境"指称点"呈现在我们面前的影像所做出的表达。所以，当我们说"涵义确定指称"时，我们说的是涵义"确定"了指称对象的显现方式。由于我们上面所提到的原因，我们应该特别注意在这里容易引起的混淆。因为不同的涵义可以有同一个指称对象，但不同的涵义不可能有相同的指称。我们上面已经分析过，指称是一种意向关系。另外，我们应该弄清楚"涵义确定指称"的"确定"意味着什么。实际上这个口号最基本的意义是说，涵义对指称对象的关系是多对一的关系。没有这种关系，涵义的概念在解决这个困惑中，将不会有任何帮助。①

涵义与指称对象的"多对一"的关系是我们理解"确定"的基础。这种关系引导我们去考虑涵义确定指称的相关条件。例如，"美国总统"这一语词组合现在和十年前相比指的是不同的人；它的确不遵循一个给定的涵义确定一个特别的指称对象。如何解释这一问题，一般来说可以考虑两种解决的方式：一种是主张这个表达的涵义，尽管是不变的，但需要给所确定的指称对象附加一个详细说明的参数（如时间和地点）；另一种是主张涵义唯一的确定一个指称，并且否认"美国总统"表达了一个完整的涵义。后面的主张更为一般地暗含了：只有当一

① Makin G. The Metaphysicians of Meaning—Russell and Frege on Sense and Denotation［M］. London: Routledge, 2000. 117

个要被确定的指称的所有条件结合在一起的时候，我们就的确具有了涵义。按照这种观点，所补充的条件（正如时间和地点）并不是与“确定”相关的某种东西，而是涵义本身的组成部分。实际上，这两种主张之间的区别似乎并不重要[①]，重要的是，通过比较这两种主张，我们得出两点结论：第一，给出带有附加条件的“确定”，就使得“确定”的意思相对化，实际上，就是承认“涵义不确定指称对象”；第二，给出了这些附加条件也就把语境因素引进了“确定”关系。下面这段摘自弗雷格1897年著作《逻辑》中的话，可以帮助我们弄清楚弗雷格在两种主张之间所作的选择：假如某人引证说，“德意志帝国的居民总数是52万”，作为一个无时间性的思想表达事例，我的看法是，这个句子完全不是一个思想的完整表达，因为它缺少一个时间——限定。如果我们增加这样一个限定，如“在欧洲中心时间1897年1月1日中午”，那么，这个思想也是真的，在这种情况下，它的真假是相对于某一时间的。[②] 这说明弗雷格基本上赞同“确定”的相对性，同时也承认了“涵义”的语境依赖性。

如果涵义确定指称对象仅仅相对于某些附加因素，那么，一个思想的真或假也就不是绝对的。当然，弗雷格似乎并没有过多考虑可能世界的问题。实际上，涵义要唯一地确定某一指称对象远比他想象的要复杂得多，尽管他承认“涵义确定指称对象”的语境附加条件。为了保证“涵义确定指称对象”的有效性，弗雷格必然是要对涵义的标准严加要求：凡不能唯一有效地确定某一指称对象的涵义都不是真正的涵义。那么，确定的附加参数必然被当作涵义的组成部分。[③] 所以，在弗雷格那里，涵义概念包括两个方面。一方面，思想是独立于我们而存在的不变的对象，构成语言成分的表达式的涵义是语句所表达的思想的一部分：思想是有真假的东西，指称首先依附于涵义。另一方面，思想是由句子表达的，涵义是思想的构成部分，是由句子各部分所表达的。因此，涵义是意义的一部分(这意义被设想是与理解互相关联的)。[④] 但弗雷格把语句的真值看作是它的指称对象，这样就导致所有真的语句都具有同一指称对象。同样，所有假的语句也具有相同的指称对象，这意味着在语句的指称对象中所有的细节都被抹杀掉了。为了解决这一问题，弗雷格认为，我们不仅要关心指称对象，然而仅仅命题也不能

---

① Makin G. The Metaphysicians of Meaning—Russell and Frege on Sense and Denotation [M]. London: Routledge, 2000. 118-119

② Makin G. The Metaphysicians of Meaning—Russell and Frege on Sense and Denotation [M]. London: Routledge, 2000. 119

③ Makin G. The Metaphysicians of Meaning—Russell and Frege on Sense and Denotation [M]. London: Routledge, 2000. 120

④ 涂纪亮. 语言哲学名著选辑 [M]. 北京：生活·读书·新知三联书店，1988. 28

给我们知识，只有语句的命题与它的指称对象即真值合在一起才能做到这一点。[①] 弗雷格错误地把语句的真值看作是它的指称对象，使得涵义和指称对象之间的关系变得含混不清。尽管他提出知识离不开语句的命题和指称对象的结合，但如何结合却是颇成问题的。

为了克服这一困难，我们应该修改上面的表达，即涵义不是确定了指称对象，而是确定了一种指称关系。不同的涵义表达了不同的语境相关项。按照这种思路，无论是名称，还是名称以外的其他语词，只要是表达了能被指称的事物或事态，都是具有涵义的。即使是我们无法找到具体的指称对象，它们还是具有人们所能理解的涵义。例如，我们都知道"一个最大的素数"意指什么？我们也都知道"道德""正义"的涵义是什么？而不需担心它们是否具有指称对象。从这一意义上来分析，我们才能理解更为复杂的隐喻问题。所谓隐喻，是用指称 X 的名称来指称 Y 事物。由于意向从 X 事物转移到了 X 和 Y 事物的相似点（指称点）上，表达 X 的语词就发生了向 Y 事物的语义"偏离"。在这种情况下，寻找那种真实的指称对象就显得异常困难，如"老年人与年轻人之间的代沟""这本畅销书卖得很火"等。但我们知道，只要弄明白了我们的意向指称关系，我们就能够理解这些隐喻性的表达。

（二）如何在指称中理解真值

这样一来，在研究表达的内容时就会把注意力集中在表达的涵义上，而不是指称对象。而句子既有指称对象又有涵义。指称对象类似于外延，涵义是思考指称对象的方式，或主体间的方式。因此，在说话者心里存在着一种对象的表达。按照构造性原则，说话者要决定句子中每一个词的涵义，但涵义既不是主观的想法，也不是对象，而是介于两者之间的东西，是依附于对象的表达模式。根据达米特的解释，涵义不随语境的变化而变化，它是语词本身的特征[②]，是指称对象在某一语境中给予我们的方式，一旦成为一种规约用法就沉淀在语词中。而同一指称对象在不同的语境中给予我们的方式是不同的，所以，同一指称对象的不同表达在某一语境中不能相互代替。例如，①我们说"黎明看到的是'启明星'"，②但不能说"黎明看到的是'暮星'"。这样看来，语句的真值并不是指称对象，而是指称对象所产生的事态或所显现的方式是否和我们的表达一致。因为在例①中，"启明星"表达的肯定不是涵义，那么，它是指称对象吗？如果它是指称对象，那它就是金星，显然我们可以说，"黎明看到的是金星""傍晚看到的也是

---

① Baillle J. Contemporary Analytic Philosophy [M]. 2nd ed. New York: Pearson Education, 2003. 14

② Katarzyna J. Discourse, Beliefs and Intentions: Semantic Defaults and Propositional Attitude Ascription [M]. New York: Elsevier, 1999. 142-143

金星”。从这个分析，我们可以看出，例①中的“启明星”不只是一个孤立的指称对象，而是在某一语境中的指称对象（附带语境相关项），而这两个语境（黎明、傍晚）是无法重合的。这样，我们才能说“启明星”可以在例①那种语境中出现，因此是真的，而“启明星”不可能在例②的语境中出现，所以是假的。经过这一分析，我们对包含从句的语句真值的理解就变得容易了。例如，“昆汀说暮星是暮星”和“昆汀说暮星是启明星”是不一样的。[①]之所以不同，这并不是因为“子句的指称对象不是真值而是和名词的或形容词的或副词的指称对象相类似的东西”[②]，而是因为无论是简单句还是复合句，它的指称对象都不仅仅是主词的，还有谓词以及其他句子成分的。当我们说“猫在垫子上”，这个句子的指称不仅包含了“这只猫”，同时也有“这个垫子”的某一情境。[③]所以，其真值不仅是与某一指称对象，还有这一指称对象所处的时空等因素相关，它们共同构成了成真的条件。当我们说“‘猫在垫子上’是真的”，是因为存在着这样一种事态，猫就在垫子上。对于包含从句的复合句，它的真值条件也是语句各部分的指称所构成的事态。“‘昆汀说暮星是启明星’是真的”，其真值既不是“昆汀”这个人，也不是“暮星是启明星”这一事实，而在于昆汀是否能说出“暮星是启明星”这一事实。这不涉及语言规约的知识，而是有关天文学的知识。[④]由此看来，只有把指称和指称对象区分开来，我们才能更好地理解句子的真值问题。

总之，指称问题是语言哲学中的一个重要的问题，把握指称的确切涵义是我们理解语言的意向性，以及语言如何与语境要素相关联的基础。

第二节　我们如何用语言去指称事物

语言和世界相关联是通过指称事物实现的。但长期以来，人们对指称的关注和研究，是在指称和指称对象含糊实用的基础上进行的。所以，对语言和世界的关系这一问题的探索始终无法深入下去。因此，区分指称与指称对象，并且在此基础上找到指称的语境关联，对于我们认识语言如何指称和表达世界具有重要的意义。

---

① Cresswell M J. Structured Meaning：The Semantics of Propositional Attitudes［M］. Cambridge，MA：The MIT Press，1985. 44-45

② Baillle J. Contemporary Analytic Philosophy［M］. 2nd ed. New York：Pearson Education，2003. 14

③ Hill T E. The Concept of Meaning［M］. London：George Allen and Unwin Ltd.，2002. 176

④ Cresswell M J. Structured Meaning：The Semantics of Propositional Attitudes［M］. Cambridge，MA：The MIT Press，1985. 45

一、指称、指称对象和指称载体

通常在我们使用指称和指称对象时，存在着许多含混的地方。语词“指称”(reference) 有时被用作指称和被指称物（指称对象）之间的关系，和“referring”的涵义相同，或用作被指称的东西，因此又等同于“指称对象”(referent)。由于这个含糊的原因，在称作“指称”的关系涵义和对象涵义之间存在着许多混乱。这使得我们对于涵义和指称的关系，以及意义与指称的关系变得晦暗不明。为了使这些问题得以清晰，我们首先要对这两种用法加以区分。

（一）指称、指称对象与意向性

实际上，“指称”和“指称对象”是完全不同的。“指称”体现为一种关系涵义，而“指称对象”则体现为一种对象涵义。概括起来，它们的区别主要表现在以下四个方面。

首先，指称总是具有意向性的。意向性是指称的一个重要特征，正是由于这种意向，人们才能用语言去指称事物。一个语词和符号本身有语义指称，同时，在具体的语境中，说话者也赋予了它们一个新的指称意向。或者说，语词和符号的语义指称最初也是人们在某一语境中的使用过程中形成的并固定下来，并且它们还会随着语境的变化而变化。例如，在一个隐喻中，人们在使用语词和符号时，经常会出现语义偏离，即语词本身的语义指称与使用者的意向指称不一致，像“人是狼”。正是由于这种语义偏离，隐喻也才能形成。而指称对象则不具有意向性，除非它们被用于指称其他事物，它们自身是没有指向性的。其次，和意义一样，指称总是包含一个意向载体。有指称的地方必然有承载指称的事物（或替代物），通过这一事物指称才能实现。因此，假如有人说“约翰是我兄弟”或“这个穿蓝衣服的女人个子很高”，“约翰”恰当地被说成是指称或已经指称某一个男人，而“穿蓝衣服的女人”指称一个女人。而指称对象则作为一个指称的意向载体。再次，指称总是包含一个动因（agent），并且在基本的涵义上它通过这个动因来完成。语言的指称功能是通过人的使用来完成的，所以，严格地说，语词和符号有指称，是由于某些人使用它们去指涉。而指称对象则不具有这种动因，尽管它与其他事物也发生相互作用，但它们是没有目的的。最后，指称的更为显著的特征是它所依赖的意向性总是公开地把回应者（respondent）的注意力引向所指称的事物上。[①] 在一个交流语境中，说话者总是要使自己的意向被对方

① Hill T E. The Concept of Meaning [M]. London: George Allen and Unwin Ltd., 2002. 155

理解，对话才能进行。即使说话者进行指称时出现了错误，但只要听者明白他的意向所在，并不影响双方的交流，这在对摹状词的探讨中我们看得很清楚。

通过以上分析，我们可以看出，指称作为一种关系本身具有结构，它是由动因、意向意义、语词或符号的语义指称及语境所组成。或者说，它是人们在某一语境中通过使用语词和符号，按照使用者的意向对某一事物或事态的进行指涉所形成的一种表达关系。它们虽然被用来指称事物或事态，但它们本身并不是事物或事态，并且也不包含事物或事态。当然，一个真的指称必须有具体的指称对象，但在个别的情形下，也会出现缺少具体指称对象的指称，如"最小的分数""离我们最远的星体"等。同时，也存在指称错误的情况。在这种情形下，我们可以通过某些语境因素，找到意向替代物来进行指称。当然，以上两种情况在通常情形下并不影响我们的交流。但会影响到我们交流内容（语句）的真值。我们说，指称对象不包含在指称中，指称对象是客观存在的。例如，"启明星"是一个名称，作为一种关系（地球、早晨的金星、观察者以及意向）是指称，而金星（星体本身）就是它的指称对象。指称对象是外在于指称的。任何一个指称总是指向某一指称对象的，或者说，可以不存在一个实际的指称对象，但在指称意向上，必然存在一个意向替代物，否则，指称就没有了意向性。

（二）指称与指称的载体

指称作为一种关系总是有一个的载体，指称的载体有以下两个方面的特点①：第一是指称的载体就绝大部分而言是和语言表达相联系。语词赋予对象和事件以意义，而这些对象被说成是指称的事物。对象本身不具有意义，意义是与我们主体相联系的，没有人就没有意义。所以，意义不是指称对象本身所具有的，而是我们人按照我们的意向意义通过语词赋予对象的，并且意义通常是通过语言表达出来的。"月亮"作为指称词，它的指称是地球、地球上的观察者、月亮本身，以及语词及其说话者等所构成的关系。它是一种指向指称对象时所形成的关系，涵义就是这种关系的显现方式。例如，"启明星"是凌晨观察者意向指向金星所形成的指称表达关系，它的涵义就是"黎明前出现的星体"，而"暮星"的涵义是由"傍晚出现的星体"的指称关系来表达的。如果说"启明星"作为一个名称，"黎明前出现的星体"作为涵义，"金星"作为指称对象，显现"启明星"的关系就是指称，而这种关系是由观察者的意向建构起来的。在这里，指称对象只是一个星体，而指称是观察星体所构成的关系。因此，它不再是一种单纯的物质关系，而是一种具有意向意义的概念结构，即"'启明'（概念）

① Hill T E. The Concept of Meaning［M］. London：George Allen and Unwin Ltd.，2002. 160

‘星’（概念）”。

第二是涉及指称的载体绝大部分而言也是意向意义的载体。指称是通过人的意向指向所建立起来的事物的一种显现关系，正如我们已经看到的，指称的载体几乎总是语言表达或其他具有这种特殊功能的表达。在指涉的语言表达之间，所有实际用于指称的描述性表达在意向上明显是具有意义的。当说话或书写时，人们可以使用这样的表达，如“在我对面坐着的那个人”“《工具论》的作者”或“1966 年的‘文化大革命’”。显然，它们都指称某些事物或事情，都是使用了具有意向意义的表达。实际上，无论是专名、指示词还是其他名词词组的语言表达，只要是在某一语境中，都可以作为具有意向意义的表达。例如，通常意义上的“这个”和“那个”就暗含了在说话者面前或正在被指称，而且在与指称相关联的语境中，它们也包含了更多的明确的意向意义。即使是名称和指示词在具体的语境中，在被用于指称事物或事态，也必然具有一定的意向意义。诚然，像“人”“动物”“房屋”甚至“方形”这样的意向意义的载体都是可用于指称的语词类型，并且和可以被称为指称表达的某一语境相关联。由于语境不同，语词所具有的指称载体就不同，比如，人的意向意义可以具有理性的特征，也可以具有生物学的特征。“1966 年的‘文化大革命’”可以具有文化灾难的意义，也可以具有新中国成立以来最大的政治运动的意义。

二、指称词与可指称的事物

语言如何超越自己切中和表达客观世界，这是语言哲学的一个核心问题。在我们区分了指称和指称对象之后，我们所关心的是什么样的表达有意义。这涉及什么词能作为指称词，以及我们如何指称的问题。

（一）指称词及其性质

一般来说，语句是能够被划分成谓词、逻辑算子和指称（或包含摹状词）的表达式。名称和指示词是两类进行指称或被用来指称的范例性表达式。① 名称通常包含通名和专名两类，而指示词则通常作为指称性观念的概念化或纯指示性（“这个”“那个”“她”“那么”“因此”等）和专指（“我”“这里”“现在”“实际的”“今天”等）。② 而实际上我们在使用专名，如“约翰”时，在所有可能的方面，既指约翰也可以指我们认为是约翰所做的某些事情。而当我们使用“人”“雅典人”“猫”和“房子”这类意向上附有意义的名词时，通常是用于

① ［美］马蒂尼奇 A P. 语言哲学［C］. 牟博，等译. 北京：商务印书馆，2004. 编者引言，9

② Stern J. Metaphor in Context［M］. Cambridge，MA：The MIT Press，2000. 77

做出一般陈述的。而像“所有”“某些”和“一个”，明显地，它们在指向性意义上并不总是特别地指称已知个体。另外，当这些抽象的名词如“红色”“勤劳”“正义”和“美德”用于表达（uttered）或书写（inscribed）语句时，明显地不是指称个体。人们可能会问，以这种方式使用的名词指称什么？当我们说“勤劳是中华民族的象征时，名词‘勤劳’指称什么？”当我们说“红色是我们国旗的颜色时，‘红色’又指称什么？”人们通常通过提及某一民族和画面的某些属性来回答这个问题。无论我们所谈论的属性是被当作特别的民族或画面的特殊方面，还是当作某种普遍的方面，它们的确是被看作是指称的表达。①

对于名称和摹状词的指示作用，存在着许多不同的看法。罗素认为，只有像“这”或“那”的这一类的词才是真正意义上的名称。而人们通常所使用的专名实际上是一种“缩略摹状词”。它们不具有清晰的指示作用。② 斯特劳森在《论指称》一文中认为，事实上能作为单独的逻辑主词出现的语词是这样一类语词，即指示词、名词词组、专名和代词。而这些语词，连同语境（就其最宽广的涵义而论），正是人们用来做出唯一指称的东西。只有在特定语境中，我们才能做出唯一的指称（如果有任何这种指称的话）。要在特定语境中使用语词的意义，需要（从其他众多种中）区分出两种语言约定或规则，即指称、归属（attributing）以及归因（ascribing）的规则。前一个规则解决的问题是，“你正在谈论着什么（谁、哪一个）”。第二个规则是要解决，“你关于它（他、她）正在述说什么”③。根据罗素的理论，存在有这样一种逻辑衍推（logical entailment）：从“该 Φ 是 ψ”中可衍推出“存在有一个 Φ 且仅有一个 Φ”。无论这一点对于归属性用法是否如此，它似乎对限定摹状词的指称性用法是不成立的。而斯特劳森的理论可以概括为：如果某人断定该 Φ 是 ψ，那么，在没有 Φ 的情况下，他既没有做出一个真的陈述，也没有做出一个假的陈述；如果没有 Φ，那么，说话者便没有指称任何东西；某人没有说出具有真值的话语的理由在于，他没有进行指称。其中，每个命题要么是假的，要么充其量仅适用于限定摹状词的两种用法之一。

而唐奈兰则指出，无论是罗素的理论还是斯特劳森的理论，都没有对限定摹状词的用法做出正确的解释。罗素的理论之所以如此，是因为它完全忽视了指称性用法，而斯特劳森的理论没有在指称性用法与归属性用法之间做出区别。④ 他举例说，“杀害史密斯的凶手是丧心病狂的”，而如果史密斯是自杀，即没有谁

---

① Hill T E. The Concept of Meaning［M］. London：George Allen and Unwin Ltd.，2002. 162-163

② ［英］伯特兰·罗素. 逻辑与知识［M］. 苑莉均译. 北京：商务印书馆，1996. 242

③ ［英］彼得·F. 斯特劳森. 论指称［A］//马蒂尼奇 A P. 语言哲学［C］. 牟博，等译. 北京：商务印书馆，2004. 433

④ ［美］马蒂尼奇 A P. 语言哲学［C］. 牟博，等译. 北京：商务印书馆，2004. 461-464

杀害史密斯，那么，按照斯特劳森的观点，说话者就没有指称任何事情。但唐奈兰认为，即使没有杀害史密斯的凶手，也并不会影响我们这一指称的描述。摹状词在指称性用法中仅仅是使某一个人的听者辨认出或想到所谈论的那个东西的一个手段，即使摹状词不正确也可用来达到其指称功能的手段。当然，在摹状词的归属性用法中，如果不存在杀害史密斯的凶手，说“琼斯是杀害史密斯的凶手”就会出现错误。① 在《说话者指称与语义性指称》中，克里普克则提出了不同的观点。他认为：首先，摹状词的指称性用法和归属性用法在具体使用时，是很难区分的。例如，在间接引语中的一个限定摹状词既不是指称性也不是归属性的。其次，在指称性使用与归属性使用之间区别的性质上也存在问题。它们的区别不是句法上的或语义上的，而是语用上的，或者说，是一种言语行为上的。因此，他发展了格莱斯关于在一给定场合，说话者的语词意指的东西与说话者在说这些语词时所意指的东西之间的区分，并认为关键是在言语行为中，根据所给出的意向，区分出语义指称的是什么以及我们使用语言去指称什么。②

在我们提到“指称”的狭义概念时，谓词当然不指称事物或事态。但在广义基础上，它们似乎也经常进行指称。当我们在一种语言中使用谓词的这种表达能力进行指称时，谓词实际上在指称方面被看作是和主词一样。③ 当然，关于这样的表达，人们通常会问它们指称什么。当某人说，“这面国旗是红色的”“那个房子是白色的”或“我们的民族是勤劳的”，人们的确探究“这面国旗”“那座房子”或“我们的民族”在这里指称什么，但人们可能以同样的方式探究“红色的”“白色的”或“勤劳的”在这里指称什么。显然，在以上的谓词表达中，人们的注意力并不是在于谓词自身的字面涵义上。当然，也不是集中在它们所属的句子的主词上，而是集中在通过这些句子的主语所指称的事物的特性上。因此，“红色的”指称个别国旗的特殊颜色；“白色的”指称那座房子的特殊颜色；“勤劳的”指称我们民族的一种特征。显然，它们都是指称事物属性和特征的。

（二）可指称的事物种类

什么样的事情可以指称？由于在弗雷格和罗素那里，把指称对象当作是意义，就得出了有意义就必须有指称对象。尽管实际所指称的事物必须在某种意义

① ［美］马蒂尼奇 A P. 语言哲学［C］. 牟博，等译. 北京：商务印书馆，2004. 470-471

② Makin G. The Metaphysicians of Meaning—Russell and Frege on Sense and Denotation［M］. London: Routledge, 2000. 210-211

③ Hill T E. The Concept of Meaning［M］. London: George Allen and Unwin Ltd., 2002. 163

上存在，但按照指称自身特征所表明的方式来说，它好像没必要存在。① 如果按照以上斯特劳森以及唐奈兰对摹状词所作的分析，摹状词有指示性和归属性两种用法。在某一确定的语境中，听者完全可以根据说话者的话语意向来理解说话者所指称的事情，而没有必要要求指称对象的存在。克里普克也认为，说话者的语词所指依赖于语言表达的习惯、说话者的意向，以及某一语境的各种因素。因此，我们应该在某一具体的语境中区分开说话者的指称和语义指称。当然，像我们前面所分析的那样，像“红色”“方形”及“勤劳”这些指称，我们很难找到时空中存在的某一相应个体，但我们都能够知道这些指称的涵义是什么。同样，对谓词所具有的指称性的分析，也可以说明某些指称可以没有个体的指称对象。

但这里应该注意的是，没有作为个体的指称对象并不影响我们的意向指向，因为我们的意向可以指向它们的属性。例如，我们通过观察就能知道“我们的国旗是红色的”，并且知道“红色的”是指称什么，这和完全没有意向指向的对象是不同的。正如埃文斯（Gareth Evans）所指出的那样，当不存在被显现的对象，如何能存在与某些名称相联系的显现方式存在着严重的困难：除非存在着以某一方式思考的某物，否则能存在关于某物的思维方式显然是不清楚的。达米特也赞同埃文斯的观点，认为，如果我们把一个名称的涵义描述为指出一个对象的方法，那么，一个空名就缺少一个涵义，由于它不能指出一个对象，所以也就不存在指称对象的方法。② 由以上的分析，我们可以看出，在一个表达中能够唤起我们注意力的任何事物都可以指称，因此，能够被指称的事物不仅包含个体，而且也包含特性、关系和境况等。当然，从狭义的角度来看，指称对象通常是指存在于时空中的事物或事态；从广义的角度看，指称对象也可以是不存在的东西。例如，文学作品中的人物和事件，以及文化中具有象征意义的内容。

三、意向意义与语境的“指称点”

以上对指称和指称对象的区分，以及指称载体的分析，有助于我们理解在我们指称一个对象时，指称对象如何与语境相关联。我们已经知道，指称是一种名称和它所命名的人和物（person and object）之间的关系，它是我们人使用语词指涉某一事物或事态所形成的意向关系。在指称中，由于我们的意向指向了事物（或事态）的不同方面，这就确定了语境“指称点”（reference point），由此指称对象和语境之间就建立起了联系，并且“讲话事件或表征事件及其与语境的关联

① Hill T E. The Concept of Meaning［M］. London：George Allen and Unwin Ltd.，2002. 165

② Makin G. The Metaphysicians of Meaning—Russell and Frege on Sense and Denotation［M］. London：Routledge，2000. 112

才可能被分析和判断”[①]。

（一）意向性与“指称点”

所谓“指称点”是在一个表达中把我们的注意力集中到事物（或事态）或事物（或事态）的某些方面所形成的语境聚焦点。所以，它可以指称个体，而且也包含特性、关系和境况。例如，摆在我们面前的是一个花瓶。当我们描述这个花瓶时，我们可以说，“这是一个花瓶”，另外，我们也可以描述它的颜色，也可以描述它的形状，我们每次描述时都把注意力集中在某一方面。[②] 无论是花瓶整体或是颜色，或是形状，都可以是语境聚焦点。通过这一描述，指称对象和语境结合起来。

当然，如果把意向性看作是语境的一个组成部分，那么，语境就是由言外语境（总的话语条件）、言内语境（上下文）和意向语境构成。[③] 指称是在语义形成过程中和语境相关联的。从我们对语言意义的分析来看，指称和语境有这样的联系：一个具有意义的载体，如果不属于这个意义，可以被指称为意义的一级载体；把一个意义归属到某个事物的陈述可以被指称为意义的二级载体；把一个意义归属到意义的二级载体可以被指称为意义的三级载体。根据不同的指称，人们可以区分出意义载体的一级语境、二级语境，甚至是三级语境。意义载体的一级语境作为背景因素作用于意义，在我们指涉某一事物（或事态）时，这些背景因素不进入到语境的“指称点”，也不构成陈述指称的一级载体。“猫在绿色的垫子上”这句话，它涉及一个动物和一个空间位置的因素，而这些因素在我的话语中并没有被提到。因而，这些因素不属于“猫在绿色的垫子上”这个意义中的组成成分，而是这个陈述意义的一级载体，但只有在考虑这些因素的条件下这个语句才能产生和被理解。如果我说，“猫在天花板上”，那么，这个句子是很难让人理解的，因为我们的生活经验告诉我们，猫不可能在天花板上。但是，我说“壁虎在天花板上”那是不难理解的。所以，意义的理解依赖于这些语境要素。当我接着说，“猫是猫科动物”，这个陈述就是意义的二级载体，它的语境就是一个二级语境。意义的第二级载体，正如我们要看到的，有时包含对一级意义载体的语境的指称，它们通常不指称它们自己的语境。然而，二级语境深刻影响着归属于一级语境的二级意义载体的解释，作为进行陈述的境遇总是影响着陈述的意义。[④] 所以，“指称点”是我们理解意义的核心。要理解“猫在垫子上”这句话，不仅仅要理解“猫”这个指称对象，或“在垫子上”这种行为，而且

---

① 郭贵春．当代语义学的走向及其本质特征［J］．自然辩证法通讯，2001（6）．14

② ［英］维特根斯坦．哲学研究［M］．陈嘉映译．上海：上海人民出版社，2001．26

③ Dilley R. The Problem of Context［M］. New York：Berghahn Books，1999. 14

④ Hill T E. The Concept of Meaning［M］. London：George Allen and Unwin Ltd.，2002. 86

要理解猫这种动物和垫子的联系。所以，“指称点”是指称和指称对象之间的一种联系。

指称是一种意向关系，在这个意向关系中，人们把注意力集中到一个“指称点”上。话语或文字陈述句主词的指称对象本身超出了字面意义（概念意义）的范围。假如我说，“我夫人在家里”“我夫人”这个表达当然有一定的字面意义。但在试图说明这个句子的意义时，如果没有超出“我夫人”这个表达的字面意义而指向某一个人的话，那就没有领会陈述的要点。同样，谓词的意义也被看作是包含了一个潜在的指称。当存在一个指称对象时，就成为真实的指称，当然指称不是这个语词的主要功能。在关于我夫人的陈述中，“在家里”包含了一个指向特殊地方的指称，陈述的这部分意义尽管包含了基本的概念特征，但也包含了指向那个地方的指称。[①] 所以，“我夫人在家里”不是分别指称“我夫人”和“在家里”，而是一个“我夫人在家里”的事实陈述。它描述了一个统一的事实，明确这一点是非常重要的。因为，语言作为一种关系，任何具有意义的表达都显现了世界的某种关系。

（二）意向意义与指称对象

虽然我们不同意弗雷格的观点，即把意义等用作指称对象，这样一来，要么把语词的字面意义和语词使用的丰富的意义混在一起，要么只能取消语词的字面意义。对我们来说，意义与涵义是不同的。涵义是语词所具有的内容，而意义则包含了指称或指称的方面。如果没有把人们的注意力集中到这些方面，我们就不能准确地描述意义。把人们的注意力集中到指称点上，是意向意义的重要特点。可以说，意向意义是指称的必要条件。当然，这并不是说每一个意向意义都包含一个指称，或者说所有的意向意义都包含想要包含的指称，因为，假如没有指称对象或替代者（某种错误使用的摹状词或隐喻情况下），严格地说，就没有指称。当然，在许多情况下，没有指称对象我们仍然可以通过某种性质来进行指称，如外星人、离地球最远的星体、最大的素数等。这当然不是说任一倾向（dispositional）、因果的或暗含的意义都包含一个指称，因为指称只有通过意向行为才能实现。意向意义就是像克里普克所说的，说话者使用语言指称什么的意义。意向意义所表达的是超出了语词本身的字面意义所具有的指示意义。它体现了说话者的意指所在，凸现了说话者想要表达的思想。没有意向意义就没有指称，但没有指称，意向意义也无法实现，最终成为一种空名。

我们通过意向意义产生出相关联的概念结构，然后引导人们的注意力超出概

① Hill T E. The Concept of Meaning［M］. London：George Allen and Unwin Ltd.，2002. 177

念结构，并把它们的载体（意向关系）和非语言的现实世界联系在一起。但没有意向对象，我们就无法意指，就无法把语言和对象联系起来。当一个意向意义包含一个潜在意义时，如果存在着一个真实的指称对象，潜在指称就成为一个真实（actual）指称，潜在意义就转化为真实的意义①，如“野人”“外星人”这一类具有意向意义但还不具有真实意义的语词。假如指称的每一个载体也是意向意义的载体，并且大多数意向意义的载体也是指称的载体，并且假如每一个指称通过意向意义来实现，并且许多意向意义都包含了意欲指称的话，那么，人们就能够理解为什么人们在探索意义时经常会注意到指称对象，而且能够理解为什么事实上它们会有指称对象。找到了作为意向意义载体的指称对象，人们就在其中找到了要被指称的某物，这对于从潜在意义转化为真实的意义起着重要的作用。

意向意义的作用在隐喻结构中表现得更为明显和重要。所谓“隐喻就是把一个事物的名称转用于另一个事物”。② 在隐喻中，往往会出现指称并列的现象。在通过联系动词的隐喻“*A*（本体）是 *B*（喻体）”的结合中，指称是并列的，读者必须找出 *A* 如何和 *B* 一样，或 *A* 如何和 *B* 不一样。隐喻表现为一种语义的偏离，③ 这种偏离是相对于原有语义或字面意义来讲的。由于语境发生了变化，就必须对原有语词的字面意义进行“扩展”或创造新语义，才能在新的语境中进行表达。真正的隐喻由于指称属性中的相似和不一致，都具有名称转移和互换的特点。隐喻是既作为名称转移也作为互换，并通过日常语言的指称并列而形成的。这可以通过把两个词放在一起，或把具有某一语义的词放置在一个与过去不同的语境中给它输入一个新意义，或创造一个与指称无关而正常结合的新词的方式进行。④ 而这些都需要通过意向意义来实现。如果把名称的转移和互换看作是隐喻的动力理论的话，那么，意向意义就是这种动力实现的条件。在“人是狼”这个隐喻中，为了揭示人的贪婪、残忍的一面，所以通过狼来表现人。这时，我们的注意力就集中到人和狼的属性可以相交的“指称点”上，把握了这样一个意义，我们才能理解这个隐喻。但在动词隐喻中，*A* 和 *B* 的相似性是通过动词转移的。⑤ 当我们说，“希特勒在狂吠”时，希特勒与疯狗之间的相似性似乎比名词隐喻中的“希特勒是疯狗”明确得多。因为它的指称点已明确地摆在我们面前，我们完全清楚希特勒（本体）和疯狗（喻体）之间的相似之处。因为名词隐喻的语义场之间的相互作用，已经变成了希特勒这一“本体”所具有的属性。

① Hill T E. The Concept of Meaning［M］. London：George Allen and Unwin Ltd.，2002. 177

② ［法］保罗·利科. 活的隐喻［M］. 汪堂家译. 上海：上海译文出版社，2004. 8

③ ［法］保罗·利科. 活的隐喻［M］. 汪堂家译. 上海：上海译文出版社，2004. 71

④ Cormac E R M. A Cognitive Theory of Metaphor［M］. Cambridge，MA：The MIT Press，1985. 41

⑤ Cormac E R M. A Cognitive Theory of Metaphor［M］. Cambridge，MA：The MIT Press，1985. 46

通过以上分析我们可以看出，无论是直接指称还是在隐喻指称中，都存在一个意向意义。在意向意义作用下产生了话语语境，意向意义的载体也就是指称的对象。它把人们的注意力集中到语境的指称点。在隐喻中，语境指称点也就是本体和喻体的相似点。意向意义把概念结构和所指对象联系起来。当意向意义的指称对象存在时，一个潜在意义也就成为一个现实意义。

第五章　意义及其语境关联

20世纪哲学发展的一个显著特点就是，对逻辑和语言方面的问题给予了更多的关注。人们开始重视对语言的使用、交流及其条件和方法的分析。分析哲学的问题是围绕着意义、指称和真展开的。在这三个方面存在着依次展开的顺序，这就是当我们说一个语句是真的时，首先是要说明这个语句的意义是什么。这样“真的概念就是我们表明事物如何存在的附属物”①。蒯因从根本上向早期的分析哲学的意义假设提出了挑战。他的看法是，含有尝试的意义直觉概念是无意义的，必将被行为主义的人造-促成因素的意义理论所代替。按照流行的语言意义图式理论，每一个有意义的表达都指称一个对象，而对象就是它的意义。和维特根斯坦一样，蒯因坚持意义的指称概念。他使用在意义、名称或指称之间的区分来着手进行。意义的指称理论通常是指：一个有意义的表达式总是包含着所表达的对象。但许多类型的表达（句子、逻辑常数、一般术语）被称为是有意义的或重要的，却并不指称实体。进一步讲，即便是在一个指称表达有所指涉的情况下，在意义和指称之间仍然存在着区别。例如，“美国总统”不需要指涉任何特定的对象；有些语词尽管指涉同一个对象，但这样的两个名称仍然具有不同的意义，如使用弗雷格“启明星”和“暮星”的例子。这样，蒯因把语义学分成两部分，指称理论和意义理论。② 意义问题是一个长期受到人们普遍关注的问题，包括塞尔在内的许多哲学家都认为语言哲学和分析哲学的核心问题是意义（meaning）问题，并把意义问题的研究放在极其重要的位置上。尽管人们对意义问题进行了大量深入的研究，提出了许多不同的意义理论，但总的来说，对意义的研究还存在着诸多值得探讨和澄清的问题。

第一节　意义及其构造的语境化过程

分析哲学所探讨的基本的问题之一就是意义问题。“meaning”一词在日常使用中有许多不同的用法，它通常表示意思、涵义、意图、意义、重大事情等。它不仅包括狭义的范围——言说语句和书写语句的意义，还包括广义的范围——言

---

① Glock H J. Quine and Davidson on Language, Though and Reality [M]. Cambridge, MA: Cambridge University Press, 2003. 137

② ［美］威拉德·蒯因. 从逻辑的观点看［M］. 江天骥，等译. 上海：上海译文出版社，1987. 120

说语句和书写语句的意义、记号（signs）和符号（symbols）的涵义、自然（physical）和历史事件的重大意义、物质客体（material objects）和心灵意象（mental images）的意义、诗歌和绘画的意义、雕塑和交响乐的意义，甚至生活和世界的意义。我们系统地罗列出这些意义的不同用法和差异，目的在于帮助我们澄明有关这个词的各种用法之间的联系。①同时也澄清一些混杂不清的理解和看法。

一、意义理论及其分类

意义理论的基本命题是：语词和语句如何指向语言之外的对象？理解语言表达的意义究竟意味着什么？在各种不同的意义理论中，有弗雷格的指称意义理论、逻辑证实主义的证实的意义理论、维特根斯坦的作为用法的意义说明、奥斯汀及其影响下的言语行为理论、格莱斯的交往意向理论，以及蒯因和克里普克的因果理论。② 按照传统的两因素理论的划分，意义由两个基本因素构成：一是狭义的功能，即作用因素；另一个是依据真和指称来解释的表达因素。表达因素源于表达主义解决进化的问题；而真和指称因素为我们提供有关实在的知识，但对于它的功能——作用因素还无法给予清晰的解释。③ 毕勒已经认识到，语言有三种原始的功能，表现在语言表达的意义与表达的意图、内容，以及使用方式之间存在着三重关系。与此相对应，存在着三种著名的意义理论。④ 意向主义语用学（从格莱斯到本尼特和希福）强调表达的意图，认为言语者在一定的语境当中所表达出来的意图，或想让理解的内容具有基础意义。“心智的意向性不仅创造了意义的可能性，也限制了它的形式。”⑤ 意义的问题，是心智如何把意向性强加给本质上非意向的实体（entity）。⑥ 形式语用学（从弗雷格经过早期维特根斯坦到达米特）的出发点是命题的真实性前提或成真条件。维特根斯坦后期所开创的意义应用理论则把一切都和互动语境联系起来。总的来看，这三种意义理论不是单独强调言语者的意图，就是只考虑字面意义的内容和解释，要不就是把语言还

---

① Hill T E. The Concept of Meaning［M］. London：George Allen and Unwin Ltd.，2002. Preface

② 郭贵春. 后现代科学实在论［M］. 北京：知识出版社，1995. 145

③ Devitt M，Sterelny K. Language and Reality：An Introduction to the Philosophy of Language［M］. 2nd ed. Cambridge，MA：The MIT Press，1999. 209

④［德］于尔根·哈贝马斯. 后形而上学思想［M］. 曹卫东，等译. 南京：译林出版社，2001. 65

⑤ Searle J R. Intentionality：An Essay in Philosophy of Mind［M］. Cambridge，MA：Cambridge University Press，1983. 166

⑥ Searle J R. Intentionality：An Essay in Philosophy of Mind［M］. Cambridge，MA：Cambridge University Press，1983. 167

原为策略行为。这使得每一种意义理论都有着明显的理论缺陷。

要解决这些问题，需要建立一个更为精致的意义理论：我们通过丰富指称的因素来丰富意义，语词的意义是按某一方式指涉某事物的特性（特征）。① 强调指涉事物的方式，就是在研究意义的时候，不仅要研究和分析涵义的内容和指称的特征，同时还要分析指称以外的其他因素，即语境因素。也就是说，人们在进行话语行为时，意向指向的不是孤立的对象，而是处在各种关系中的对象，即语境中的对象。语境中的对象才是指称。实际上，在意义中存在着语言交往者、语言、语境之间复杂的相互作用，从语言的产生到使用，都是话语（交往）行为在意向语境中作用的结果。每一个话语行为，都产生了相应的话语意义，其中一部分沉淀为语言的规约（conventional）意义和用法。在戴维森之前，意义理论在某种意义上，基本上是一个意义的概念分析，戴维森设想了一个不同于传统的意义分析理论的意义构造理论（constructive theory）。这样一个理论并不直接解释什么是意义，而是为特殊语言下的每一个实际的或潜在的语句提供一个原则，以表明意义如何依赖于它的组成成分的涵义。依据这个原则，我们知道了如何学会使用语言。要理解一个表达，就是要知道它意指什么，从这一点出发，达米特坚持认为意义理论必须是理解的理论。戴维森不赞同达米特的主张，即意义理论必须表达清楚被称为说话者所具有的暗含的知识，但仍然像达米特一样，他首先把意义理论当作理解或解释的工具。戴维森意义理论的中心问题既不是旨在研究意指某物的表达是什么，也不是像蒯因那样，旨在研究一个表达和另一个表达是同义的问题，而是要理解话语者在一个特定场合所说的是什么。和达米特一起，戴维森把意义理论变成了理解的理论，然后又把它变成了语言交往的理论。②

根据米利肯的观点，"作为意义的基础既不是在语义结构中，也不在说者的'观念'或意向中，而是在通过语言的特殊用法所提供的'稳定的'进化功能中。句子的意义不是引起它的刺激或为它提供根据的东西，而是句子和世界的关联以便于促进其生存（survival）的方式"③。也就是说，意义产生并依赖于语言的使用，在使用的过程中，语词、语句和语境相关联。这种关联体现了话语者的意向指向，通过意向指向使指称在语境中聚焦，产生语境凝聚点。④ 在语境凝聚点，指称以某种方式给予我们，我们用语言把它们表达出来，因而意义就产生

① Devitt M, Sterelny K. Language and Reality: An Introduction to the Philosophy of Language [M]. 2nd ed. Cambridge, MA: The MIT Press, 1999. 209

② Gabi F. Quine and Davidson on Language. Thought and Reality [M]. Cambridge, MA: Cambridge University Press, 2003. 142-145

③ Nye A. Philosophy of Language: The Big Question. Oxford: Blackwell Publishers Ltd., 1998. 70

④ 郭贵春. 当代语义学的走向及其本质特征 [J]. 自然辩证法通讯, 2001 (6). 14; 杜建国. 语境与意向性 [J]. 科学技术与辩证法, 2005 (4). 16

了。在这个过程中，包含了语境与语义构成两个方面。

所谓“构成性（compositionality）[①] 是这样一种观念，即复杂表达（或概念）是由它们的成分——不太复杂的表达（或概念）构造的（constructed）”[②]。按照这种观点，语句的意义是合成的（complex），部分与语词意义有关，部分与句法结构有关。[③] 构成性按照霍维奇（Horwich）的观点就是：一旦人们已经设计出某一句子如何由基本句法要素构成，并且给人们提供了这些要素的意义，那么，人们就可以自动地理解这个句子。构成性是强调语词的初始性以及语境-独立性，而语境论则坚持把语句作为一个完整的统一体来理解，理解语句的涵义先于语词的涵义。因此，有人认为构成性和语境论是不相容的，一旦强调语境原则，构成性就会被削弱。对于这个问题，福多和莱波尔（Ernie Lepore）认为，无论我们是否反对构成性，构成性的确是存在的，并且总是和非构成性联姻。[④] 他们认为，从语言的角度看，英语是构成的（compositional），并且理解它的句子的过程是推理的。但事实上，这种推理并不依赖于英语是构成的这一事实。[⑤] 也就是说，语词有多种涵义，同时，在相近的涵义下，存在着多个语词可供我们选择。如何在构成性原则的基础上生成语句并且理解它，这不仅仅是语言构成本身的问题。实际上，无论是构成还是理解过程都带有推理。由于存在着推理，构成性所表现出来的就不再是语词按照某种句法结构的机械构成，而是在诸多构造单元中运用推理选取合适的组合，而这种推理是借助于语境完成的。由此看出，构成性和语境论之间不仅没有相互削弱，而且存在着更强的关联。[⑥] 在这里，我们并不想就具体的意义构造给出详细的说明，而是要给出意义构造的一种结构分析，即语言意义在其构造过程中，是如何和语境相关联的。

二、意义的结构及其语境关联

意义如何同语境相关联的问题，也就是在语言构造的过程中，意义的各种组成成分如何和语境相关联，并且在语境中聚合成意义的问题。语境不是在语义构

---

① 这里存在着两种构造：一种是胡塞尔意义上的，即意向的构造；另一种是语法学家所说的语词的语法构造。为区别起见，我们在文中用“构造”表示具有意向内容的构成，而对第二种情况，我们使用“构成”一词

② Borg E. Meaning and Representation ［M］. Oxford：Blackwell Publishers Ltd.，2002. 61

③ Devitt M，Sterelny K. Language and Reality：An Introduction to the Philosophy of Language ［M］. 2nd ed. Cambridge，MA：The MIT Press，1999. 167

④ Borg E. Meaning and Representation ［M］. Oxford：Blackwell Publishers Ltd.，2002. 74

⑤ Borg E. Meaning and Representation ［M］. Oxford：Blackwell Publishers Ltd.，2002. 69

⑥ Gilead Bar－Elli. The Sense of Reference：Intentionality in Frege ［M］. Berlin：Walter de Gruyter，1996. 116

造之前就已自在地存在，然后和语义粘贴在一起的东西，而是在语义构造过程中所形成的。我们进行话语交流时所处的（物质的和精神的）环境并不能自然地成为语境。要成为话语的语境，只有通过话语者的意向作用，使得这些环境要素和语词一起经过一个语境化的过程，形成了有意义的表达，我们才能根据话语意义区分出哪些是语境，而哪些不是。

（一）语境中的名称和指称

"语境是围绕我们所要理解的现象和为它的适当阐释提供方法的框架。因此，语境概念包含了两个并列的基本实体（entity）：聚焦的现象和现象嵌入其中的环境。"① 语境化是一种构成联系的活动。在这个活动中，我们的认识指向了意向对象，在意义理论中，这个意向对象就是指称对象。当然，分析哲学和现象学在意向对象方面有很大的不同，分析哲学把对象看作是外在于主体的，而现象学则把意向对象看作是内在于认识活动的。按照弗雷格的涵义和指称理论，通过指称对象的给予方式，我们得到了涵义。在涵义和指称对象的关系中，产生了意义理论。因此，一个意义理论必须包括涵义理论和指称理论。涵义理论要说明的是一个语词的涵义如何确定它的指称，因此要说明它的指称关系。而指称理论要说明的是一个词的指称是如何被确定的，并且这样来解释它的涵义。②

指称物作为意向对象是通过某种方式给予我们的，而并不是无条件地给予我们。由于进入我们心灵的绝不会是"自在之物"，而仅仅是它们的复杂变换，在知觉者和被知觉的事物之间存在着一个统一的关系。与其说存在主观和客观，倒不如说存在着主观-客观、观察者-被观察的整体，这个整体是我们人类建构的结果。③ 例如，欧几里得几何学所描述的并不是本真存在的空间，而是人类的知觉者和想象者所定义的空间。在外部世界的事物内部和事物之间存在着无限多的可能和潜在的差异和关系，我们是按照我们人的设定从实在世界中编辑和选择，以形成我们的知识世界的。我们对客观世界的显现不是全部，而是"侧显"（adumbrate）。这种侧显，既包含了我们所处的时空，也包含了主体的意向构造的作用。人们总是从某一方面去看事物。著名的鸭-兔图说明我们所看到的或是图画的"鸭子的方面"，或是它的"兔子的方面"，并不是"事物本身"，而是意向对象。④ 虽然就"事物本身"来说，它是同一个东西，但视觉经验的意向对象在两

① Dilley R. The Problem of Context [M]. New York: Berghahn Books, 1999. 49

② Devitt M, Sterelny K. Language and Reality: An Introduction to the Philosophy of Language [M]. 2nd ed. Cambridge, MA: The MIT Press, 1999. 38

③ Dilley R. The Problem of Context [M]. New York: Berghahn Books, 1999. 192

④ [英] 维特根斯坦. 哲学研究 [M]. 陈嘉映译. 上海：上海人民出版社，2001. 301

种情况下是不同的。[①] 这是因为它涉及人的信念和其他精神状态（mental state）。在这种情况下，我们不可能同时得到两个方面。从这种意义上讲，对象是意向的对象，意义也是意向的意义，它是话语者通过话语意指某物的意义。[②]

语境中的指称都是以侧显的方式给予我们的。当我们在某一语境中通过意向指向某一事物，这一事物就将某一属性呈现给我们。例如金星，当它在太阳出来之前呈现给我们时，对我们来说，具有一种预示黎明的意义；而当它在黄昏时呈现给我们的时候，则和夜幕降临联系在一起。因此，同样是金星，早晨出现时被称作"启明星"，而黄昏出现时则被称为"暮星"。这样，在不同的语境下，金星这个指称具有不同的侧显，因而也就有了不同的涵义和名称。当然，通过因果方式命名和摹状词的方式命名所得到的名称与涵义的关系是不同的。罗素认为，严格意义上要取得逻辑上的名称是非常困难的，"人们确实在逻辑意义上用作名称的词仅仅是一些像'这'或'那'的词。人们可以用'这'作为一个名称代表此刻有人亲知的一个殊相"[③]。当我们说"这是白的"时，"这"就成为一个专名，但却是一个模糊的专名。因为"这"可以指任何一个亲知的事物。除此之外，人们所称的其他专名不过是一些摹状词。由此可知，单称指示代词（"这个"和"那个"），由于不涉及事物的任何相关属性，就成为模糊的专名。另外，斯特劳森也从另一个角度探讨了名称和指称之间的关系，他把物质物体和人看作是基本的殊相，通过这种区分，找到殊相和共相与主语和谓语之间的关系。殊相只能做主词，部分共相也可以做主词，而这些殊相则对应了语境的对象（指称）。[④] 在此基础上，他又引用弗雷格的话说，对象是完全的或饱和的，而概念是不完全的或未饱和的。[⑤] 而这恰恰揭示了，概念体现了语境中对象的属性，是一种摹状词。它只是从某一方面"侧显"给我们的，因此是不饱和的。

（二）涵义和指称的语境结构

按照早期的表达假设，指涉某物的性质是语词意义的核心。那么，"涵义"和"指称"是如何联系在一起，以形成我们的意义理论呢？所谓涵义，用弗雷格的话来说，就是对象的"显现方式"。正是借助于它的涵义，以及它的环境语境（environmental context）的某些特征，一个语词才有了它的指称，即语词通过

① Searle J R. Intentionality：An Essay in Philosophy of Mind［M］. Cambridge，MA：Cambridge University Press，1983. 51

② Searle J R. Intentionality：An Essay in Philosophy of Mind.［M］Cambridge，MA：Cambridge University Press，1983. 160

③［英］伯特兰·罗素. 逻辑与知识［M］. 苑莉均译. 北京：商务印书馆，1996. 242

④［英］彼得·F·斯特劳森. 个体［M］. 江怡译. 北京：中国人民大学出版社，2004. 译者序，9

⑤［英］彼得·F·斯特劳森. 个体［M］. 江怡译. 北京：中国人民大学出版社，2004. 109

涵义来确定指称。那么，根据这种观点，语词的涵义可能和某些语境特征一起，穷尽它的意义。① 当然，这种穷尽只具有相对的意义（谓词的不饱和性）。指称对象的完全性（充实性）和涵义的不完全性，使得涵义和指称对象成为“多”和“一”的关系，这也暗含了涵义成为指称对象的语境显现方式。弗雷格认为，一个对象可以由不同的方式来确定，其中每一种方式都可以产生一个专名，因此，这些不同的专名具有不同的涵义。由于它不是自明的，即它是由不同的方式来确定的同一个对象。而指称关系不是建立在词汇的命名关系（名称/承载者关系）的基础上，它是由陈述的语境原则决定的。因此，它是被建立在相关性关系中。相关性关系，作为指称概念的基础，对涵义概念也产生了一种有效的强制力：一个句子涵义的适当表达必须保留它的“意向结构”，即在理解语句方面，什么能成为要被理解的东西。② 我们把语词具有涵义作为语句意义的观点，按照塔斯基的观点，“句子的意义是它的真值条件”，这个口号主张句子的意义是描述它的某一环境的特征。但是考虑到上述的相关性关系，我们应该找到一个指称在某一意向结构中的境况语境特征，所以，一个句子的意义是它以某种方式描述某一境况的特征，它的意义是描述它的真值条件的方式。③ 这种描述方式体现了我们人的意向语境的结构。通过这种意向结构，我们可以找到意义与涵义，以及意义与指称对象之间的内在联系，特别是找到它们与语境之间的关系。

涵义既不是主观的观念，也不是对象，它是介于两者之间的东西，是依附于对象的表达模式。涵义不随语境的变化而变化。按照达米特的解释，“它是语词本身的特征”④。由于涵义是语词的特征，所以，它也不随说话者而变化。一旦在某一语境中形成了一个涵义，也就是在这一语境中，指称对象以某一方式显现给我们，它就成为一种涵义（字面意义）“沉淀”下来，它不再受说话者的影响，也不随语境的变化而变化。这就是为什么我们可以编撰和使用词典，同时，也可以说明为什么语言中存在着隐喻的形式。而意义不仅包括语词的涵义，同时还包括在某一语境中涵义和指称对象所形成的一种关系。传统语言学家的错误在于它给“意义”这个语词所附加上的附属物。如果给予意义就是给予那个意义，好像它给出的是一个确定的东西，一种凝固的事实。⑤ 实际上，语词的意义传达

---

① Devitt M, Sterelny K. Language and Reality：An Introduction to the Philosophy of Language［M］. 2nd ed. Cambridge，MA：The MIT Press，1999. 38

② Gilead Bar-Elli. The Sense of Reference：Intentionality in Frege［M］. Berlin：Walter de Gruyter，1996. 17

③ Devitt M, Sterelny K. Language and Reality：An Introduction to the Philosophy of Language［M］. 2nd ed. Cambridge，MA：The MIT Press，1999. 38-39.

④ Frege D M. Philosophy of Language［M］. London：Duckworth，1973. 268

⑤［美］马蒂尼奇 A P. 语言哲学［C］. 牟博，等译. 北京：商务印书馆，2004. 604

的是一个语词的正常用法而不是传达事实的集合。也就是说，当我们在使用语词时，语词所给出的是“沉淀”在语词中的规约用法的意义，而不是事实本身。在新的使用语境中，指称对象会在新的话语行为中，聚合出新的话语意义。当然，对于涵义和意义之间的差别，英美哲学家通常很少加以区分。在斯特劳森那里，一个语词或句子的意义和真假是没有关系的。他认为，像“当今法国国王是秃顶”这句话无疑是有意义的，因为这句话显然是有意思的（significant）。但我们使用时并不涉及真假问题，只有当我们把它用于某一语境时才产生真假问题。① 在弗雷格的理论中，意义和涵义有着明确的划分，而在胡塞尔那里，这两个词会经常混用。弗雷格认为涵义（sinn）和指称对象（bedeutung）是不同的，它只是对象的显现方式，所以，相同的对象可以有着不同的涵义，如“启明星”和“暮星”的涵义就不同，然而它们的指称对象都是金星。当然，在弗雷格那里，意义和指称对象最初并未加以区分，他用德语词“bedeutung”来表示指称对象。而有时这个词又表示具有深远意义。无论如何，区分意义和涵义都是非常必要的。正像弗雷格所分析的那样，“当奥底修斯熟睡的时候，他的船在伊沙卡搁浅了”这个语句显然具有涵义，但可能没有指称对象②，而当这个事实不存在时，这个语句显然是无意义的，但却有我们可以理解意思，如果我们混淆了意义和涵义的使用，就会造成混乱。当然，在这里弗雷格所说的涵义，并不是指称对象的显现方式，他把语句的字面意义和涵义相混淆，但这并不影响我们的分析。因为在弗雷格那里，涵义是关于指称的显现方式，而意义则涉及一个表达是否为真。当一个表达不具有指称对象时，这个表达就是无意义的。

（三）语境中的意义结构

涵义、指称与意义之间具有很强的内在联系，这种联系是在某一具体语境中完成的。“语言结构的诸方面有时把语境的特征进行编码（另外和它相互作用），因而，我们不可能在语境-独立的语法（能力）和语境-依赖的解释（行为）之间划分一条整齐的界限。”③ 语境的特征嵌入到语言的意义及其结构当中，因此，意义、涵义和指称之间的关系只有在语境中才能得到很好的说明。首先，意义作为描述某一指称对象（或事态），在特定境况中的特征（涵义）是具有内容的。根据前面所说的，意义具有表达和提供实在的知识等因素的功能和作用。其次，

① ［美］斯特劳森．论指称［A］//马蒂尼奇 A P. 语言哲学［C］．牟博，等译．北京：商务印书馆，2004. 416

② ［德］弗雷格．论涵义和所指［A］//马蒂尼奇 A P. 语言哲学［C］．牟博，等译．北京：商务印书馆，2004. 381

③ Levinson S C. Pragmatics［M］. Cambridge，MA：Cambridge University Press，1983. 8

意义作为语境中指称对象（或事态）和涵义的关系之和，它又成为一种真之条件的说明，具有判定真假的作用。在语义中，有语词的和语句的意义等。语句的意义是语词的意义在某一语境中按照语法的构成性原则，通过推理（选择）构造而成的。而语词意义的获得通常有两种方式：一种（既有专名，也有通名）是采取直接（历史因果）命名的方式，如亚里士多德、柠檬、虎等；另一种是按照指称所给予我们（摹状词）的命名方式，如启明星、电子、恒星等。第一种方式的语词涵义通常与指称对象没有直接的联系，或者说语词没有表达与指称对象直接相关的涵义。当然，罗素认为通常的专名只是缩略的摹状词，如“亚里士多德”，它是由“柏拉图的学生”和“《工具论》的作者”等构成，但这些限定摹状词的涵义只是作为“亚里士多德”本人（指称对象）的显示方式，“沉淀”为不同的语词，而不是语词“亚里士多德”的直接涵义。即使他不是柏拉图的学生，或者不曾写过《工具论》，这些都不会改变最初的命名。同样，一个重要的一般名词类（如金属、柠檬、虎）是和自然种类联系在一起的一般名词类。而所谓的“自然种类”即我们认为是具有解释重要性的事物类，通过这样的事物类，给出一般名词类的“定义特征”，如“柠檬”是色黄、味酸、某种皮等。但不存在“每一个柠檬都具有 P 性质”的分析真理。[①] 而对于第二种方式（也包括部分专名和通名）来说，语词的涵义是同它们的给予方式直接联系着的（至少是人们在命名时这样认为），它们的语词直接沉淀了这种显现方式，如启明星的涵义是同黎明联系在一起的。

达米特虽然未对语词或句子的涵义（sense）和意义（meaning）加以区分，但他也意识到辞典定义的意义与语句中的意义有很大的不同。他认为辞典定义，恰恰是意义、释义词和短语的说明范式，而不是语句的范式。这是不同的。完全不是意义的单位，大多数句子是复杂的符号。它们的意义至少部分地是由它们的组成成分的意义决定的。[②] 理解成分和句子的构造模式对理解它是必要的（尽管可能不充分）条件。总的说来，我们通过学会如何从熟悉的语词中构造它们来掌握语句。[③] 用蒯因的话来说，语句是“交流的单位”[④]。只有通过语句，而不是语词，我们才能说某些事情。语词的意义是由它如何在句子中被使用来决定。在这里我们想起了维特根斯坦的那个经常被提起的观点：“一个词的意义是它在语言中的用法。”[⑤] 究竟应该如何理解这句话呢？如果我们去看一下这句话的上下文，

---

① ［美］马蒂尼奇 A P. 语言哲学［C］. 牟博，等译. 北京：商务印书馆，2004. 591-593

② Dummett. Frege. Philosophy of Language［M］. London：Duckworth，1981. 593

③ Glock H J. Quine and Davidson on Language，Though and reality［M］. Cambridge，MA：Cambridge University Press，2003. 139

④ Quine W V. Theories and Things［M］. Cambridge，MA：Harvard University Press，1981. 75

⑤ Wittgenstein L. Philosophy Investigations［M］. New York：The Macmillan Company，1964. 20

我们就会发现维特根斯坦是这样来做出分析的。他认为：在使用“意义”一词时，通常是理解为它在语言中的用法，但意义“有时是由指向它的承担者来解释的”①。而后一种涵义是弗雷格的观点。弗雷格是把意义当作指称对象。维特根斯坦认为，用“意义”一词标示与词相对应的东西，不合语言习惯，这样做混淆了名称的涵义和名称的承担者，显而易见的是当我们说，N. N. 先生死了，我们说这个名称的承担者死了，而不是这个名称的涵义死了。把名称的涵义和指称对象区分开来，维特根斯坦的意思是很明确的。当然，在这一点上，弗雷格也十分清楚，问题在于弗雷格所考虑的是，一个陈述在没有指称对象时是否还是真的。这样，他就自然地把意义和指称对象看作是等价的。如此一来，真值问题似乎也得到解决。弗雷格的错误是显而易见的。把意义等同于指称对象混淆了语言和世界的关系，这就造成了把真值当作客观事物本身，同时，使我们在面对复杂的语言现象，如隐喻时，无法进行细致的语义分析。维特根斯坦意识到了这一点，他试图表明命名和描述是分属不同层次上的事情。名称所对应的事物有简单和复合之分，最简单的是元素。元素只能去命名，而不能去解释。而命名是描述的第一步，相当于下棋之前的摆棋子，它不是语言游戏本身，而当我们把名称用作描述和解释时就进入了语言游戏。在命名时我们可能产生幻觉，也可能是真实的，我们都可以进行命名。名称的承载者是一种自在的东西，我们没有必要去寻找准确的命名。在命名之后，一个名称的承载者可以毁灭，但这并不影响我们对名称涵义的使用。当然，如果没有要命名的东西，就没有它的意义。② 在这里，维特根斯坦把语词的意义和语词的承载者做了区分。究竟我们在语词的使用中是指语词的承载者还是意义只有在具体的语言游戏的用法中才能确定。

实际上，无论是语词还是句子都存在着涵义和意义（语言涵义上的）的区别。涵义通常是指通过使用而沉淀下来的过去的“意义”，它可以看作是“去语境化”的产物，而意义则是相对于某一语境的语词或语句的“涵义”。语词的意义不仅包括语词的涵义，同时还包括涵义和指称之间的关系等。例如，语词“独角兽”虽然有涵义（罗素认为像这样的语词只是一个缩略的摹状词），也就是根据这个词我们可以想象一种长着独角的野兽，但在现实中不存在这样的指称对象。当语词的意义中只有涵义而缺少指称对象时，意义就失去了提供判定的作用，其内容就“坍缩”为“涵义”③（有些涵义是用一种语词和语法构成的方式构造而成，所以可以通过摹状词理论发现其问题）。这样的语词及其所构成的语

① Wittgenstein L. Philosophy Investigations ［M］. New York：The Macmillan Company，1964. 20-21

② ［英］维特根斯坦．哲学研究［M］．陈嘉映译．上海：上海人民出版社，2001. 34-48

③ “涵义”一词在弗雷格那里，通常是指指称对象的显现方式，但有时他又是在一般“含义”和“意思”的意义上使用它。实际上，前者与指称对象有关，而后者只是词典的用法或在词典意义上的组合

句，从判定的角度讲，既不真也不假，而是无意义的。因此，任何一个有意义的语词和语句都对应着某一事物或事态，这些事物或事态都可以通过某一方式显现给我们。

正因为涵义和意义存在着这种关系，语言和话语也就有了区别。由于有了语词的涵义，我们才能在不同的语境中经过筛选，找到适当的语词来构成语句，也才能在特定的语境中，通过隐喻的变换，形成各种有特色的语言。

三、意义构造的语境化

从隐喻的意义上来看，语境是一个用来理解现象、形成意义和提供解释方法的框架和背景。① 但在定义语境是什么，以及为什么这样定义时，我们有很多的困难，其理由是，当我们谈论它时，我们采取隐喻描述的方式是不难掌握它的。现象的效果和意义与陈述的效果和意义一样，是通过对它的理解建构起来的。当试图理解一个陈述、行为或对象的意义时，我们是把它放到我们需要理解的各种语境中来进行的。② 正是由于这样的事实，即语境的详细说明是对意义本身解释的结果，而意义的产生又是某一语境化的结果。因此，意义是语境依赖的，就好像语境是意义依赖的一样。

(一) 语境化的形式

语境化的形式，大致说来有三个方面：第一个方面是外语境，它体现了语言（现象）和世界（现象）之间的联系。在我们使用语言时，外部世界的各种事物都能成为我们语境的一个部分。第二个方面是内语境，也就是意义所包含的语言的内在联系，它包括了话语（文本）的前后文。语境化形式的第三个方面，也就是意向的语境，我们可以把它看作是语境分析的“心理主义”，它体现了意义研究中注意力的改变。从关注符号与事物之间的关系，到关注符号-使用者的心灵和作为内部状态的意向性。心灵被作为一种特殊的语境，即围绕着研究的对象，并且可以被归结为心理的或心灵的语境。③ 语境化的这三种形式，不是彼此分离的，而是相互联系在一起的，语义的形成过程是这三个方面共同作用的结果。当然，在语境化过程中，它们所起的作用是不同的。在通常情况下，意向语境起着指引“聚焦”方向的作用。在它的引导下，外语境和内语境成为语言“映射”的“镜头”。通过话语，在语境“凝聚点”上聚焦而形成意义。因而，

① Dilley R. The Problem of Context [M] . New York: Berghahn Books, 1999. 49

② Dilley R. The Problem of Context [M] . New York: Berghahn Books, 1999. 77-78

③ Dilley R. The Problem of Context [M] . New York: Berghahn Books, 1999. 12-13

在语境化过程中所产生的意义也就必然地沉淀了这三个方面的因素。维特根斯坦在《哲学研究》一书中举了这样一个例子：在一个建筑工地上，当甲向乙喊"板石！"时，语词"板石"只是"拿给我一块板石！"这个句子的一种缩略形式。[①] 因为在甲的话语意向中，当他喊"板石"时，想要的是让乙拿给他一块板石。"板石"从语言形式上看，只是一个语词，而不是一个完整的句子。之所以能够使用"板石"这种缩略的形式来表达思想，是因为甲、乙的日常工作和建筑工地，以及甲、乙之间的话语语境为这种缩略形式做了补充，使得这样一种正常的话语行为得以实现。所以，这时的"板石！"已经不是一个单纯的语词，也不仅仅具有原来的涵义，而是一个语境化的结果，它的意义是在这一具体的语境化过程中得到完善并凸现出来。

（二）语境化是通过语言的用法事件来实现的

定义境况语境的问题很大程度上依赖于语言单位的一种构成结构（composite structures）：它是在特定条件下，话语者为特定目的所构造的表达，体现了"详细的、语境依赖的概念化"。在兰盖克的术语中，它们被归为用法事件（usage events）。[②] 用法事件所突出的是一个话语整体的意义，通过话语事件，语境化的三个方面嵌入到语义中，语言是通过语言的用法事件来完成语境化的。在用法事件中，既有构成性的作用，也有语境的作用。语言的意义正是通过每一个用法事件的语境化而沉淀在语词中，并逐渐积累起来的。当然，每一个用法事件是不同的，所以语境化的三个方面嵌入意义的方式和程度也就不同。使用兰盖克的术语，语言表达通过可能的概念化进入它们的语义图式。通过语境化所形成的一个语言单位的意义，并不是语境本身的意义，而是语境中的话语意义。根据语言学的历时分析，语义变化的最主要的机制是通过去语境化（decontextualisation）的规约化过程实现的，也就是说，语言通过语境概念化之后经过去语境化，然后成为规约化的语言单位。这种经过语境的提炼所形成的规约化的语言单位可以是语词，如"大跃进""人民公社"，也可以是句子，像"刘姥姥进了大观园"等。语言表达不传递语境的意义。但是，通过分析语言单位，我们可以在其中找到概念化过程中的语境作用。举例来说，"逍遥学派"之所以被用来称呼亚里士多德所创立的学派，要么是由于当时亚里士多德所在的吕克昂学园有很长的走廊，要么是由于其成员经常边散步边讨论科学问题的原因。[③] 所以，在"逍遥学派"的意义中，讨论问题时"走过长廊"或"散步"就成为潜在意义的一种语境解释，

---

① ［英］维特根斯坦．哲学研究［M］．陈嘉映译．上海：上海人民出版社，2001. 13-14

② Dilley R. The Problem of Context［M］. New York：Berghahn Books，1999. 79

③ ［德］E·策勒尔．古希腊哲学史纲［M］．翁绍军译．济南：山东人民出版社，1992. 168

只是因为当这个学派的成员在探讨问题的时候，伴随着散步。所以，在“逍遥学派”的语义解释中：首先，我们知道这是一个学派；其次，我们不是描述这个学派的学术观点，而只是描述了他们探讨学问时的行为习惯，以此来描述这个学派。能够看出这个语境化的过程更多地包含了外部语境的作用。由于每一个语言单位都是用法事件的语境概念化，这样也就为我们从中发现语义的历史语境信息提供了条件和基础，也才有了解释学。同时，由于用法事件的语境概念化作用，每一个语言单位都在特定语境中被构造出来。

（三）语境为语义提供了构造和限定的条件

按照兰盖克的观点，所有的语言单位都是被限定的，并且所有语言表达都是相对于某一语境来确定的。语言使用者对语境——自然的、社会的和语言学的认识，是概念化的至关重要的方面，概念化在认知语法中变得等同于意义。兰盖克认为，形成复杂语言表达的语言单位的线性组合（combination）过程，是按照句法语境来限定的。但按照这种句法语境建构起来的语义结构，并不是完全可限定的，相反，这种语义结构只是部分构成的。也就是说，它们的意义不是从它们的组成要素中通过算法计算得到的。[①] 兰盖克的“不完全构成性的学说”主张，语义的构造不是仅仅通过句法语境来完成的，还必须要通过系统语境的作用才能完成。引述兰盖克的一个例子，“‘铅笔刀’这个英语表达有一个规约的意义，它被看作是比从它的部分构成上所推出的意义更具有特性，也就是说，铅笔刀不仅仅是‘削铅笔的东西’”[②]。句法语境只是对生成表达的图式范畴化起作用，它所决定的仅仅是语词的意义按照机械的方式来构成，所解决的只是语词意义如何进入到语句中，并一致地构成语句的意义。和句法语境相比，系统语境在构成语言语法相互作用的网络中确立了语言单位的地位。在系统语境中，语义不仅完成了从语词到语句的传递，同时，通过用法事件，积淀了原有语词之外的其他信息。举例来说，“粉笔刀”这个新奇语词的产生，可以看作是以某一建构图式、它的语素，以及它们的语法化范畴为先决条件，并最终形成了“粉笔刀”这一概念。粉笔刀这个语词的结构是类比铅笔刀的结构而构成的，但对英语话语者来说，它们是不同的。也就是说，铅笔刀这一概念除了包含“削铅笔的东西”这一概念图式外，还包含了许多其他的情况，如语用环境。但粉笔刀却只有“削粉笔的东西”这一概念图式。因此，“削铅笔的东西”和其他形式的语境情况结合在一起，构成了“铅笔刀”这个表达的意义，而这些语境情况保证了我们恰当地理解“铅笔刀”的意义。这些就是境况语境。正因为如此，它既不能被算法化，

---

① Dilley R. The Problem of Context［M］. New York：Berghahn Books，1999. 77-78

② Dilley R. The Problem of Context［M］. New York：Berghahn Books，1999. 78

也不能通过成分分析来计算。[①]

在语言表达的规约化过程中，语境为新语言单位的规约意义的形成提供了构造和限制条件。通过长时间的重复使用，“铅笔刀”这个表达最终变成了同这个名称所指称的奇妙装置（包括形状和尺寸），以及它的组成材料、方法和它所使用的环境等相联系的一个语义整体，成为和它的境况语境的相关特征相联系的东西。当这些特征持久地“铸入”这个表达后，它成为一个规约的语言单位。相反，粉笔刀这个表达通常不包含与此类似的语境情况。因此，它只能按照通常的图解方式来理解（如“削粉笔的某种东西”）。[②] 在兰盖克的语言理论中，系统和句法的语境直接反映在语言表达的结构中。正是通过这些系统语境和句法语境的共同作用，在一个话语表达中，话语者才能按照会话的情境进行语词、句法和语境的联结，并最终实现语义的构造。

（四）隐喻是语境中的语义偏离

语境结构中的一般要素和特殊要素之间的对立，在探索隐喻的认知中表现得更加清楚。隐喻不再被当作（正常）话语的描述，而是作为建立在大量的人类经验的表达基础上的思维方式。使用隐喻，意味着使用更简单、更基本的认知领域作为其他的、更复杂的和更抽象的领域的参照点。普遍的原始领域，根植于人类最初的身体的经验，建立在被定义为概念隐喻的基础上。概念隐喻是高度图式化的，它们产生了更特殊的隐喻表达的“家族”。因此，一个单一的隐喻（类型）——“朱丽叶是太阳”，明显地在解释范围和数量上是不限定的。然而，撇开如何使语境个别化的棘手问题，注意在每一特定的语境，隐喻的解释或内容都是限定的或确定的。如果我知道了语境集合（set），而且掌握了足够多词汇的字面意义，对我们来说，就能有限度地陈述内容。[③] 隐喻指称的意义假设在某种意义上，既不是旨在寻找真值条件的单纯的逻辑，也不是旨在寻找我们可以决定真或假的语境意义上的单纯的实用性。从根本上讲，它不是依靠寻求语义或语境的真值条件，而是包含了语义和语境意义的结合。人们能够在不知道隐喻是真或假，或隐喻在多大程度上表达了真的情况下，通过隐喻所提供的东西来理解意义。[④] 由于话语意义受到语境化的影响，所以，它是原有语境化的规约意义。当话语者在不同的语境使用语言时，意向发生了变化，使得通过原有语境概念化所形成的语言单位发生了“语义偏离”，就产生了隐喻的表达。从这个意义上，也可以看出，语境对于正确理解意义是必不可少的。泰勒（Tyler）认为，相同的

① Dilley R. The Problem of Context ［M］. New York：Berghahn Books，1999. 78-79

② Dilley R. The Problem of Context ［M］. New York：Berghahn Books，1999. 79

③ Stern J. Metaphor in Context ［M］. Cambridge，MA：The MIT Press，2000. 268

④ Cormac E R M. A Cognitive Theory of Metaphor ［M］. Cambridge，MA：The MIT Press，1985. 190

话语在不同的语境中具有不同的意义，同样，不同的话语在同一语境中也可以具有相同的意义。没有孤立的意义，意义和语境是分不开的。吉尔纳（Gellner）也认为，语境的范围以及我们看待语境的方式，必然会影响我们的理解。[①]

总之，从意义的产生和变化来看，都必然地包含了语境化过程。精确地讲，意义的形成需要语境化的构造；意义的理解需要语境的解释；意义的接受需要语境的劝导；意义作为用法事件的语境化的产物，它永远是语境中的意义。

第二节　意义构造的内在机制

我们知道，在语义形成的看法上存在着两种看似相互对立的观点：构成论和语境论。按照构成论的观点，复杂句子是由简单句子构成的。正如霍维奇所说，一旦人们掌握了构成语法和语词的涵义，人们就会轻而易举地获得理解句子的能力。而按照语境论的观点，语句整体的涵义先于语词的涵义，语词本身没有固定的涵义。实际上，在语言构造过程中，既存在着语言的语法构成，也存在着语言的语境推理。因此，人们是按照语境推理来对我们已有的语词和语法进行选择的。从我们上面的分析中，我们得出：语词通常都具有涵义。这种涵义是在某一语境中的语言事件中获得的。从某种意义上讲，每一个语词都包含了旧的使用规则，即原有语境的涵义。当然，在经过规约化以后逐渐成为一种语词的字面意义。我们前面已经根据福多和莱波尔所提出的语境推理的思想，说明了构成论和语境论并不是完全对立的，而是相互关联和统一的，从而为语义的语境构造提供了一个说明。

一、意向意义与指称对象

弗雷格在《论涵义和指称》一文中提出，一个表达的指称是它所指涉、意味着（stands for）、意味（signifies）或指示（designates）（即它的指称对象）的东西，并且一个表达的是它的“显现方式”，一个表达“表示（express）它的涵义，意味着或指示它的指称”。[②] 当我们的意向指向某一对象时，才能获得这一对象的显现方式——涵义。在指称过程中，所有实际用于指称的描述性表达在意向上明显是具有意义的。当说话或书写时，人们可以使用“那个喝香槟酒的人”“杀害史密斯的凶手”“那个夫人的丈夫”等这样的意向表达。当这些表达所描述的事物或客体还未出现时，这些表达所具有的涵义就是意向意义。指称一个对

① Dilley R. The Problem of Context［M］. New York：Berghahn Books，1999. 53

② ［美］马蒂尼奇 A P. 语言哲学［C］. 牟博，等译. 北京：商务印书馆，2004. 376-380

象是通过意向来完成的，无论指称何时出现，只有部分地借助于意向意义的方式，它们才能实现。就此而言，意向意义是指称的必要条件。显然，就对象和事件本身（存在）来说并不依赖于它们所指称时的术语、意向的或倾向的意义。“这幅画”“这个雕塑”等，尽管我可能并不理解你指的是什么，但我可以得到你所指称的东西。同样，尽管我可以知道你所指的是什么，但我可能得不到你所指称的东西，如“离我们最远的星球”。然而，一个客体在一给定时刻要能成为一个指称对象不仅依赖于某人想要指向它，而且还依赖于某人想要通过一个载体把注意力集中到这个客体上，以使一个意义得以理解。① 可以说，在一个指向过程中，当我们确定了一个指称对象时，也就伴随着涵义的出现。

在指向过程中，不仅具有通常意义的“这个”和“那个”暗含了在说话者面前或正在被指称，而且在与指称相关联的语境中，它们也包含了更多的明确的意义。即使是名称和指示词，像“人”“动物”“房屋”等，甚至“我”这样的词都具有意向意义，并且和可以被称为指称表达的某一语境相关联。只不过每一个含有人称代词的表达都缺乏客观的意义，因为它们在不同的语境下指称不同的人。像“我”这个词，它的涵义每一次是什么，只有从生动的话语中以及从它所包含的直观状况中才能得知。当然，我们知道这是一个语词，并且是一个当时的话语者标识自己时所使用的语词。但正像胡塞尔所意识到的，这个被引起的概念表象并不是“我”这个词的涵义。否则，我们就完全可以用“这个当时标识着自己的说者”来代替“我”了。② 因为在“我”这个词那里有一个指示性的功能在发挥作用，在这个“我”中，意向指向是从说者发出而反身自指。它完全不同于当我们说“这个当时标识着自己的说者”所具有的意向指向，因为它的意向指向是从说话者出发指向“这个当时标识自己的说者”的。这样使得在语句中使用“我”和使用“我”的替代其意义是完全不同的。当我说“我很快乐”，是表达了说者的自我感受，而“这个当时标识自己的说者很快乐”却是在描述别人很快乐。前者是主体自身的感受，而后者是描述一个事件；前者所说的是当下的事情，而后者则不具有时间上的当下性。所以，不能把“我”这个词仅仅看作是对说者的直接表象，认为这样就能概括它的完整涵义。实际上，在“我”这个词的涵义中显然包含了两种涵义：一种是它自身意指的表象；另一种是指向对说者的直接个体表象的表象。也就是说，前一个涵义是指示性的，是指

① Hill T E. The Concept of Meaning［M］. London：George Allen and Unwin Ltd.，2002. 174

② ［德］埃德蒙德·胡塞尔. 逻辑研究［M］第二卷. 第一部分. 倪梁康译. 上海：上海译文出版社，2006. 93

向意向对象的；而后一个涵义是被指示的，或者说是显现给我们的。①

可以说，涵义处在一个共同之物中，这个共同之物承载着那些同属于一个对象的众多感知行为。但感知行为并不是这个共同之物的全部，在其中还包含了陈述的行为。在“感知判断”中，感知与陈述的意义有内在的联系。陈述“表达着感知”，或者说，陈述表达着“在感知中被给予的东西”。对感知的这种陈述被置入到一个与感知的联系之中，而这个感知正是因为这个联系才被称作“被表达的”。这样，在语音传递声音和感知之间还被插入了一个行为，这个行为和感知一起行使意义表达的作用。当我们说“一只乌鸦飞起来了”，这时，统一陈述的意义包含在整个意指的行为之中，这个意指行为有可能构成统一陈述的基础。通过感知获得陈述所表达出来的事态，从而和其他行为一起完成一个本质一致的判断。通过感知直观的侧显方式，我们得到了对象不同方面的感知内容：“这个是黑的”“这个是一只乌鸦”“此时此地这个飞起来了”。不论“这个”感知对象在各种感知中如何显现自身，其中的哪一种感知构成杂多复合体的基础，“这个”的所表达的涵义仍将是同一个。意向行为指向“这个”，感知直观和范畴直观充实着意向活动自身。②

上述的表达与专名非常相似。专有名称“直接地”指称对象，它并不以定语的方式将对象意指为这个或那个属性的承载者，而是排除这些“概念”的中介而将对象意指为它“自身”，就如同我们的感知将它置于我们眼前一样。因此，专名的“涵义”在于一种“直接意指这个对象”，也就是说，专名就在于它是一种意指，为了从众多事物中找出对象。它同前面分析过的“这个”有些不同，这个附带有一个指明的思想，这个思想以说者的指向方式带入了某种间接性和复杂性，以及带入了某种形式，而这些形式在专名那里是没有的。专名作为一种固定的命名从属于对象。当然，像我们在“是”的意向构造部分所分析的，命名通常有两种方式：一种是意向指向性的命名，人们可以只从固定的命名关系上来认识具有此名称的对象，如我用“亚里士多德”这个名称来称呼一个对象；另一种方式是在与被给予的对象（即在给予的直观之基础上的对象）的直接联结中来命名的③，如把亚里士多德称作“柏拉图的学生”。第一种可以看作是克里普克的历史因果命名，而第二种可看作为摹状词命名。在这种情形下，专名承载了对象的某些属性。但“柏拉图的学生”的涵义并不包含在“亚里士多德”

① ［德］埃德蒙德·胡塞尔．逻辑研究［M］第二卷．第二部分．倪梁康译．上海：上海译文出版社，2006. 93-94

② ［德］埃德蒙德·胡塞尔．逻辑研究［M］第二卷．第二部分．倪梁康译．上海：上海译文出版社，2006. 23-24

③ ［德］埃德蒙德·胡塞尔．逻辑研究［M］第二卷．第二部分．倪梁康译．上海：上海译文出版社，2006. 26-27

这一语词中，它只是说明亚里士多德这一对象在某一时期所具有的语境显现方式（摹状词命名）。我们可以通过“柏拉图的学生”所具有的涵义去找出意义承载者，但由于这种命名不是一种直接唯一的，所以，名称和指称对象之间不是一种直接的关系。从这种意义上讲，摹状词如果作为名称，和专名是有区别的。

通过上面的分析，我们得出：无论是表达（语词和语句）、人称代词（你、我、他等），以及直指词（这个、那个等）都是有涵义（或意义）的。这个涵义（或意义）的实现伴随着感知活动和陈述活动。而从感知到陈述需要经过从意向意义到充实意义的过程。

二、意义意向和意义充实

语义构造的过程是一个意向和授意的过程，它既是一个意义（或涵义）指向和意义（或涵义）充实过程，同时也包含了感知活动和范畴活动两个方面。通过感知活动我们建立起范畴活动，而范畴活动是一个判断活动。它包括两类活动构成，即空洞的意向，诸如意义（范畴的语义意向）和范畴直观。这一区分建立在意向对象的特征之上。如果该对象是直观地给予的，我们就具有某种范畴直观。如果该对象是由符号给予的，我们就具有某种空洞的或符号的范畴活动。范畴活动的基本逻辑形式是“S是P”的形式，而这一形式是一个判断。通过这一形式，我们对所有有意义的语词和语句都进行了一个逐个“登记”的工作，这似乎是辞典编纂者所要做的。例如，当我们说“天是蓝的”“雪是白的”时，我们要逐一弄清楚什么是天、雪、蓝色和白色，它们指称什么？只有逐一弄清楚这些语词的指称与涵义，我们才能进行判断。语词是在不同的语境下被学会的。如果把语词看作是有多个意义（意义不确定）的载体，在适当的语境下才能确定它的意义，那么，上面的两种观点也并不截然对立了。这样，任何一个判断，在我们进行确证时，我们总是要借助于我们人的各种感官的侧显，即触觉、味觉、视觉、听觉等。这些感觉器官在梅洛·庞蒂那里被称为肉身。它的存在是“多层面的存在，是潜在的存在，是某种缺席的显现，是存在的一个原型”①。肉身不是主体之肉，而是联结主客的“世界之肉”。“肉身不是物质，不是精神，不是实体……肉身在这个意义上是存在的‘元素’。”② 既然肉身是存在的“元素”，那么这个肉身是如何存在着的？梅洛·庞蒂认为，“人们看到和触到的这种肉身不是肉身的全部，我们看到和触到的这个实在的身体也不是身体的全

① ［法］梅洛·庞蒂．可见的与不可见的［M］．罗国祥译．北京：商务印书馆，2008. 168

② ［法］梅洛·庞蒂．可见的与不可见的［M］．罗国祥译．北京：商务印书馆，2008. 172-173

部”[①]。它伸展到可见和可触的世界中，在显现的世界中，肉身得到升华，身体成为“世界之肉”。在世界的呈现中，身体侧面接近着世界，世界就成为可见和可知的世界。相反，在这个侧显之外的则成为不可见的。每一个“意义”都是一个世界[②]，每一个意义都是一个侧显。

所以，在语义构造中的意义意向中，我们首先要意指某物，只有在意向性中人们才能用语言去指称。其次，任何语言都具有一个意义载体。当然，语词和符号的语义载体（指称）最初也是人们在某一语境中的使用过程中形成的并固定下来，但它们还会随着新语境的变化而变化。这个语义指称随语境变化的过程也就是意义充实过程。所以，任何构造语义的范畴活动都必然地会假定预先给予的且必定以逻辑形式构造的材料。这些预先给予的材料归根结底是感性材料。任何范畴性的事物最终都依赖于感性直观。直观的特征是直接呈现对象。意向对象既可以是感性的（黑色），也可以是范畴（乌鸦）的。并且如果它们没有感性基础，也就根本不可能有思维。超验的判断也是以感性经验为基础的。例如，“红色不同于黄色”这一论断是一个超验判断，或者说，它是通过符号给予我们的，所以这是一种空洞的或符号的范畴活动。但是，它又是以预先给予的关于红色和黄色的感性材料为前提的。如果没有感性材料，那么，“红色”和“黄色”就变成了没有任何涵义的“空符号”，那么，作为“红色不同于黄色”这一判断也就没有任何意义了。范畴活动是不同种类的活动。我们把结合、区分、关联和计算等活动授予范畴活动。它们是具有符合质料的意向活动。范畴活动的意向对象既不是感性对象，也不是物理对象，就像范畴活动既不是感观活动，也不是物理活动一样。胡塞尔把范畴活动的对象称为理念对象，它是一种高层次的对象。[③] 范畴直观基本的逻辑形式“S 是 P”。当我们说，“这只乌鸦要飞走了”时，这个判断是一个空洞的意向（一种空洞无物的断言），它可以在对该鸟的范畴活动中被充实。

只有我们能够通过对这只鸟的感知直观，说出“这是黑色的”或者“这是一只乌鸦”，不断地来充实这一空洞的意向，我们才能使这个最初的空洞意向成为一个真正的判断。当然，对于具有预见性的论断“这只乌鸦要飞走了”，感官直观是无法充实的。这就需要范畴直观，通过范畴直观，那种空洞的意向能够指向感知对象。经过这样一个过程，具有实在意义的语义也就形成了。由于每一个范畴活动都包含一个空洞的意向，所以在我们做出一个判断时，我们的意向必然会指向某一语境的“指称点”。但如果我们的意向指向发生错误，如我们说“那

---

① ［法］梅洛·庞蒂．可见的与不可见的［M］．罗国祥译．北京：商务印书馆，2008. 178

② ［法］梅洛·庞蒂．可见的与不可见的［M］．罗国祥译．北京：商务印书馆，2008. 275

③ ［美］维克多·维拉德-梅欧．胡塞尔［M］．杨富斌译．北京：中华书局，2002. 47

个喝香槟酒的人……”，而事实上，那个人喝的不是香槟酒，而是汽水，那么，“那个喝香槟酒的人……”的意义就无法得到充实。在这种情况下，作为语词或语句只包含了一个意向意义，而没有充实意义。意向意义体现了语词和语词，以及语词和观念之间的关系，而并没有和指称对象建立起联系，所以它是不具有意义的（或真正的涵义的）。当然，如果像唐奈兰所认为的那样，即使真的没有“喝香槟酒的人”，也并不会影响我们对这一指称的描述。那么，“那个喝香槟酒的人”作为摹状词在指称性用法中也仅仅是为了使某一个人的听者辨认出或想到他们所谈论的那个东西的一个手段，即使摹状词不正确也并不影响其指称的功能。① 这时，它所具有的意义（或涵义）如果说有的话，也只是类似于像“这个”或“那个”一样的语词的意义，它表达的是说者指向某一对象的指向意义。

三、关于空名的问题

空名问题是语言哲学中被广泛探讨的问题，也是困扰人们的一个棘手问题。所谓空名是指，一个没有指称对象的名称。空名通常具有完整的含义，但却缺乏指称对象，即只具有意向意义，而无法进行意义充实的那类名称。例如，当我们说“詹姆斯·邦德很潇洒”时，却没有邦德这个指称对象。② 人们在评价直接指称理论的时候，必然评价它在处理有关空名问题的能力。因为空名和专名都具有一个个体事物的名称，但空名指称的是一个虚假对象。③ 有些哲学家声称专名是无意义的。他们坚持主张词典不能给出意义，而只能产生名称。同时，一些哲学家曾经指出，专名不属于任何语言。④ 显然，强调这种观点的人似乎把专名仅仅看作是一种没有任何含义的符号。

（一）空名中的含义与涵义问题

弗雷格认识到某些专名可能缺少指称，但仍具有涵义。这等于承认有些涵义没有相对应的指称。例如，我们说“当奥底修斯熟睡的时候，他的船在伊沙卡搁浅了”，这个显然具有涵义，可语句中的专名奥底修斯是否存在却是值得怀疑的，但不管奥底修斯这个名称有没有指称，那个句子所表达的思想是不变的。⑤ 弗雷格实际上是把“含义”和他自己所定义的“涵义”混为一谈。在他的定义中，

---

① ［美］马蒂尼奇 A P. 语言哲学［C］. 牟博，等译. 北京：商务印书馆，2004. 469

② Devitt M，Sterelny K. Language and Reality：An Introduction to the Philosophy of Language.［M］. 2nd ed. Cambridge，MA：The MIT Press，1999. 32

③ Stroll A. Twentieth-Century Analytic Philisophy［M］. New York：Columbia University Press，2000. 220

④ Stroll A. Twentieth-Century Analytic Philisophy［M］. New York：Columbia University Press，2000. 222

⑤ ［美］马蒂尼奇 A P. 语言哲学［C］. 牟博，等译. 北京：商务印书馆，2004. 381-382

“涵义”是显现对象的方式，而“含义”只是语词的字面意义，是按照语法规则建立起来的一个表达。如果缺少指称对象，上述句子仅仅存在一种可理解的字面上的含义。埃文斯（Gareth Evans）则把涵义解释为关于指称的思维方式。理由如下：当不存在被显现的对象时，如何能存在与某些名称相联系的显现方式确实是不清楚的。达米特也证明了相同的观点，“正如埃文斯所看到的，如果我们说一个名称所做的主要工作是指出指称，并且把它的涵义描述为指出一个对象的方法，那么，一个空名就缺少一个涵义：由于它不能指出一个对象，所以也就不存在指称对象的方法”①。斯特劳森在《论指称》中提出这样一个观点。他说：“除非确有其人或其事，认为一个陈述是论述X先生或某某时这种说法一般来说就不会是正确地。”②总之，当我们弄清楚字面意义和涵义后，我们就能得到这样的一致看法：空名由于缺少指称对象，没有弗雷格意义上的指示指称的涵义，只有语言上约定俗成字面的含义。

（二）空名的命名问题

当我们探讨了空名中的涵义和含义之后，另一个需要解释的问题是：既然空名没有指称对象，那么空名是如何得到命名的？要回答这一问题，首先需要回顾罗素的摹状词理论和克里普克的历史因果命名理论。摹状词理论强调专名是具有属性的词，罗素把它称为摹状词，认为人们的命名正是由于这些属性而得以完成，以此来解决那些空名的存在问题。而克里普克则强调命名的历史因果性，强调一个命名过程是由一个历史因果链构成的。不存在罗素的属性词——摹状词这类的东西。即使亚里士多德不是柏拉图的学生，或者亚里士多德没有写过《工具论》等，不会影响到亚里士多德这一名字的命名。尽管克里普克正确解释了名称与指称之间的命名关系是一个历史的因果链条，但并不能完全排除人们在命名中借助于对事物属性的分析来进行的命名活动。

无论人们如何进行命名，总要经过一个命名过程。在这个过程中，首先要有一种命名的意向，即我们的意向要指向被命名的事物或事态。这种指向可以分为两类：一类是指向事物本身，即这个整体。命名者与被命名的事物通常具有一种当下即在的近切性，即它在命名者面前。在这种命名方式中，命名活动所产生的专名具有直指性。因此，这类命名类似于贴标签。在这种情况下，名称就类似于罗素所说的真正的专名，即“这个”或“那个”在这种情况下进行的命名，并且通常是不会出现空名的情况。产生空名的情况通常是另一类命名方式。这种方

---

① Makin G. The Metaphysicians of Meaning—Russell and Frege on Sense and Denotation［M］. London：Routledge，2000. 112

② ［美］马蒂尼奇A P. 语言哲学［C］. 牟博，等译. 北京：商务印书馆，2004. 428

式是当我们命名事物时，命名者的意向并没有直接指向事物本身，而是通过它的属性指向事物。这时有两种情形，一种情形是命名者能直接感受到事物的某种属性，如启明星；另一种情形是命名者无法直接感受到事物的属性，而是借助于某种理论并通过推理、想象或类比等方式来推测事物的某种属性，以此为基础来进行命名活动，如上帝粒子。在第二类的第一种情形，有时我们并不能通过事物的属性来把握事物，会出现名不副实的情形，但名称总是有一个指派对象，并不一定会出现空名的情况。只有在第二种情形，命名者是通过间接的方式去命名。由于借助于推理或想象，出现空名的可能性比较大。在19世纪末期，许多物理学家认为地球周围存在着一种称为“以太”的物质，它被假定是一种媒介，电磁波通过它来传播。作为后来的科学发展的结果，经过迈克尔逊-莫雷实验，这种信念被人们所放弃。因为不存在像以太这样的物质，那么名称“以太”就成为一个空名。

（三）空名的作用和意义

“以太”作为一个空名缺乏指称对象，但并不缺少含义。当然，这种含义不是弗雷格所说的“涵义”，而是属于一种意向意义。尽管这种含义里包含着错误的内容，但是要否定它有一个含义就是暗指这些过去的物理学家的信念毫无意义和根据。弗雷格曾经说过，他们陷入虚构，但这与陷入无意义是完全不同的。如果把缺少指称对象看作是也缺少含义，那么科学家所进行的研究就成为围绕着一种空语音（empty sound）所做的无聊的事情了，而这显然是与科学史实不符的。① 因此，弄清楚空名中的意向意义，对于我们正确理解空名的产生过程以及它所具有的作用具有重要意义。由于空名大多产生于人们意向作用，即人们首先用一种意向意义来进行命名的活动，所以，当意向意义并不具有实际指称对象时，就产生了空名。因此，不同领域中的空名其作用也有所不同。

首先，是自然科学领域中的空名。科学领域中空名的产生往往伴随着科学的研究和发现过程。例如，在牛顿提出了万有引力定律和牛顿三定律之后，用他的理论成功地解释了开普勒的行星运动三定律和伽利略的运动理论。但后来人们发现了天王星在近日点脱离自己的轨道的摄动现象，无法用已知的其他行星的运动来加以解释。为了说明这种不规则的摄动现象，于是天文学家博瓦德（Alexis Bouward）设想：可能存在一个新行星，被称作“摄动体”，由于引力作用，在天王星运动的近日点附近对天王星的运动轨迹产生了影响。后来法国的数学家勒维耶（Leverrier）计算出其所处的位置。柏林的天文学家加勒（Galle）按照勒维

① Makin G. The Metaphysicians of Meaning—Russell and Frege on Sense and Denotation［M］. London: Routledge, 2000. 126-127

耶计算的位置，在 1846 年 9 月 23 日用望远镜成功地发现了一个星体，后命名为海王星。

但科学的成功并不总是光顾勒维耶。因为当时人们还发现有一个现象无法解释，那就是水星近日点的进动。按照勒维烈的观测和计算结果：水星近日点每百年的进动大约比牛顿引力理论计算值多出 40 角秒。于是在 1845 年，他提出，水星的这种反常运动是受到一颗尚未发现的行星的影响，他把这颗行星命名为“火神星”，但是人们始终未能观测到这颗火神星。之后人们提出了许多设想来解释水星的进动现象，但始终没有收获，直到爱因斯坦相对论的提出，才最终解决了这一问题。从这两个科学史的案例可以看到，“火神星”和“海王星”的命名过程很相似，都是根据星体运行轨迹的异常情况推测出存在着其他星体的可能性，但结果却完全不同。由于“火神星”没有对应的指称对象，就成为了一个空名。由此，可以把空命名理解为科学发现过程的副产品。

科学中的空名可以分为两类。一类是已被放弃的空名，如“以太”“燃素”等。这类空名是我们学习科学史时要熟悉和了解的内容，因为它们来源于历史上科学家们在探索世界的过程中的一些假设，后来被证明是错误的。这类空名的出现是科学研究中不可避免的情况，同时也为我们提供了一些科学研究的经典案例。另一类是类似于名称的空名，它们不是真正的名称，但具有名称的指称属性，如“最大的素数”“离地球最远的星体”等，这种空名尽管不具有实际的指称对象，但它可以帮助我们理解事物的某些性质，并引导相关的研究。

其次，是人文历史领域中的空名，如“精卫填海”这一典故。显然，这一故事是虚构的，其指称对象“精卫”是一个空名，但这一故事反映了历史上民间传说中所表现出来的某些情感和意象，具有某种启发和教育意义的。

总之，空名是根据某种现象，对存在某种事物的一种猜测，只具有意向意义而不具有指称对象的一类名称，但要否认空名不具有任何含义，以至于完全否认空名有着一定的价值，将意味着我们会放弃某种信念的东西。因为在科学研究过程中，我们对事物的认识，总是一个从假设到检验的过程，从语词的意义上讲，总是一个从意向意义到意义充实的过程，如果拒斥空名，也就拒斥了意向意义。如此一来，科学也就拒斥了假说这一重要的方法。

四、语词组合与语境推理

一个语词或句子的意义的实现必须有意向意义，在此基础上进行意义充实。可以说，意向意义是指称的必要条件，但这并不是说每一个意向意义都包含一个指称，或者甚至所有这些意向意义都想要包含实际上包含的指称。因为假如没有指称对象，严格地说，就没有指称。通常，作为意向意义相对来说是未确定的。

我们在表达之前只是有某种表达的想法，同样也有某种表达的意向指向，但究竟如何表达。在意义充实前并未见诸声音或手势语言。相反，在我们看到“一只蝴蝶落在玫瑰花的花瓣上”这样一个事实，并且想要描述它时，我们需要通过范畴活动的空洞意向在意识中向自我提问：“眼前的‘这个’是怎么回事？”这时，范畴直观的逻辑形式通过各种感性直观获得这一事实的各种规定性，它可以通过不同的谓述语句表达出来，形成诸多的“……是……”的语句。在此基础上，我们才能形成更为复杂的句子。但是在表达时，语词并不是按照某一固定的语法规则简单地组合在一起，而是通过语境有选择性地进行筛选，来完成意义的意向构造。

意向意义是语义构造的动因，没有它就没有指称点，也就没有意义的充实过程。所以，在我们说语义的构造时，首先是它的“意向侧显”。这个意向侧显决定了我们要去描述事物的哪个方面。对上面的例子来说，我们可以描述蝴蝶，也可以描述玫瑰花；同样，我们既可以把注意力集中在蝴蝶是昆虫这一属性上，以及集中在玫瑰花的蔷薇科落叶灌木植物的属性上，也可以将目光集中在蝴蝶和玫瑰花的颜色上或形状上等。在意向意义确定后，在感性直观的引领下，我们要运用我们的感知，以及使用我们已掌握的语词来进行意义充实，在这个过程中，我们通过感知活动和语境推理，选择更为恰当的语词组成语句。按照“意义构成性”的观点，复杂意义是由简单意义构成的，当我们知道了语言的句法和语词字面意义的成分，我们就能决定复杂的表达。例如，当我们理解了“狗”和“吠”，就自然理解了“狗吠”。而对于语境论来说，每一个构成成分的表达都把它的意义整体归属于它的复杂成员。那么，假如你理解了“狗吠”，因而你也就知道了“狗”和“吠”的意义。事实上，这两种理论的说明都是非常容易理解的，即“狗吠”的意义伴随产生“狗”和“吠”的意义，因为“狗”和“吠”的意义是“狗吠”的意义的部分；并且，同样的理由，“狗”和“吠”的意义伴随产生“狗吠”的意义。① 但究竟谁更有说服力呢？

我们使用的语言实际上是在各种不同的语境中，通过不同的用法事件产生的，经过一种规约化活动使得语词在某一语境的意义逐渐成为一种字面意义。而我们使用语言时，是把语词过去在某一语境中的用法所形成的语言字面意义重新按照新的语境进行组合。当然，这种语境中的组合伴随着语境推理，通过推理决定在当下的语境中，某些语词的使用是否合理。我们知道，无论从构成论还是语境论来说，“狗”“吠”或“狗吠”都显现了“狗”的一种状态。从中国语言来看，“吠”字，本身就让我们联想起“犬类”。像“吠”这样的词就是语境依赖

① Borg E. Meaning and Representation [M]. Oxford: Blackwell Publishers Ltd., 2002. 73-74

的，按照巴萨露（Lawrence W. Barsalou）的观点，如英语中的“篮球”（basketball）可以让我们想到一个悬浮在上面的一个“篮子”。① 尽管这种语词的旧的语境特征很明显，但我们仍然可以根据新的语境推理来重构语词，使得它有新的意义。

这种语境推理在隐喻中表现得非常普遍②，正如我们在隐喻与语义的意向构造部分提到过的，按照拉考夫的观点，所有语言是隐喻性的。这里不应该把隐喻只是简单地看作是语言的一种特性，“相反，它渗透了我们的日常生活。不仅在语言方面，而且在思想和行为方面”③。无论是语词还是语法都是按照隐喻的方式建构起来的。隐喻的一个重要的特点就是对语词的意向构造，也就是把一个在原有语境下形成的语词，在一个新语境下进行使用而获得一种新的“偏离意义”。我们知道语词“吠”是表达“狗叫”，这是在表征狗的语境中。如果我们说“希特勒在狂吠”，这个句子就是一个隐喻，它所表达的是希特勒丧心病狂，像疯狗一样的状态。也就是说，在这个使用中，我们打破了这个语词在过去使用时的旧规则，它既不是简单地从“希特勒”和“叫喊”以及“狗”和“吠”的含义去组合它们的意义，也不是单纯地考虑从整体上给予单独语词以意义。而是把“希特勒”和“叫喊”以及“狗”和“吠”这些语词，拿到一种新的语境下进行语境推理。这个语境既不是单纯的描述人的行为的语境，也不是单纯的去描述动物“狗”的语境，而是把这些已有的词放在一个新语境中，然后通过一种推理，选取更恰当的语词来构造新的语义。如果我们按照胡塞尔的观点，把对希特勒的叫喊和对狗吠的“关注”看作是直接通过“我思（看）”而分别指向两个客观（意向）事物的话，那么一条我思的“射线”从“我”到“希特勒的叫喊”，而另一条“射线”则是从“我”到“狗吠”。每一条“射线”都体现了一种“侧显”，在这两条“射线”所分别形成的“语义场”之间的“叉集”就是一个新的语义场。在这个语义场或语境中，我们获得这样一个表达：“希特勒在狂吠。”

它的“关注点”直接地“通过”每一种活动的“我思”而指向某种客观（意向）事物。每一束新的我思射线从一种我思延续到下一个我思，随着每一种新的我思而重新延续下去。然而，自我是某种同一物。每一种我思都属于自我，而自我属于每一种精神活动。纯粹的自我是内在的，它不隶属于意识流。同时，

① Barsalou L W. Context-independent and context-dependent information in concepts [J]. Memory Cognition, 1982. 10 (1). 82

② 郭贵春. 科学隐喻的方法论意义 [J]. 中国社会科学, 2004 (2). 92-101

③ Lakoff G, Johnson M. Metaphors We Live in [M]. London and Chicatgo: The University of Chicago Press, 1980. 3

它又是超验的。因为它是某种剩余物，它不容易被还原为意识流，也不容易成为纯粹的现象。

同样，当亚里士多德说“太阳播撒着阳光”时，“播撒”已不在指称谷物种子的播撒，而是有了新的、特别的意义。它描述了我们在一个特定的时间如何去看太阳，而不是别的什么东西。当把“sow”（播撒）这个词投射到一个新空间时，这个新空间就是一个新语境，心智（mental）空间的理论允许我们保留它的规约意义。这个空间是在我们关于太阳的经验的基础上被探明的。在这个新空间中，太阳具有了播撒者的某些特征，播撒者也具有了太阳的某些特征。因此，新空间促成了概念的融合。[①] 在这里，心智空间为意向语境提供了一个活动的范围，使得我们可以把我们的“思的目光”投向不同的语境或意境。意境是中国传统美学思想的重要范畴，它强调文学或艺术作品是通过时空境象的描绘，以实现“情与景匯，意与象通”的艺术境界。意境与语境之间有很多联系，意境的构成是以时空境象为基础的，是通过对境象的营造和运用以达到一种美的境界。意境由于借助于时空境象来实现，所以更侧重于视觉直观。而语境作为语义形成过程中的作用因素，既有时空境象的因素，也有语言层面的关联（context）以及意向语境。意境注重视觉涵义，而语境则注重语言意义。实际上，这两者都具有意向指向。正是由于这种指向不同才产生出不同的“境界”。境界更突出人的意向指向的能力，通过这种能力把文学艺术的创造和欣赏提升到一个新的“心智空间”中。

国学大师王国维在《人间词话》中，对意境理论有着独到的见解。他强调“词以境界为最上，有境界则自成高格”[②]。他认为对于境界来说，“有造境，有写境，此理想与写实二派之所由分。然二者颇难分别。因大诗人所造之境，必合乎自然，所写之境，亦必邻于理想故也”。无论是造境还是写境都是以真实的意向对象为基础的。只是在艺术大师那里，能使所造之境与现实之境合为一体，水乳交融。意境高在于人的意向指向的升华，从现实的层面到思想的层面。思想要求语言精练、涵义深邃，在马赫那里是“思维经济”原则。无论是科学还是艺术都强调“思维经济”，即用尽可能少的思维，描述尽可能多的经验事实。要做到这一点，在描写事物和表达思想时，就需要通过意境，达到“言简意赅”“画龙点睛”的效果。所以，王国维在谈到宋祁的《玉楼春》（春景）中的“绿杨烟外晓寒轻，红杏枝头春意闹”时，点评到“著一‘闹’字，而境界全出”[③]。从语境的角度来看，这个“闹”字，恰恰成为描写“春意”的“指称点”。“闹”

---

① Holme R. Mind Metaphor and Language Teaching [M]. Basingtoke: Palgrave Macmillan, 2004. 18

② 王国维. 人间词话 [M]. 北京：中国人民大学出版社，2005. 1

③ 王国维. 人间词话 [M]. 北京：中国人民大学出版社，2005. 3

在这里是一个隐喻的写法，既比喻“热闹”，也有春天来临，万物复苏的“闹”。我们看了这个“闹”字肯定会想到一个春意盎然、杏花吐艳、蜂飞蝶舞的景象。一个“闹”字，把原本属于语境的东西，也赫然显现在我们面前，使我们通过这个语词窥视到一幅春天的全貌。这里，我们可以选取不同的语词来代替“闹”字，之所以选取它，是由诗作者进行创作时的语境推理有关。

这里，隐喻的结构所引起的意义与涵义以及意义与指称的关系，打破了弗雷格的涵义和指称对象划分的框架——涵义不再是指称的直接的显现方式，而是在另一个意向空间中通过类比模型的方式显现出来。太阳所具有的播撒的属性是通过我们对农夫播撒种子的属性显现出来。春天的繁荣景象是通过杏花枝头的“动感”显现出来。而在语言的规约用法中，当一个意向意义包含一个潜在意义时，如果存在着一个真实的指称对象，潜在指称就成为一个真实（actual）指称。① 但在隐喻用法中，通过涵义我们是无法确定指称对象的，或更确切地说，我们无法直接确定指称对象。由于隐喻的“涵义”是借助于类比显现出来的，所以，它的指称方式只有通过类比关系才能获得。

所以，语义构造依赖于我们对事物的把握和了解和各种复杂的因素，因而单纯的事实并不能决定语言表达。决定语言表达依赖于我们的意向、知识背景及客观的事实或事态。而这些方面成为我们表达的一个语境。因此，意向对象永远不可能是中性的，它总是被人们过滤、筛选。在筛选的过程中，我们使用各种概念和知识，目的是尽可能准确地表达事实或我们的思想。由于每个人对事实的认识以及对语词的掌握是不同的，特别是意向语境不同，所以，表达事实和思想的角度就不同，也就存在着不同的解释。诠释学所强调的就是从文本的多重视野中来审视文本，通过发现它的各种意欲语境，从而更为全面地理解文本。

---

① Hill T E. The Concept of Meaning［M］. London：George Allen and Unwin Ltd.，2002. 177

第六章 真之语境分析

“真”（truth）的问题是哲学的一个基本问题，在古希腊时期就受到哲学家们的重视。从柏拉图开始，人们就把真和知识联系在一起，把知识看作是真信念加上一些东西，其目的是使信念成为有正当性的或有保证的。但长期以来，关于“真”的问题一直为人们所研究和探讨，弄清楚这一问题对于把握语言与世界的关系具有重要的意义。

第一节 “真”之问题及其解决途径

“真”到底是怎样一个词？当我们说某一命题是真的究竟意味着什么？在西方哲学中，关于“真”的理论大致有以下几种：符合论（correspondence theory of truth）、融贯论（coherence theory of truth）、实用主义理论（pragmatic theory of truth）、证实（辨明）主义理论（justication）、紧缩论（deflationary theory of truth）、极小理论（minimal theory of truth）等。符合论是最古老的理论，在亚里士多德那里就已经发展为具有明确定义和广泛运用的理论。亚里士多德认为，“说是者不是，或者说不是者是，就是假的，而说是者是，或者说不是者不是，就是真的”①。20世纪的语言哲学家，罗素、摩尔和早期的维特根斯坦等许多人都赞成这种观点。而融贯论则出现较晚，它得到莱布尼兹、斯宾诺莎、黑格尔等哲学家的赞同。20世纪维也纳学派的成员纽拉特（O. Neurath）、亨普尔等也赞同这种理论。在当代语言哲学和科学哲学中，这种理论表现为“整体论”（holism）。实用主义的真理论主要是由美国的皮尔士（G. S. Peirce）、詹姆斯（W. James）、杜威（J. Deway）等所提倡，经过演变以后和其他理论结合在一起。比如在亨普尔、蒯因、戴维森等的观点中，就表现了整体论和实用主义观点的联姻。而达米特则坚持一种反实在论（anti-realism）的真之证实论。② 紧缩论者则认为，并没有相应于“真”的实在，所以，它是一种关于真的消除论或反实在论，但它强调“真”这个词具有一种极其有用的“逻辑”或“表达”作用。③

那么，如何能够从这些纷繁的观点中理出一条理解“真”的思路呢？林奇

---

① ［古希腊］亚里士多德．形而上学［M］．吴寿彭译．北京：商务印书馆，1959. 79

② 徐友渔．哥白尼式的革命［M］．上海：上海三联书店，286-287

③ ［美］戴维特 M. 真之形而上学［J］．王路译．世界哲学，2006（2）．38-39

认为，从关于“真”的看法上，可以划分为“真”的“实在论”和“反实在论”两种基本的观点。形而上学的多元论和符合论属于前者，而认识论的融贯论、证实论和紧缩论则属于后者。[①]“实在论”认为，客观实在性的某些方面必须完全是一个确定的方面。当命题所说的如事物所是时，一个命题为真，反之，命题为假。命题的真或假只依世界而定，而不依赖于我们关于世界的思想。实在论关于真至少暗含了两个约定：①真是一种有些命题具有而有些命题没有的有根据的（可靠的）属性；②真的概念根本上讲是非认识论的，也就是说，命题是否为真（在大多数情况下）不依赖于我或其他任何人相信或知道。[②] 在这个定义的限定下存在着几种实在论者的“真”之理论，最著名的有“真”之符合理论和形而上学的多元论。而反实在论关于“真”的看法主要表现在以下两个方面。一方面，人们可能否认“真”是一个命题、信念、陈述，或相似的真实特征。这种观点被称为紧缩论（deflationary），因为它们除了辨别出一个世界的真实特征之外缩小了“真”的概念对其他方面的作用。另一方面，人们可能坚持命题的真——像坚持符合论一样——不是由与“在世界中”的某些事物的联系构成的，而是由我们的经验和概念图式中一定的认识论状况组成的。“真”是根据认识论的观点来定义的：对于一个命题或信念为真是由于在一定意义上它被人们知道、辩护，或证明。这种观点被称为反实在论的认识论说明。[③]

当然，戴维特则反对这种划分，他认为在相互对立的紧缩论和符合论之间，其区别还是不明显的。他认为出现这种情况其原因就是我们没有找到一个划分它们的好的标准。也就是人们没有充分注意到“真”之形而上学与“真”这个词的语言学之间的区别，因而没有充分注意到这些理论关于形而上学问题说些什么或应该说些什么。因此，“符合论”和“紧缩论”之间的区别主要表现在两方面的问题上：一是语言层面的问题，它主要研究的是“真”是不是一个谓词；二是形而上学层面的问题，它主要涉及当我们说“是真的”时，它是否需要有一个实在的事态和它相对应。戴维特认为，“紧缩论”和“符合论”都在语言学层面和形而上学层面来谈论“真”，只是它们谈论的看法和焦点不同。“紧缩论”和“符合论”之间在真这个词的语言学问题上的区别是相对清楚的。但是在关于真的形而上学的问题上的区别则相对模糊。“紧缩论”所关注的焦点是“真”这个词在语言学上的作用，即“真”这个词的实质和作用上，简言之，“紧缩

---

① Lynch M P. Truth in Context: An Essay on Pluralism and Objectivity [M]. Cambridge, MA: The MIT Press, 1998. 101-104

② Putnam. Meaning and Moral Sciences. New York: Routledge, 1978. 125

③ Lynch M P. Truth in Context: An Essay on Pluralism and Objectivity [M]. Cambridge, MA: The MIT Press, 1998. 101-102

论”确实是一种关于“真”的消除论或反实在论：它紧缩了“真”本身。根据紧缩论，没有相应于“真”的实在。既然没有相应于“真”的实在，关于“真”的实质就没有什么可说的了。而对于“真”这个词的“意义”，紧缩论者提供了各种各样的回答。例如，霍维奇（Paul Horwich）提出了一种“极小”理论。根据这种理论，“真的”是一个不寻常的“逻辑”谓词，是通过它在等价模式合适的个例情况中的用法来隐含定义的。而格罗弗（Dorothy Grover）则强调一种“代句子”理论。按照这种理论的解释，语词“真的”根本就不是谓词。确切地说，它是一种首语重复的“代句子”的一个助范畴部分。这里的代句子与句子的关系就如同代词与名词的关系。① 当然，在紧缩论谈论“真”这个词的说明时常常表现为是关于“真”的，这其中有使用和提及的疏忽甚至混淆；而符合论所关心的焦点是在“真”之形而上学上。因为符合论者在有关“真”的问题上是实在论者，所以，他们的焦点是放在了“真”之实质和作用上。“真”之符合论认为，一个陈述或信念的真就在于该陈述或信念与世界之间的某种符合。而且人们通常认为，“真”在形而上学中起重要作用。而“真”之证实论则认为，一个陈述的“真”就在于它是有保证可断定的、可证实的或某种类似认识的东西。而且，这被认为具有形而上学的重要性，因为它关于外在世界的断定带有反实在论的特点。

由以上所述，我们可以看到，无论是林奇的以实在论和反实在论作为分类的标准，还是戴维特从语言和形而上学两个层面去进行分析，都很难找到一条清晰的界限将它们隔开。正如戴维特所说的，由于“语言转向”，人们经常漫不经心地摇摆于谈论词和谈论世界之间。或者可以这样说，“语言转向”并没有从根本上解决语言和世界的关系问题。因此，人们在试图使用语言图式来解决哲学问题，包括“真”这样的问题时，总是会超出语言图式而涉及形而上学的问题。这也从另一个侧面说明，关于“真”的问题，既不是单纯地属于语言问题，也不单纯地属于客观实在的问题。所以，在理解“真”这个问题之前，我们有许多其他的工作要做。这样，如果单纯地从某一个方面入手，肯定是选错了方向。如果真是这样的话，那么，我们就应该回溯到源流上，去发现“真”的关联性。我们已经知道，亚里士多德最早对“真”有过详细地分析和论述，这是最早的符合论的定义。从这个定义中，我们可以看出，“真”就是“是其所是”。从“是什么”的角度去看，“真”与“是”相关，而“所是”则与本体的存在有关。

弗雷格曾经认为，“真”不能定义。当我们的语言表达了某种东西时，“真”也就一起被表达了出来。寻找可以应用“真”这一谓词的领域，不在物体方面，

① ［美］戴维特 M. 真之形而上学［J］. 王路译. 世界哲学，2006（2）. 40

而通常在句子方面，确实仅在断定句。① 从弗雷格的论述中，我们可以得出："真"这个词不是事物领域的东西，而是断定句的性质。那么它断定了什么呢？弗雷格认为，断定并不是断定一种事物的表象，因为事物的表象因人而异。另外，也不是断定一种表象与现实一致。因为这样一来，必须在一个给定的情况下确定一种表象与现实是否一致，这样就必然预先假设被定义者本身。同样，说"A 是真的，如果它有某种性质，或者说它与某物有某种关系"都是徒劳的。因为"真"是基始和简单的东西，是无法再还原的东西。对于弗雷格来说，"真"这一谓词实际上既不能赋予事物本身，也不能赋予表象，而应该赋予它模写某对象这一思想。而思想包括自然规律、数学定律以及历史事实这类东西。② 当然，这样一种表达只是强调当我们的断定句表达了上述内容时，这些句子就是真的。所以，一个句子要想为真，其断定的指称对象必须存在。如果一个断定句所断定的名称缺少指称对象，那么这个断定句就没有真值。这里不能简单地把指称对象等同于真值，因为这样一来，在句子的指称对象上，所有的细节都消失了。所以理解真值不能仅仅考虑指称对象，但是依靠纯思想也不能提供认识，而只有思想与其指称对象，即其真值一起，才能提供认识。③ 实际上，弗雷格已经认识到把指称对象等同于真值所带来的问题，但并没有将指称对象与真值进行细致的区别。实际上，无论指称对象是事物还是事态，它本身都既不真也不假，它只是提供了真假的条件，毋宁说，有了指称对象就赋予了一种真值。有了指称对象，一个用于指称的名称就不再是空名，由此名称所构成的判断就可以有所断定，也就有了真假。通过以上分析可以看出，"真"不在物体方面，真值也不能单纯地归结为物体方面，而是要归结为断定。

那么，是否有"存在"意义上的真呢？人们通常认为海德格尔所强调的是一种存在之真理。海德格尔的确认为，真理的本质揭示自身为自由。自由乃是绽出的、解蔽着的让存在者存在。也就是存在者整体之敞开状态。④ 他分析了传统的真理符合论的观点。提出传统的真理定义表明了符合的这一双重特性：一方面真理是知与物的符合；另一方面真理是物与知的符合。前者是"命题真理"，而后者是"事情真理"。命题真理强调的是主体和客体相符合，从古希腊亚里士多德的"是其所是"到近代，都贯彻了这样一种真理认识。而事情真理则是起源于中世纪的上帝观念。他们认为：从物的所是和物是否存在来看，物之所以存在，是因为它们作为受造物符合造物主所设定的观念，因而在观念上是正当的，同时也是真实的。另外，对于人的理智来说，由于都是受造物，作为上帝赋予人

---

① ［德］弗雷格．弗雷格哲学论著选辑［M］．王路译．北京：商务印书馆，2001.179

② ［德］弗雷格．弗雷格哲学论著选辑［M］．王路译．北京：商务印书馆，2001.182-186

③ ［德］弗雷格．弗雷格哲学论著选辑［M］．王路译．北京：商务印书馆，2001.98-99

④ ［德］海德格尔．海德格尔存在哲学［M］．孙周兴，等译．北京：九州出版社，2004.94-96

的一种能力，它必须满足上帝的观念。作为物（受造物）与知（上帝）的符合的真理保证了作为知（人类的）与物（创造的）的符合的真理。总之，人们认为真理本质上无非是指这种符合：命题真理的本质在于陈述的正确性。事情真理也总是意味着现成事物与其“合理性的”本质概念相符合。① 但陈述如何与物符合一致呢？在海德格尔看来，两者是无法符合的。从表面上看，这两者相关的东西是不一致的。因为物是现实的存在物，而陈述根本就不是物。

如此一来，在“是其所是”中，陈述全然不同于任何一物的本质何在呢？由此可以得到：这种符合和适当的本质不可能是不同的物之间的物性上的同化，毋宁说，这种本质取决于在陈述与物之间起作用的那种关系的特性。那么，这个关系的特性是什么呢？海德格尔认为，当陈述表象一物时，有所表象的陈述按照被表象者所是的那样去说，此时，表现者和被表象者处于一种敞开之境。这种敞开者在早先的西方思想中被经验为“在场者”，长期以来被称为“存在者”。② 对于这些存在者来说，真理之本质就是作为在敞开之境的可敞开者的自由敞开状态，即真理的本质乃是自由本身。“真理”并不是正确命题的标志，并不是由人类“主体”对一个“客体”所说出的，并且“有效”的命题的标志；不如说，真理乃是存在者之解蔽，一切此在都此解蔽中绽出自身。③ 在此基础上，海德格尔对真理问题做了进一步的分析，认为真理之本质问题来源于本质之真理的问题。在真理之本质的理解中，我们首先是在“所是”或实在的意义上来理解真理的本质，而把真理理解为知识的一个特性。具体地说，理解为陈述的特性。在本质之真理的问题中，我们把本质一词看作动词解，这个本质不是一种关于存在者的，而是一种在（是）的本质。④ 这样一来，“是其所是”中的“是”就不能简单地理解为命题所是，即一个系词。系词在句子里不仅仅是一个联结的符号，联结的概念，它还指示了被联结者植根于何处，指示了一种原因或根据。⑤ 这个指示了一种“在一起”的“是”必将表达一种综合，在对存在者的表达中，起着展示作用的陈述所意指的就不仅仅是泛泛的存在者，而是在其被揭示性中的存在者。陈述对象之存在借此才得以被揭示。⑥“是”成为对象及陈述者共在的显示。由此一来，我们对“是其所是”就有了一种不同于以往的理解。同时，我们对“真”的分析就可以沿着“是”与“存在”关系的思路来进行。

---

① ［德］海德格尔．海德格尔存在哲学［M］．孙周兴，等译．北京：九州出版社，2004. 82-84
② ［德］海德格尔．海德格尔存在哲学［M］．孙周兴，等译．北京：九州出版社，2004. 85-86
③ ［德］海德格尔．海德格尔存在哲学［M］．孙周兴，等译．北京：九州出版社，2004. 93
④ ［德］海德格尔．海德格尔存在哲学［M］．孙周兴，等译．北京：九州出版社，2004. 104
⑤ ［德］海德格尔．现象学之基本问题［M］．丁耘译．上海：上海译文出版社，2008. 248
⑥ ［德］海德格尔．现象学之基本问题［M］．丁耘译．上海：上海译文出版社，2008. 282-285

第二节　"真"与"谓述语句"的关系

对于什么是真，塔斯基给出了一个定义的适当性标准，它有以下表述形式："'雪是白的'是真的，当且仅当雪是白的。"这个定义是在坚持古典的亚里士多德的"真"概念的基础上提出的。如果把它形式化，考虑任意一个句子，我们用字母"p"来代替它；构造句子的名称，我们用字母"X"来代替它，那么，就有下面的等值式成立：

（T）X是真的，当且仅当p。

对于任何这类等值式（其中，"p"可以用语言中的任何由"真的"这个词所指称的句子代替，"X"则可由这句子的名称代替），我们将其称为"（T）型等值式"。但塔斯基的这个"真之条件"的语义学定义，"仅仅对于那些具有被精确规定之结构的语言来说，真理定义的问题才获得另一个精确的意义，并且才可能以一种严格的方式得到解决"。[①] 而对于像"亚里士多德（用希腊语）所说的一切都是真的"或"通常的条件式真值表示任何前件假的条件式是真的"这样的语句时，真一般是不能定义的，也就是说，我们无法定义"对所有语言L和L中的所有句子s是L中真的，当且仅当……s……L……"[②]。正如戴维森所说的，塔斯基在解决了一个问题的同时，也强调了另一个问题："给定了他所接受的制约，他并没有并且也不能定义真或完全说明真的特性。"因此，如果在我们还没有看到"真"的问题的一般解决方案，就陷入到某一具体理论的论证。毫无疑问，这种论证即使有意义也是片面的。所以，回到"真"之理论一般形式的探讨上来，对于我们厘清塔斯基真之理论的哲学意义具有重要的作用。

现在让我们来比较这两种类型的语句：①"'雪是白的'是真的"和②"'亚里士多德说的话'都是真的"，看看它们之间有什么不同。我们可以看到，按照塔斯基的理论"'雪是白的'是真的，当且仅当雪是白的"是一个等值式，也就是可以脱括号。而"'亚里士多德说的话'都是真的"则不具有这种等值式的形式。所以按照戴维森的观点，如果人们认为塔斯基的"真"之定义对特殊的语言与世界的关系做了一些说明的话，但不能认为他已经告诉我们有关"真"这个概念所有要知道的，因为他还没有告诉我们他那些特定语言的"真"之定义所共同具备的那个概念是什么。[③] 也就是说，他本人并没有为我们提供定义"真"的一般形式。那么，为什么句子①具有一个真的等值式，而句子②却没有

---

① ［美］马蒂尼奇A P. 语言哲学［C］. 牟博，等译. 北京：商务印书馆，2004. 90

② ［美］D. H. 戴维森. 试图定义真乃是愚蠢的［J］. 王路译. 世界哲学，2006（3）. 93

③ ［美］D. H. 戴维森. 试图定义真乃是愚蠢的［J］. 王路译. 世界哲学，2006（3）. 93

呢？我们知道句子①"'雪是白的'是真的"中"雪是白的"是一个命题或陈述，而句子②"'亚里士多德说的话'都是真的"中的"亚里士多德说的话"则不是一个命题或陈述。也就是说，只有判断才有真假。在句子①中，真这个词能够起它的逻辑作用，因为它产生一些等价式，如"'雪是白的'是真的"和"雪是白的"之间的经典等价式。当这个词加到一个陈述的引语名字上时，它产生一个和这个陈述等价的陈述。然而，正像塔斯基所说的那样，在上面的例子中，我们不说"雪是白的"是真的，当且仅当雪是白的是一个事实。而可以把"是一个事实"作为空洞无意义的东西简单地省略掉，从而把语句与事实本身联系起来。这样，"'雪是白的'是真的，当且仅当雪是白的"这个表达中，把真归于句子即是把白归于雪，这体现了符合。奎因认为，"真"的归属恰恰取消了引号。"真"即去引号。因此，在把"真"归于一个给定的句子时，"真"这一谓词就成了多余的；你可以仅仅说出这个句子就行了。但是对于没有给定的句子，"真"却是需要的。[①] 也就是在这种情况下，"真"是无法省略掉的。

沿着蒯因的分析我们会发现，关于真的问题并不是传统符合论和紧缩论所认为的那么简单，原因在于对于句子②的情形已经超出了它们的解决范围。让我们重新审视弗雷格对这一问题的看法，在《思想》这篇文章中，弗雷格就明确地否定了真理是符合的观点，在他看来，一幅画作为纯粹可见的、可触摸的东西究竟是不是真的？一块石头、一片树叶不是真的吗？但是当我们没有某种目的时，我们就不会说这幅画是真的。所以，这幅画应该表达了某种东西，表象也不能根据自身而被看作是真的，当我们比较一个表象和另一个表象时，它们如果一致就是重合的，或者说相等，如果一个表象和一个现实的东西比较，那么，它们之间是无法一致的，也就无法有真。[②] 原因在于表象属于个人意识，而与现实是不同的。但这并不支持戴维森的真之融贯理论，因为这样一来，可能会割断思想与实在之间的关联。实际上，戴维森的真之融贯理论并没有给出多少令人信服的论证，而他的出发点是建立在对弗雷格的下述理解上："弗雷格说，只有在语句语境中，一个语词才具有意义；他也许还会以同一口吻补充说，只有在语言语境中，一个语句（因而一个语词）才会具有意义。"[③] 从某种意义上说，戴维森的真之融贯理论是建立在这样一种误读的基础上的[④]。

---

① ［美］威拉德·蒯因．真之追求［M］．王路译．北京：生活·读书·新知三联书店，1999.71

② ［德］弗雷格．弗雷格哲学论著选编［M］．王路译．北京：商务印书馆，1996.1

③ ［美］唐纳德·戴维森．真理、意义、行动与事件［M］．牟博译．北京：商务印书馆，1993.7-8

④ 在弗雷格的《算术哲学》中，弗雷格经常使用 bedeutung 来表达指称对象的，因此，应该把它以为 referent，但在许多英译本中，却都把它译为 meaning。参见：Frege G. The Foundation of Arithmetic. trans by Austin J L，Basil M A. New York：Blackwell Ltd.，1980. 60，Introdution19。而戴维森正是在这种意义上去理解弗雷格的"bedeutung"一词的

弗雷格在明确反对符合论的同时，揭示出了一个更为深刻的问题，那就是，对确定存在的东西，如果没有某种目的，我们就不能确定到底什么是“真”的。这种目的可以看作是一种意向指向。只有在意向指向的条件下，我们才能知道我们究竟要判定的是什么。在艺术作品中，我们常常碰到赝品，如果一幅画是赝品，它的反义词是真品或正品。但赝品本身确实是真实存在的，它可能是一幅画，也可能是某种其他作品。所以，当我们说“这幅画不是真的”，并不否认它是一幅画，而是说它和一个相应的真品比较时是假的，因此，存在的并不就是真的，所以，“真”不是存在的一种属性，而是判断句所具有的一种意义，弗雷格称之为“思想”①，一种上升到概念性的东西。现在的问题是，判断所包含的意义是什么？在弗雷格看来，判断的意义与其他语句如命令句以及愿望句的意义是不同的，它们尽管有意义，但并不表达思想。疑问句是意义不完整的，也不能表达思想，只有判断才表达思想，思想不是被人创造的，而是已经存在着的，被人捕捉、掌握、抓住、辨别出的。② 一句话，是通过人显现出来的。如果没有人的发现，思想只是被遮蔽着，只有人才使得思想得以显现。它是由谓述语句构成的。而每一个谓述结构都是由“是”作为连接的。“是”这一语词有着特殊的重要意义，用戴维森的话说，它引发了两千多年来依然未能得到解决的问题，在形而上学层面上就是个体如何与性质相联系，在语义层面上，表现在主词与谓词是如何联系的。③ 而语言问题与形而上学是无法分离的。从语言上分析，“是”构成谓述结构，当我们说出一个真判断时，“是”把人的意向（类似于弗雷格所说的目的）和事物相关联，显现了人与事物的共在关系，并且把人的意向目光引入到这种关系中。其中，“是”构成了对某一指称对象或事态的侧显，当我们说“雪是白的”，“是”这一语词把我们的意向集中到雪的颜色上来，或者说，雪向我们侧显出它的颜色，这时，“真”就依附在这一侧显的判断中，并成为一种思想。所以，当我们的判断表达了思想，“真”这一词就成为多余的了。而对于“‘亚里士多德说的话’是真的”这个句子，由于对“亚里士多德说的话”并未作任何属性的描述，或者说，它未向我们侧显任何东西，没有构成任何判断，所以，它的真是无法确定的，因而“是真的”是无法去掉的。

归结起来，我们可以作如下分析：首先是关于“真”的性质。符合论（实在论）认为，真这个谓词是语词和世界之间的一种中介。真的是句子，但是句子的真在于世界如同句子所说。因此，在调整语义上溯的过程中使用真这个谓词。

① ［德］弗雷格．弗雷格哲学论著选编［M］．王路译．北京：商务印书馆，1996. 184-185

② ［德］弗雷格．弗雷格哲学论著选编［M］．王路译．北京：商务印书馆，1996. 192

③ ［美］唐纳德·戴维森．真与谓述［M］．王路译．上海：上海译文出版社，2007. 85

真这个谓词尽管清晰明了，但若证明它有用到必不可少的程度，则似乎是荒谬的。① 符合论更多的是从塔斯基对命题和陈述的真之等值式来进行分析的。而紧缩论（反实在论）则认为，如果一个谓词是“名副其实的”，仅当不能从我们的论述中消除它。相反，假如我们能够消除真值谓词，并且仍然能说想要说的（即使在通常假说的意义上的“能”），那么，就没有必要认为它表达了一种属性，相反地，只是担当一种保证和概念化的手段。② 按照拉姆塞的观点，句子“恺撒被暗杀是真的”意味着不比句子“恺撒被暗杀”多什么东西。（这里混淆了语言层面和形而上学层面）对拉姆塞来说，“是真的”对原来的主张是“一个明显多余的部分”③。

但实际情况并非如此。真作为句子的性质与实在世界是什么关系呢？如果我们从“谓述语句”和存在的关系角度来看我们说一个句子是真的，就等于说，这个句子所描述的事态是存在的，即“恺撒被杀害”是真的当且仅当“恺撒被杀害”这一事态存在。如果“恺撒被杀害”不是一个事实，那么，“恺撒被杀害”是真的就是错误的。如果我们断定一个事态存在，按照康德的观点，“存在（是）”不是谓词，它不能给主词增加任何属性，因此现实的东西所包含的绝不会比单纯的可能的东西更多④。但尽管它没有提供什么现实的属性，但它为我们提供了许多潜在的属性。如果我们所断定的事态不存在，就不可能出现与之相关的潜在属性。假如“上帝存在（是）”是一种现实，我们可以在这个“是（存在）”的后面加上适当的词而构成谓词，来对上帝做出判断，或者说，它必然地能形成某一谓述判断。由此可以看出，尽管“是（存在）”不是谓词，但它可以起连接作用构成谓词。或者说，尽管“存在”没显现什么，但它总是可以通过“是”显现的，前提是这种存在是一个事实，所以真提供了一个陈述的事实性。

其次是关于“真”的作用。符合论者（实在论者）认为“真”这个词具有一元关系谓词的标准语义，即在某种世界理论中有一种实体性的描述作用，并且也同意紧缩论者关于“真的”这个词的逻辑作用。当然，他们不赞成真这个词的意义紧缩论，无论是霍维奇、还是格罗弗以及其他任何变型理论。而紧缩论者将坚持真这个词没有其他作用而只有逻辑作用；特别是，它没有一个规范谓词的“描述”作用。假如“真的”这个词不能在陈述、命题或相似的句子中找到一种属性的话，那么它用于什么功能呢？这是紧缩论在语义学方面提出的问题。对

---

① ［美］威拉德·蒯因．真之追求［M］．王路译．北京：生活·读书·新知三联书店，1999. 72-73

② Lynch M P. Truth in Context：An Essay on Pluralism and Objectivity ［M］. Cambridge，MA：The MIT Press，1998. 116

③ Lynch M P. Truth in Context：An Essay on Pluralism and Objectivity ［M］. Cambridge，MA：The MIT Press，1998. 113

④ ［德］康德．纯粹理性批判［M］．邓晓芒译．北京：人民出版社，2002. 476

此，我们发现多种答案：第一种，按照斯特劳森的《行为理论》中所说，例如，明显地把真归结为陈述或命题实际上是非断言性的行为话语。当我说“我保证做……”时，我不是在描述某一事情，而是在完成一个行为。第二种情况是蒯因所说的，真值谓词是纯形式的，它使得我们通过“语义上溯”，在句子或陈述上面进行概括。通过使用谓词“真的”，我们可以简单地说“p 或非 p”的每一种陈述式都是真的，而不需要分别断言每一种陈述式。[①] 而根据我们前面对“谓述语句”和存在关系的分析，真就是对“是其所是”的肯定。不论是哪一种句子(前面提到两种句子)，都是适用的。只是在含有命题或陈述的句子中，通过一个思想的表达（真判断），“真的”一词的逻辑作用被削弱，但它只有在等值式中才能被省略。但不论在哪种句子中，它都起一种断定的作用，断定了其描述的事实性。

最后是关于“真”的定义问题。戴维森认为，塔斯基的真之定义是一种形式上恰当的定义，但也只是一个真的部分定义，它并未解决真的一般形式问题。而对于像“‘亚里士多德说的话’都是真的”这类句子，它的真是无法定义的。实际上，塔斯基的真之理论只是说明了在什么情况下，我们可以证明它为真。或者说是“成真的充分必要条件”，从这个意义上讲，尽管它是对含有命题或陈述句的形式做出分析的，并且具有一定意义，但它并未给出什么是“真”的定义。如果我们把“真”看作是某种对“在场”的显现而不仅仅具有和“存在”相类似的地位，那么，真则是通过“是”对某种思想做出的断定。确切地说，存在并不直接涉及真与假，但由“是”所构成的谓述结构却直接涉及真与假。

正因为真是对思想的断定，所以，“真”是一种在场性的，或者说是境遇性的，它与主体意向指向的显现相关联，没有人的意向指向，我们就无法谈论真。从语言意向的角度看，真是语境关联的。因此，分析“真”的语境关联，有助于我们对真的理解。

第三节　“真”的语境关联性

之所以说真是语境的，是因为真必然涉及命题或陈述与事实的关系。然而，无论是命题、陈述还是事实都是依赖于语境的。按照内容相对主义的观点，人类的存在不只是物质上（physically）的，更重要的是概念上的。思想总是内在于一个概念网络。巴萨露认为，概念有两种属性，一种表现为语境独立的，它形成了语词

① Lynch M P. Truth in Context：An Essay on Pluralism and Objectivity［M］. Cambridge，MA：The MIT Press，1998

的核心意义，另一种表现为语境依赖的，它是语义的编码变异性的根源。[①] 实际上，前者通常成为语词的字面意义，而后者则主要表现为话语中的意义。从这一意义上讲，语词的使用都是语境依赖的。任何命题都包含一个固有的（implicit）标准或涉及一个概念图式。当我们说“雪是白的”，无论它是否为真，都相对于某一概念图式 C。也就是说，我们在这里所指称的不是它的构成成分或形状，而是它的颜色。我们只有在能正确分辨出各种颜色的基础上，才能理解这个陈述的意义。所以，我们的主张和思想只有通过指涉一个它们赖以形成的概念图式时才能被理解。从这种意义上讲，命题的真值条件也是内在于一个概念图式的。当然，这个概念图式本身产生于我们生活的历史语境。[②] 林奇认为，任何事实和命题都是相对于某一概念图式的。在这一点上，形而上学多元论的观点和它的真的形而上学是一致的。[③] 真涉及世界存在的方式。形而上学多元论是一种关于终极本体论的相对论。它同关于真的形而上学观点是一致的。由于它坚持世界的存在方式是相对于一个图式的，所以，它坚持真是相对于一个图式的。由于每一个事实都是相对的，所以，任何真命题也是相对的。[④] 戴维森也把真看作是一种相对的特性。他认为，“我们能够把真理看作是一种特性，这种特性不是语句的特性，而是话语（utterance）的特性，或言语行为的特性，或关于语句、时间和人的有序三元组的特性，而恰恰把真理看作语句、人与时间之间的关系，这是最简单不过的了。”[⑤] 当然，戴维森在这里更多的是考虑指示词“我”在不同时间的使用问题，例如，“由 p 在时间 t 所（潜在地）说出的‘我疲倦’是真的，当且仅当 p 在时间 t 是疲倦的”。但他并没有认识到真之条件的语境性，不仅表现为时间，同时也表现为空间的，另外，还有概念图式以及意向的。也就是说，语境表现为三个方面：外部语境（时空）、内部语境（概念图式、上下文）和意向语境（意向性）。

由于人类的心灵世界涉及图谱和图谱的图谱，而不是自在之物，所以，一切人类的现象都可以被说成是抽象物，它们的真值取决于显现（appearances）。虽然贝克莱的格言——“存在就是被感知”，是明显错误的，但如果我们从显现的角度来看，人类的感知经验和知识都是同人自身与周围环境的作用分不开的，都具有人的境遇特征，即使是被称作自然科学的知识也具有这个特点。在外部世界

---

① Barsalou L W. Context-independent and context-dependent information in concepts［J］. Memory Cognition, 1982. 10（1）. 82-93

② Lynch M P. Truth in Context：An Essay on Pluralism and Objectivity［M］. Cambridge, MA：The MIT Press, 1998. 55

③ Lynch M P. Truth in Context：An Essay on Pluralism and Objectivity［M］. Cambridge, MA：The MIT Press, 1998. 122

④ Lynch M P. Truth in Context：An Essay on Pluralism and Objectivity［M］. Cambridge, MA：The MIT Press, 1998. 22-23

⑤［美］马蒂尼奇 A P. 语言哲学［C］. 牟博，等译. 北京：商务印书馆，2004. 146-147

的事物内部和事物之间存在着无限多的可能和潜在的差异和关系，但只有其中某些成为我们人类理念（ideation）世界中“有效的”意义或明显的差异和成为信息。① 而这些就是我们语境选择的结果。

所有科学无非是对日常思维的一种提炼。“真实的外部世界”这个概念已完全依赖感觉印象。通常我们把感觉经验的存在看成是既定的，也就是说，认为它是一种特殊的心理经验。实际上，这种感觉经验就构成了语境的一部分。因为我们的感觉经验是受意向作用影响的，而意向作用则是“构成性的”复合体。胡塞尔认为，意向对象总是在连续的或综合的意识过程中不同地呈现自己，或者说，它总是从不同侧面显示自己。② 由于意向性的“侧显”作用，我们获得了关于世界的经验材料，而这些经验材料都是通过侧显获得的。所以，经验材料作为语境就在于它是人类意向的侧显。在此基础上来建立一个“真实的外部世界”。在爱因斯坦看来，在建立一个“真实的外部世界”时，第一步是形成有形物体的概念和各种不同的有形物体的概念。我们在头脑中随意地从大多数感觉经验中抽象出某些经验复合，然后赋予它们一个概念——有形物体的概念。从逻辑上考虑，这个概念并不等同于涉及的感觉印象的总和，而是人类精神的一种自由创造。但反过来，这个概念的意义及其辩护却要借助于这个感觉印象的总和。第二步是在我们的思维中，我们赋予有形物体这一概念一个重要意义，它既独立于感觉印象，同时也与感觉印象相联系，在感觉印象之间形成一种心理联系。通过思维手段（运用概念以及概念与感觉经验间的联系），使得我们的全部感觉经验能被整理有序。③ 爱因斯坦认为，科学的目的，一方面在于尽可能完备地从整体上理解感觉经验之间的联系，而另一方面在于通过使用最少原始概念和关系来达到这一目的，也就是逻辑的简单性。科学体系具有不同的概念层次。首先，科学关注原始概念的全体，即与感觉经验直接相关的概念以及把它们联系起来的定理。它构成了科学概念的“第一层次”。而“第二层次”是通过只把那些不再与感觉经验直接相关的概念和关系作为自身的基本概念，来达到其更高的逻辑上的统一。最后，是进一步追求逻辑的统一性。④

因此，我们创造了我们知觉的世界，从实在世界中编辑和选择，以便使它和我们的信念保持一致，和我们“有序的”视觉——事物之间有序的关系——保持一致。例如，欧几里得几何学也不是关于它所存在的空间，而是作为由人类的

---

① Dilley R. The Problem of Context［M］. New York：Berghahn Books，1999. 192

② ［德］埃德蒙德·胡塞尔. 纯粹现象学通论［M］. 李幼蒸译. 北京：商务印书馆，1995. 317

③ ［美］阿尔伯特·爱因斯坦. 爱因斯坦晚年文集［M］. 方在庆，等译. 海口：海南出版社，2000. 59-61

④ ［美］阿尔伯特·爱因斯坦. 爱因斯坦晚年文集［M］. 方在庆，等译. 海口：海南出版社，2000. 63

知觉者和想象者所定义的。[①] 如果我们说"'三角形的内角之和等于180度'是真的"，它显然是相对于欧几里得几何空间这一框架和语境的。离开了这一框架和语境，其真值就会发生变化。多元论认为，每一个命题都是相对的。一个命题是相对的，是说它只是依靠它和其他某些事物的关联才是确定的。同样，如果一个概念是相对的，只有当它依赖于它所指称的某事物时才能是确定的。[②] 例如，假定我们把"草是绿的"表达为草是绿的，在这种理解下理解了句子符号"草是绿的"。按照多元主义的观点，这种理解是相对于一种特殊的概念图式的。也就是说，依靠"草"偶然地和C中的草相关联，并且"绿的"偶然地和C中的绿的性质相关联，并且草实际上在C中是绿的这些事实，"草是绿的"这个句子才是真的。[③] 由于句子的真依赖于句子的指称对象，而草的指称对象在不同的语境中的显现方式是不同的，所以，"草是绿的"只是相对于某一语境的，这与普特南所说的自然种类有着相似之处。

另外，我们的语境不同，我们所得到的经验就不同，而在科学经验（科学事实）基础上所建立的概念框架和理论就有所不同。按照玻尔的观点，询问一个电子"实际"是什么的问题，是没有意义的。或者说，当你提出这个问题时，物理学家无法给出答案。他认为，物理学不告诉我们世界是什么，而是告诉我们关于世界我们能够谈论什么，也就是说，如果一个物理学家的实验物理装置的全部细节为已知，那么，物理学家便可以就他可能观察的东西做出一个有意义的预言，从而用明白的语言告诉我们。所以，在对某个量子物体实行一次测量之前，就把一组完全的属性归属于它，那是没有意义的。我们所获得的是量子物体的"粒子性"还是"波动性"，在于我们选择什么样的观测仪器。[④] 由此可以看出，事物不存在本真意义，因此也没有绝对的真，任何真都涉及一种断定。每一个真都是在一个具体的语境中被规定和实现的。离开了语境，它的真也就无法确定。

总之，任何概念和事实都相对于一个概念框架，而这个概念框架是依赖于语境的，概念框架无所谓对错，它只是我们描述现象而设定的。使用概念框架，我们在一定的语境中获得概念和事实并把它们统一起来，形成了"真"或"假"的认识。真是相对的，只有在一个具体的语境下我们才有关于真的问题及其成真条件。

---

① Dilley R. The Problem of Context［M］. New York：Berghahn Books，1999. 192-195

② Lynch M P. Truth in Context：An Essay on Pluralism and Objectivity［M］. Cambridge，MA：The MIT Press，1998. 138

③ Lynch M P. Truth in Context：An Essay on Pluralism and Objectivity［M］. Cambridge，MA：The MIT Press，1998. 124

④ ［德］埃德蒙德·胡塞尔. 纯粹现象学通论［M］. 李幼蒸译. 北京：商务印书馆，1995. 15-20

第七章　语言的诠释、修辞与语境

语境思想在弗雷格那里就已经提出来了，当然，他所坚持的语境原则只是涉及言内语境（即上下文）。语境思想受到人们的普遍重视是伴随着诠释学转向和修辞学转向开始的。这两个转向是语言转向话语、独白转向对话的标志，它使得语言的使用和分析不再是一种中立的、不受语境“污染”的过程。实际上，在前面我们对语言的意向构造进行分析之后，得出语义形成过程的语境依赖性。这样，也就自然会让我们想到这样的问题，即如果语义构造和产生时是语境的，那么，在对这些文本诠释和交流对话时肯定也是语境依赖的。所以，对语言的诠释和修辞的语境依赖性进行必要的分析，对我们全面把握语言、意向和语境的关系是不可缺少的环节。

第一节　语言诠释的语境维度

语言诠释是对文本意义的重新说明和阐释的过程。由于文本在最初产生时就具有意向性和语境的作用，所以，文本诠释本身也自然是意向性的和语境的。这一节我们的主要任务是通过对诠释过程的意向语境分析，弄清楚文本诠释的不同环节的语境关联性，从而对语言、意向与语境之间的关系有更深刻的认识。

一、语境论与哲学的诠释学转向

众所周知，在哲学史上发生过几次重大的变化，也就是所谓的“转向”。首先是近代的“认识论转向”，即从关注本体论的形而上学转向了主要关注知识的可能性及其本质的问题。至少在英美哲学那里，到 20 世纪初，这种局面才被打破，代之以“语言转向”。然而，近几十年来，许多哲学家似乎也意识到单纯通过对语言的结构、语词与世界的关系，以及意义的形式分析，已经不能完成语言转向的重任。随着科学哲学的不断发展及与诠释学传统的交汇，哲学面临了一种新的挑战。同时这种交汇也为哲学指明了一个新方向，即哲学的“诠释学转向”。

（一）哲学的诠释学转向①

所谓"诠释学（Hermeneutik），即宣告、口译、阐释和解释的技术。'赫尔墨斯'（Hermes）本是上帝的一位信使的名字，它给人们传递上帝的消息"②。人们认为"hermeneutics"这个词是后来在词源"hermes"的基础上重新构造的。当然，"hermeneutics"是否与"hermes"有着词源学上的联系，卡尔·凯伦依（Kerényi）对此已做了详细的论述。他认为，"hermeneutik"与上帝的使者（hermes）除了在发音上有点相似外，并无语言学和语义学上的联系。③按照伽达默尔的看法，诠释学的最初形式就是为了解释上帝的指令，并且将上帝的指令（《圣经》文本的意义和信息）翻译成人所能理解的语言，也就是陈述意义和思想，把一种意义关系从另一个世界转换到我们自己的世界。诠释学的另一种形式是古代文献的诠释传统，它是对历史久远的经文、法典和典籍的考证解释。从这种意义上讲，"诠释科学就是解释文献的技艺学"④。以往的诠释学仅仅是圣经或文献的诠释学，只有到了施莱尔马赫才使诠释学成为一门关于理解和解释的一般学说，即哲学诠释学。在这种诠释学中，语文学技巧第一次与一种天才的哲学能力相结合。由于这种诠释学把理解建立在对话和人文之间的一般相互了解的基础上，这样就产生了关于阐释的普遍科学和技艺学。施莱尔马赫在哲学上深受两个传统的影响：一是康德的批判哲学，二是德国的浪漫主义哲学。康德的批判哲学展现给我们的是，在解决认识何以可能，以及科学的形而上学何以可能之前，首先要对认识论加以批判，即考察我们的认识能力及其认识的条件和限度。而浪漫主义哲学家认为，精神是在个别天才中运作的无意识的创造。而被人称为"诠释学的康德"的施莱尔马赫，则要追问有效解释的可能性的条件是什么。他认为理

① 诠释学转向（hermeneutic turn）与解释转向（interpretive turn）在理解上是完全不同的。原因很简单，因为诠释学（hermeneutics）不仅包含解释（interpretation），还包括说明（explanation）、陈述（statement）和翻译（translation）。see：Ferraris M. History of Hermeneutics ［M］. Trans by Lomigli L. Highlands，NJ：Humanities Press，1996. 2。所以，hermeneutic turn 和 interpretive turn 通常是指不同的转向。前者是指海德格尔在《存在与时间》中提出并经由伽达默尔发展的"存在-语言"的诠释学转向。这个转向强调语言实践，而语言实践最终是要揭示"存在"，"能被理解的存在就是语言"。后者是指在科学哲学中强调自然科学不仅有 explanation，而且还有 interpretation。19 世纪末到 20 世纪初，狄尔泰根据说明和解释来对自然科学和人文科学进行划分。他认为自然科学是说明的，人文科学是解释的。但是到了 20 世纪中叶以后，人们普遍认识到，无论是自然科学还是人文科学都是诠释性的，都具有说明和解释。所以，科学哲学的"解释转向"是指人们意识到了在自然科学中也存在着解释，因而在自然科学中由单纯的说明向解释和理解过渡。可参见 Ginev D. The Context of Constitution ［M］. Springer，2006. 2-3

② 洪汉鼎．理解与解释——诠释学经典文选［M］．北京：东方出版社，2001. 475

③ Ferraris M. History of Hermeneutics ［M］. Trans by Lomigli L. Highlands，NJ：Humanities Press，1996. 1

④ 洪汉鼎．理解与解释——诠释学经典文选［M］．北京：东方出版社，2001. 78

解就是要创造性地重建这种创造活动：自由的创作和形式的创作之间的对立，与技术的用词和习惯的用词之间的对立相一致。施莱尔马赫系统阐述的诠释学理论，充分体现了他的上述基本思想。

施莱尔马赫提出理解只是两个环节的相互作用，即语法解释和心理解释。语法解释也被称为“客观的”解释，因为语言不仅是个别观念的复合物，而且也是共同观念亲缘关系的系统，它制约着个人的思想；同样，每一个话语者作为讲话者的生命环节又成为语言的处所，显现着独特的语言魅力。“如果没有关于语言的最一般的知识，我们也不能理解所讲的话，同时，如果我们没有理解个人所想的和独特被表达的东西，我们也不能理解所讲的话。”① 施莱尔马赫认为这两种形式的解释同样重要和有效，它们都是对历史的重构：“客观的历史的重构是考虑话语如何在语言整体里起作用，并把话语的自我包含知识认为是语言的产物……主观的历史重构是认识话语如何是精神的事实（灵魂的产物）。”② 正是两方面的相互作用、相互补充，我们可以避免误解，在理解作者的话语时，可以和作者一样，甚至比他自己理解得更好③。

作为诠释学之父的狄尔泰也同样深受康德的影响。在他所处的时代，哲学所面临的危机：一是由于自然科学逐渐从哲学中摆脱出来并占据统治地位，哲学失去了往日的光环和领地；二是由于历史主义的发展，历史意识消融了哲学概念。为了化解这场危机，狄尔泰从发生学的视角，详细地考察了历史的哲学和哲学的历史。在他看来，“以往的哲学乃是一种矛盾的混合体，一方面盯着宗教，是形而上学；另一方面它又盯着实证的知识，追求知识的普遍有效性。这种双重的本质必然使哲学在现代陷入悲剧性的冲突。因为形而上学不可能成为科学，而实证的知识却忽视了人类存在和认识的有限性”④。他认为，哲学是关于具体生命意义的意识。他给自己规定的任务是从认识论上来证明人文科学特殊的方法论特征，并把它们放在自然科学的同一水平上。如果说，康德想通过他的“纯粹理性批判”为自然科学的认识基础奠基的话，那么狄尔泰则想通过他的“历史理性批判”使精神科学具有像自然科学一样具有可靠的认识论基础，即就精神科学而言客观知识如何可能。⑤ 在他看来，诠释学正好可以为“精神科学”奠定这样的基础。在此基础上，他提出了自然科学和精神科学的划分，并用说明（erklaren）和理解（verstehen）来表示这种差异。⑥

---

① 洪汉鼎．理解与解释——诠释学经典文选［M］．北京：东方出版社，2001. 29
② 洪汉鼎．理解与解释——诠释学经典文选［M］．北京：东方出版社，2001. 61
③ 洪汉鼎．理解与解释——诠释学经典文选［M］．北京：东方出版社，2001. 61
④ 洪汉鼎．诠释学——它的历史和当代发展［M］．北京：人民出版社，2001. 12
⑤［德］威廉·狄尔泰．历史中的意义［M］．艾彦，等译．北京：中国城市出版社，2002. 24-25
⑥［德］威廉·狄尔泰．历史中的意义［M］．艾彦，等译．北京：中国城市出版社，2002. 63-67

根据这种区分，真正的科学（自然科学、社会科学）探究工作是说明，解释实践则被限定在传统的人文科学（geisteswissenschaften）领域。对施莱尔马赫、德罗伊森和狄尔泰以来的德国哲学家来说，“理解”是“诠释学”或“人文科学”的核心问题，而“意义”则是维特根斯坦建立起来的“语言分析哲学”的中心问题。[①] 20世纪50年代之前，实证主义的科学哲学通过它的科学整体观强化了这种区分。结果是，在科学的说明工作和解释的学科之间给出一个清晰的界定。这种区分也暗含了一种规范的区分，即给予有关理由、知识和内在于科学的实证主义观点的认识主体以特权。[②] 科学的诠释学的产生至少开始于20世纪50年代，当时波兰尼（Polanyi）的著作开始出版，并和库恩的思想相汇流。从那时开始，越来越清晰的诠释学和现象学的论述开始出现，如托马斯·库恩、玛丽·海西（Mary Hesse）和帕尔·费耶阿本德都对实证主义提出了挑战。对实证主义来说，科学和其他形式的探索之间的区分标准来源于自然科学的观点，这种观点依赖于观察的中立性、经验的“给予性”、来自理论框架中的经验资料的独立性和客观性、单一语言的假设，以及科学的理性进步的信念。随着实证主义和它的科学整体观受到人们的拒斥，要在自然科学和人文科学之间划出明确界限的历史根据已完全消失；同时，解释的转向也正在更传统的诠释性的学科中引起反响。[③] 诠释学在经过长期的发展或者说理解之后向着实践哲学靠近，哲学诠释学的发展已体现了这一点。因此，海德格尔和伽达默尔遵循着人文主义和浪漫主义传统中的这种语言观，把诠释学实践和语言整体结合起来。[④] 当然，这种实践意识在海德格尔的诠释学中，只是一种人的生存实践，是通过“在世界中”的“此在”对自身的理解中实现的。通过“此在”在世的时间性分析，“筹划”成为揭示人的“此在”与其他“存在者”在世相区别的最重要的特点，从而使得“此在”具有了揭示其他“存在者”的优先地位。在海德格尔看来，诠释学就是现象学，或者说是诠释学的现象学。要理解海德格尔的工作，我们首先要弄清楚诠释学和现象学的关系。现象学是一种发现本质的方法。为了获得确定不移的事物本质，首先要回到事情本身，回到明晰的内在之物。在这里我们不能运用任何一门自然的科学，也不能与自然的科学成果和它们对存在的确定发生联系，这些成果和确定在此时还是受到质疑的。这里，笛卡儿的怀疑考察方式为我们提供了起点，为了获得直接的被给予之物，就必须要进行现象学的还原。现象学还原是

---

① ［德］卡尔-奥托·阿佩尔．哲学的改造［M］．孙周兴，等译．上海：上海译文出版社，2005.1

② Hiley D R，Bohman J F，Shusterman R. The Interpretive Turn［M］. New York：Cornell University Press，1991. 3

③ Hiley D R，Bohman J F，Shusterman R. The Interpretive Turn［M］. New York：Cornell University Press，1991. 3

④ Ferraris M. History of Hermeneutics. Trans by Lomigli L. Highlands，NJ：Humanities Press，1996. 2

为了认识现象本身，解决认识超越的问题，回到实在的内在和明证性上去。现象学的还原分为两个步骤。第一步排除一切超越之物，回到笛卡儿所确定了的明证性的思之上（我思故我在），这样就实现了本体论的任务，但只有这样还是不够的，胡塞尔在这一基础上又向前迈了一步。现象学还原的第二步是先验还原。它并不像笛卡儿那样在回到思之后，再去进行第三和第四沉思，把关于物质世界和上帝的信念再找回来①，而是对思的进一步还原。在对思的进一步考察中便可看出，思维的纯粹存在并不是一件简单的东西，它本身就是在构造着。现象在构造中"显现"自身，这些现象不是对象，并且不实在地包含着对象。事物不是思维行为本身，但却在这些思维活动中被构造。② 回到意向性中的构造之物也就把主体和客体结合起来，避免了笛卡儿主客两分的缺陷。

这样一来，《逻辑研究》中的意向结构分析就是分析事物如何显现，意义何以生成的机制研究，尽管《现象学的观念》和《逻辑研究》中关于意向对象是否包含在意向活动中，前后的观点并不一致。为了进行意向性分析，胡塞尔把谓词结构作为主要的研究内容，通过对谓语的"侧显"研究，分析了"是"的意向构造性。当然，这种分析还是停留在对"是"与"存在"的逻辑分析的基础上，即谓词是如何构成的，以及意义是如何通过"意义意向"和"意义充实"来完成的。但胡塞尔没有突破语言分析的逻辑界限，使得对"是"和"存在"的研究仅仅限制在"意向对象"这一存在者上。海德格尔清醒地认识到这一点，在《现象学的基本问题》一书中，他把现象学所寻找的本质还看作是属于存在者的建制。他认为：源于古希腊亚里士多德的中世纪论题的何所是（本质）与现成存在（实有）都属于存在者的存在建制；近代笛卡儿的存在论论题，即自然之在（物质）和精神之在（意识）也并没有超出这一建制。而关键在于，为什么存在不是实在的谓词，而在语言的逻辑结构中，一切存在者，无论其各自的存在方式，都可以通过"是"来称谓？③ 这里，系词之存在不是赫然出现在我们面前吗？

为了把"是"与"存在"的分析从逻辑扩展到生存的范围内，海德格尔提出了他的现象学，即生存诠释学。生存诠释学是一种现象学的诠释学，或者是一种诠释学的现象学。它不同于胡塞尔的现象学。在胡塞尔的现象学中，现象学的还原目的在于回到事情本身，这个事情就是事物和事态本身。因此，胡塞尔通过现象学的还原回到了意向结构的分析上，通过分析还原到意识结构中的意向对象上，即意向构造之物，而海德格尔的现象学的诠释学所要还原的目的地是剥离了

① ［德］埃德蒙德·胡塞尔．现象学的观念［M］．倪梁康译．上海：上海译文出版社，1986. 44-45

② ［德］埃德蒙德·胡塞尔．现象学的观念［M］．倪梁康译．上海：上海译文出版社，1986. 60-61

③ ［德］海德格尔．现象学之基本问题［M］．丁耘译．上海：上海译文出版社，2008. 导论，17

所有存在者的“存在”。要想达到“存在”，必须找到一个有效的途径。海德格尔对谓词诠释学的现象学研究的出发点是能够揭示其他“存在者”和自身存在的那个特殊的存在——此在。此在在“思”之前就已“被抛在世”，这是它的境遇。在此境遇下，它的“存在”先于“思”而处世，这就是前在的理解——此在的存在就是理解。所以理解是一种存在模式。诠释学在海德格尔那里不是一种狭义的方法论，而是显示存在者之存在的现象学，它是一种广义上的存在论。这种存在论的诠释学并不以存在者之存在为对象，因为它根本就不是一个对象。任何对象性的思维在此都宣告失效，唯有思的活动让在者自身显现。当然，对于海德格尔来说，此在的存在就是理解，就是阐释，但这种此在的在世结构、在世的基本状态以及在世情绪的分析，无法克服作为“在者”的人和人的“在”之间的混淆。这对海德格尔来说，如何消除在者的残余，保持“存在”的纯洁性对超越形而上学是至关重要的。

在海德格尔后期的哲学著作中，语言成为揭示“意义”的林中大道。与施莱尔马赫的“每一个人只是语言显现的处所”不同①，海德格尔要尽量克服语言中的主体。人存在于语言的近旁，不是人说话（诠释），而是语言让人“道说”，但由于离开了存在者，语言的阐释也仅仅是在孤寂的世界中的“自我解蔽”。只是到了伽达默尔，才完成了以语言实践为主线的诠释学本体论转向，从此，诠释学真正成为一种对话和交流实践的理论。

哲学的诠释学转向是一种实践的转向，它坚持哲学中实践的中心地位。伽达默尔和罗蒂把亚里士多德的实践智慧（practical wisdom）而不是理论当作是哲学诠释学的模式；德芮福斯论证了实践整体论高于理论整体论；泰勒则坚持理论本身是一种实践。因此，在某种意义上讲，诠释学沿着它自已的道路最终和那种以新实证主义的形而上学批判为出发点的分析哲学汇流。由此可以看出，这种转向并不仅仅是英美哲学或大陆哲学中的事情，它实际上包含了两个方面：既有分析哲学和科学哲学的诠释转向，同时也有诠释学的语言转向。按照哈贝马斯的观点，诠释学和分析哲学并不是对立的，而是“语言转向”的两个互补的形式。②从哲学的性质和任务上来看，哲学的诠释学转向并没有超越“语言转向”，或者说，它并不具有一种同“认识论转向”和“语言转向”相并列的地位，而仅仅是对语言转向的充实和完善，使哲学的语言诠释完成了从语形、语义到语用的过渡。首先，从分析哲学的角度来看，在狭义的分析哲学领域内，在关于语言和意义的适当诠释的问题上，表现为从“逻辑原子主义”的句法-语义学模式向彻底

---

① 洪汉鼎．理解与解释——诠释学经典文选［M］．北京：东方出版社，2001.51

② Habermas J. Truth and Justification［M］. Trans by Fultner B. Cambridge，MA：The MIT Press，2003.51-52

语用化的“语言游戏”模式转变，也即向维特根斯坦的“生活形式”语境中的语言使用模式转变。而在广义的分析的科学哲学领域内，例如，在波普尔学派和H·托纳波姆的瑞典学派那里，研究旨趣日益离开了那种发端于数学的“辩护主义”而转向关于在社会环境的使用语境中“科学的增长”问题。在科学哲学中，库恩的《科学革命的结构》可以看作是强调语用维度的典型实例。① 其次，从诠释学的角度来看，在大陆传统中，这种实践-解释的（practico-interpretive）转向和哲学诠释学是一致的——转向了对话实践。这种转向在安格鲁-美国（Anglo-American）哲学那里，被看作是语用学的复兴。②

（二）诠释学实践——对话、交流及其“视域融合”

“说明”和“理解”是通过语言来进行的，只有当意义被当作逻各斯翻译成语言时，对意义的诠释才成为可能。爱柏林（Ebeling）认为，语词（指作为音、形单位而不作为意义单位）有三方面的作用：陈述（表达）、说明（解释）和翻译（作为诠释者的活动）。③ 诠释是思想的工作，它在于从明显的意义里解读出隐蔽的意义；在于向人们展开暗含在文字意义中不同的意义层次。④ 当然，“意义”不仅存在于讲话和著作里，而且也存在于人的一切创造活动中，而诠释学的任务就是解读出这种意义，所以诠释学特别重视已经历了数千年的哲学概念的工作。但哲学中创造和流传下来的概念词汇并不是意义不变的固定标号和记号，而是在人类的诠释交往活动中不断产生和演变。通过这种交往活动，概念词汇日益丰富，并经历着新旧意义变化的过程，所以一切哲学的概念工作都以一种诠释学向度为基础，或者近似地说，是用“概念史”来标志的。⑤ 概念的解释和理解是诠释学的一项重要工作。概念——无论是关于自然界还是人类社会——都是共同体的财富（文化或亚文化群）。在任一给定时间内，它们很大程度上被共同体成员所共享，它们一代代地流传下去，并被共同体的新成员所接受。要掌握一个概念，一方面，需要对话者之间公平或协商的精神；另一方面，每一个理解者之间都是平等的，它体现了一种交互主体性。⑥ 在现代科学活动中，概念通常是共同

---

① ［德］卡尔-奥托·阿佩尔．哲学的改造［M］．孙周兴，等译．上海：上海译文出版社，2005. 103-105

② Hiley D R，Bohman J F，Shusterman R. The Interpretive Turn［C］. New York：Cornell University Press，1991. 11

③ Ferraris M. History of Hermeneutics［M］. Trans by Lomigli L. Highlands，NJ：Humanities Press，1996. 2

④ 洪汉鼎．理解与解释——诠释学经典文选［M］．北京：东方出版社，2001. 256

⑤ 洪汉鼎．理解与解释——诠释学经典文选［M］．北京：东方出版社，2001. 491-492

⑥ Hiley D R，Bohman J F，Shusterman R. The Interpretive Turn［M］. New York：Cornell University Press，1991. 20

使用的。“共享一个概念”实际上体现了科学家共同体的活动特征（范式）。只有这样，才能有科学家共同体的科学观察、实验、科学说明、科学推理、理论接受和科学评价，以及科学发展模式；才能有科学家共同体成员之间的对话和交流实践。由于在科学研究的过程中引入了科学家共同体的概念，这样在自然科学中也就有了诠释学的认识论地位。许多著名的哲学家，如托马斯·库恩、理查德·罗蒂和玛丽·海西都注意到，批判实证主义中对自然科学的描述和各种诠释性的社会科学的说明之间存在着深刻的相似性。后实证主义的科学哲学由此则试图最终取消自然科学和社会科学，或作为知识对象的自然和社会之间的区别。①

最初，在英美的语言分析哲学那里，与对待句法学和语义学不同的是，人们企图把语用学从哲学的科学逻辑那里排除出去，把它归为一门经验科学。自17世纪以来，近代科学创造了一个新世界，它毅然放弃了对实体的认识，而把数学方法广泛地应用于对自然的设计、测量和实验等方法中，从而开辟了一条驾驭自然的建设性道路。技术文明也由此展开。但这也造成了一个假象，似乎现代科学是可以仅仅靠以独白方式构造的、由受控观察支持的形式化理论，而不考虑人类的言语之境就可以对“事物”做出真实判断。但是，我们生活于其中的传统并不仅仅是由原文和文物所构成的。实际上，提供或遗留给我们的乃是一个作为在交往活动中经验着、开放着的、整体的世界本身。而只有语用学才分析整体的作用，只有在这个整体作用的语境中，运用语用学对语言系统或科学系统的句法-语义学分析才可能是有意义的。因此，唯有指号语用学才能使当代语言分析的科学逻辑变得更完整②，也才能使“语言转向”真正成为可能。但这样一来，分析的科学哲学就从单纯的语言分析进入到了语境分析，一种最初试图建立的纯客观的语言分析理论，成为语境依赖的语言分析理论。也正因为如此，语境依赖的语言分析才最终和诠释学的“视域融合”殊途同归。

“诠释学是相互理解（verstaendigung）的艺术。”③不论是理解还是解释，都存在着不同话语者或阐释者之间的对话和交流，即一种语言的实践。一旦我们认识到实践的首要性，我们也就坚持所有理解的情境化和视域特征。或者说，每种解释和理解都是一种“相互理解”。“相互理解”意指一种实践合理性的变形，意指一种对他人实际考虑的明智判断。显然，这里指的不仅仅是对所说的某事的理解，它还包括一种共同性，通过这种共同性双方进入一种彼此商讨、对话，即

① Hiley D R, Bohman J F, Shusterman R. The Interpretive Turn［M］. New York: Cornell University Press, 1991. 42-43

② ［德］卡尔-奥托·阿佩尔. 哲学的改造［M］. 孙周兴，等译. 上海：上海译文出版社，2005. 160

③ 洪汉鼎. 理解与解释——诠释学经典文选［M］. 北京：东方出版社，2001. 381

提出建议和采纳建议。① 无论是在诠释者与文本的对话中，还是在对话者之间都具有共同性。这种共同性既体现了情景化和视域的个别性，也体现了不同视域之间的平等性。不同诠释者之间的公平性和个别性，也为文本诠释之间的视域融合提供了条件，使得一切个别性与整体相一致。从“相互理解”到“视域融合”，语言向我们展示了“文本”意义的不同层次，并把不同的意义层面结合在一起。例如，我们可以说：亚里士多德是柏拉图的学生，是亚历山大的老师，是《工具论》的作者……随着人们对亚里士多德研究的不断深化，其意义的层面会不断交织，以形成一个不断扩大的意义结构。

自然科学的诠释学维度不仅存在于科学观察、实验和证实的过程中，也不仅仅存在于发现或科学的进一步发展过程中，而是贯穿于科学事业的始终，因此可以说，在自然科学的所有方面都是诠释性的。② 强调人文科学和自然科学都是诠释性的，是说它们都是历史性的对话实践的结果。当然，这种对话实践可以发生在不同诠释者之间，也可以发生在诠释者和各种文本之间。通过各种对话、交流走向“视域融合”。走向“视域融合”不是走向唯一的最终诠释，而是走向一种意义理解的诠释学循环。“视域融合”是一种对话和交流的结果，同时，也是诠释学实践的最终目的。另外，通过“视域融合”，我们也可以发现诠释学的实践本性。

我们说诠释学是实践的，是因为：第一，解释存在着意向性的方面，它总是指向或应用于某一意向对象；第二，我们总是从某一特殊视角（perspective）出发来进行解释，因而，这一视角很大程度上影响并形成这一解释；第三，解释总是语境限定的，这不仅包括解释总是发生在某些特定的情境中，同时还包括，我们所得到的解释可以应用到不同的特别情境；第四，把已有的解释应用于某一特别的情境也是诠释学实践和应用所固有的目的。③ 正因为如此，诠释学最终是要指向具体的话语实践，或者说，诠释本身就是对话和交流的实践，而这也就成为了诠释学实践转向的根据。同时，按照上述的诠释学的实践性，诠释只有在具体的语境中才能实现，所以，实践转向暗含了一种语境论的思想。

（三）诠释学实践与语境论

语境是由人们探寻事件的问题决定的。最初，人们把语境（context）只看作是上下文，随着语境思想的发展，人们对这个术语的指称已经出现了转变，即由最初作为会话语言或是书面语言意义延伸的构造活动，转变到理解语言延伸和决

---

① 洪汉鼎．理解与解释——诠释学经典文选［M］．北京：东方出版社，2001. 511

② Crease R P. Hermeneutics and Natural Sciences［M］. Boston：Kluwer Academic Publishers，1997. 41

③ Hiley D R，Bohman J F，Shusterman R. The Interpretive Turn［M］. New York：Cornell University Press，1991. 12

定其意义可能性的条件。① 它包括语义形成的外部境域以及意向状况。正如贝特森（Bateson）所认为的，在语境、知觉和意向之间，语境与语境之间，知识和愿望之间存在着重要的联系。② 正因为如此，语境所涉及的就不仅仅是原来意义上的上下文，而是更为复杂的作用结构。在意义形成过程中，不同形式的语境嵌入的方式不同，这使得“文本”意义具有多层次性。同时，在诠释文本的过程中，语境形式也以不同的方式加入到语义诠释的活动中。诠释学的语境主义主张，“解释总是发生在某一语境或背景中，如信念网、复杂的社会关系、传统、或生活形式的实践”③。由于诠释活动的语境依赖条件各具特点，所以，不同的诠释者必然会具有不同的前有、前见和前理解，也就产生了不同的“视域”。

所谓视域（horizont）本质上属于处境概念。“视域就是看视的区域（gesichtskreis），这个区域囊括和包容了从某个立足点出发所能看到的一切”④。它是由诠释者置身于历史事件时所处的前理解或前见因素组成，它构成了诠释者特殊的可视范围。这里“处境”和“语境”有着某些重合的地方，它们都包含我们诠释历史文本所处的境遇的部分。所不同的是，处境还没有和文本相结合，或者说它恰恰将要完成这一任务。而语境则不同，它不是外在于文本意义的东西，而是已经嵌入到文本意义构造和诠释中的那部分境域，它起着使文本意义“聚焦”的作用。在这里，诠释者的意向同历史处境以及上下文相关联，构成了语境的基础和要素。在这一点上，语境与视域得到了衔接，即“语境”是我们去看视文本的立足点，而通过语境所看到的一切则是“视域”。由于诠释者的历史语境不同，其视域也必然具有历史的个别性。理解文本需要一种历史视域，我们是通过把我们自身置入到一种处境中而得到这种视域的。“在这里仅当文本每次都以不同方式被理解时，文本才可以说得到理解。”⑤ 因此，诠释工作不仅要分析文本，同时，为了更好地理解文本，也要去理解过去文本意义形成时的语境。

语境论蕴涵了整体主义的思想，即任何事情必须要在某一预设的语境、整体或“诠释学循环”中来理解。在语境中，诠释学循环表现为一个部分和整体的关系。帕尔默（Palmer）给出了下列定义：我们在指涉整个句子中，通过领会（seeing）句子来理解（understanding）个别的语词；相应地，语句的意义作为一

① Dilley R. The Problem of Context［M］. New York：Berghahn Books，1999. 4

② Dilley R. The Problem of Context［M］. New York：Berghahn Books，1999. 190

③ Hiley D R，Bohman J F，Shusterman R. The Interpretive Turn［C］. New York：Cornell University Press，1991. 7-8

④［德］伽达默尔. 真理与方法［M］. 洪汉鼎译. 上海：上海译文出版社，2004. 391

⑤［德］伽达默尔. 真理与方法［M］. 洪汉鼎译. 上海：上海译文出版社，2004. 400

个整体，依赖于个别语词的意义。[①] 诠释学循环指出了所有人类理解（understanding）的循环和在解释（interpretation）的过程中所产生的问题。当然，诠释学循环中的困难在于文本具有意向，而不同的诠释者也具有意向，因此存在着这样的问题：谁“根本地解释了”（radically construes）这个文本，或者更确切地说，每个人都是在用建构出来的观点来进行建构的理解。可能这就是为什么，在最后，文本的意向看起来奇怪地像它们的诠释者的意向一样。[②] 也就是说，诠释学问题是在一种旨在理解文本——即根据文本试图说的东西去理解一开始就带有其意向的文本——的学科框架内被提出的。所以诠释学要求，当我们把自身置入到历史境域中时，我们既不是把一个个性移入到另一个个性中，也不是让另一个人受制于我们自己的标准，而是向更高的普遍性提升。它克服了“我”与“他者”的个别性，而达到了视域融合。融合不是融合成一种诠释，而是将不同语境中所获得的诠释意义结合在一起，形成一个多层次的意义结构。

文本之所以具有一个多层次的意义结构，是由文本的指称语境所决定的。所以，“对我们来说，语境是通过文本展现出来的指称的总体”[③]。按照利科的观点，我们所说的“语境”，不是形成文本时人们所经历或所处的情景，而是指那些非情境指称，即决定文本意义产生的指称的不同存在样式。诠释学实践就是不同语境的对话、交流及融合。诠释学是意义说明和解释的艺术，它包括了说明和解释两个方面。而意义理论则包括涵义理论和指称理论两个方面。[④] 按照利科的观点，意义的说明和解释对应着涵义和指称的这种两分法（dichotomy）。[⑤] ①说明只涉及意义的“涵义”方面，即话语的内在模式。它类似于一个从隐喻到文本的过程，涵义是指称的语境显现方式。指称在不同的语境中以不同的方式给予我们，就形成了不同的涵义。例如，金星这一名称对应着某一星体。当这一星体在太阳出来之前显现给我们时，在这一语境中，它具有预示黎明的作用，因此，我们把它称作“启明星”。从语词以及语词涵义的扩展来看，“启明星”最初是以隐喻形式出现的，像比尔兹利所指出的那样，“隐喻是把一种属性（实际上的或附属的）变为一种涵义”[⑥]。隐喻不仅仅使潜在的词义现实化，实际上，它使

---

① Dilley R. The Problem of Context［M］. New York：Berghahn Books，1999. 14

② Dilley R. The Problem of Context［M］. New York：Berghahn Books，1999. 110-111

③［法］保罗·利科尔．解释学和人文科学［M］．陶远华，等译．石家庄：河北人民出版社，1987. 182

④ Devitt M，Sterelny K. Language and Reality：An Introduction to the Philosophy of Language［M］. 2nd ed. The MIT Press，1999. 38

⑤［法］保罗·利科尔．解释学和人文科学［M］．陶远华，等译．石家庄：河北人民出版社，1987. 72-173

⑥［法］保罗·利科尔．解释学和人文科学［M］．陶远华，等译．石家庄：河北人民出版社，1987. 178-179

事物（或客体）的某些相关属性成为语词意义的要素。当我们把最初隐喻意义上的“启明星”当作一种规约意义，即文本意义接受下来时，这个过程就构成了一个说明。在说明的过程中，涉及“是什么”的问题。②解释则涉及意义的“指称”方面，类似于从文本到隐喻的过程。因为话语不仅仅有一种指称，而是涉及两种：一种存在于超语言的实在领域；另一种则存在于某一具体语境中。只有当事物（态）出现在某一具体语境中时，我们才能获得它的给予方式，才能通过语言事件产生语词的新奇意义。这种新奇意义的突现，不是由于语言本身的作用，而是来自于指称在新的语境下的显现方式。从文本的角度来看，一种语义的创新，即一种语义事件的发生，是作者那一侧的意义语境和读者这一侧的意义语境相互结合的结果，是两种语境融合的事件。所以，说明所考虑的只是这种语义以及语义建构的内容“是什么”，而解释（理解）所关注的则是这个语义及其建构的指称存在方式——诠释的循环，即文本的意义何以如此或“如何是”的问题。例如，“金星既是‘启明星’，又是‘暮星’”是由于我们在不同的语境中解读它的结果。“‘启明’星”和“‘暮’星”有着不同的意义成真条件。当我们在某一语境中，使最初的隐喻形式——“‘启明’星”作为一种规约意义接受下来时，就是一个说明过程；而当我们从“启明星”的语境转向“暮星”的语境，也就是从一个已知的文本（当“启明星”已形成一种规约的意义被人们所接受）向一种隐喻（“金星”也是“暮星”）的形式过渡，即向着其他的意欲语境过渡时，解释过程就出现了。解释所要做的是，“金星”缘何既被称作“启明星”，又被称作“暮星”。其结果是通过解释，得到了“文本指称”在不同语境下的存在方式。这样，解释文本就是揭示文本的非表面指称所展现的意欲语境。①

所以，诠释在本质上是通过文本揭示语境的能力。无论是“视域融合”还是“诠释学的循环”，都反映了对话双方的文本所指称的意义语境的变化，以及不同意义语境之间的相互作用。总之，意义是语境的。由于意义是内在地依赖于语境的，所以，任何意义都必然地包含了它的语境化处理。具体地讲，这种处理既可以通过给予文本一种新意义，也可以对文本的现存意义给予一种新诠释，而这些新意义和新诠释的产生就为我们展示了新的意欲语境。因此，哲学的“诠释学转向”，是一种实践的转向。它是从语言的语形分析、语义分析向语用分析的转向。它深化了语言的意义分析：从意义的“涵义”层面向“指称对象”层面延伸，从语义的主观个体性转到语义的本体论层面，并最终揭示出文本指称的关联语境——通过“视域融合”，以获得文本的多层次意义。

---

① ［法］保罗·利科尔．解释学和人文科学［M］．陶远华，等译．石家庄：河北人民出版社，1987. 182

二、语境论与自然科学的诠释性

从近代开始，人们对说明和理解就有一个基本的区分，强调自然科学的探究工作主要是说明，而理解则主要是人文科学领域中的工作。20 世纪二三十年代的实证主义的科学哲学更加强化了这一点，这一现状只是到了 50 年代之后才有所改观。从波兰尼和库恩的著作问世开始，人们逐渐认识到了自然科学的诠释学性质。但这种诠释性究竟是何种意义上的，或者说，它究竟在何种意义上影响着自然科学的研究过程，还有待于我们深入研究。本书试图从以下三个方面加以探讨。

（一）自然科学的历史诠释性

我们说，自然科学是诠释性的，首先是因为自然科学是一种历史的阐释活动。这种历史诠释性，表现在科学活动（特别是近代以来）都是科学家共同体或个人在某一特定历史境域中所从事的工作。这不仅表现在它的科研经费、科学组织、科学家共同体，以及理论建构方面所具有的社会历史性（而这些后现代主义的哲学家们已做了广泛的探讨），从诠释学的角度来看，更为重要的是科学研究工作的历史继承性以及它所依赖的历史视域。这主要表现在以下两方面。

一方面，科学工作是在某一意义框架中进行的。科学家所直接面对的并不仅仅是客观世界，正如波普尔所说，科学家所面对的是“三个世界”：第一，物理客体或状态的世界；第二，意识或精神状态以及意向的世界；第三，思想的客观内容的世界。[①] 费耶阿本德在他的《反对方法》一书中也认为：科学家实际在他的建议、定律、试验结果、数学技术、认识论成见，以及他所接受的理论的各种材料，在许多方面是不确定的、模糊的，绝不能完全同历史背景分开。[②] 科学家总是在具有典型的前在（fore-having）、前见（fore-sight）、前设（fore-conception）的解释学情境中开始他的工作的。按照科学史的考察，显然，科学家无论是收集材料、整理材料，并最终获得所谓的“自然规律”，或无论他们是否试图给出说明和解释，总是在已接受的、“三个世界”相互作用所形成的意义框架之上筹划（project）他们所处理的现象。而这个意义框架只是历史地接受过来的，它有时可以转变成一种科学信念。在弟谷·布拉赫和牛顿的案例中，意义框架是高度原创性的。然而，在仔细检验后我们就会明白，即使是这些原创性的世界图景也是建立在发源于早期的理论或概念要素的基础上，甚至其中部分来源于哲学或神学。这也使

① ［英］卡尔·波普尔. 客观知识［M］. 舒炜光，等译. 上海：上海译文出版社，1987. 114

② ［美］保罗·法伊阿本德. 反对方法［M］. 周昌忠，等译. 上海：上海译文出版社，1992. 67

得科学工作在某种意义上，构成了一个解释学循环①。自然科学不仅仅是建立在观察、实验基础上，同时也是建立在诠释基础上的。对经验事实和科学文本进行诠释是自然科学发展的一个不可或缺的步骤。例如，爱因斯坦放弃接受物理学的统计理论基础，并不是缺乏观察的事实，而是同他已接受的物理实在以及逻辑简单性的意义框架不一致②。从科学史上的这些案例可以看出，近代以来的那种试图使自然科学摆脱价值和历史、追求纯粹客观性的要求和主张已逐渐瓦解。科学的诠释学性质已经得到强有力的肯定，而这种性质不再被看作是不成熟的象征。实际上，对科学文本的解读，我们也需要借助于解释学才得以完成。

另一方面，科学是用历史性的语言来进行科学诠释的。我们并非首先经验或理解了某种现实，然后再寻找语词来为这一理解命名。相反，我们是首先进入了语言，并且我们只有通过自己可以使用的种种语言（包括历史上曾经有过的科学语言）才能去理解现实。现代西方思想生活中两种根本冲突的倾向——实证主义和浪漫主义——都持有一个共同的基本信念，那就是相信在所有的理解和认识之中，语言只具有第二位的甚至是派生的特性。在他们看来，语言都仅仅是供我们使用的工具。他们相信，语言落后于发现和认知。实证主义者把科学结果看作是事实而不是作为用语言来加以阐说和传达解释；认为科学是一种非阐释活动，强调其研究和询问方法的客观性，以至于否认其自身具有的诠释学性质③。浪漫主义者则用语言来表现或再现深藏在自我之中的某些非语言的东西，浪漫主义把理解活动看作是可以自由地把语言作为纯粹的工具并自由地用它来表现更深的自我的活动④。他们两者都把语言看作是外在于我们的、第二位的东西，而真实的事物是前语言状态的。

这两种把语言视为工具的解释，不仅都未能注意到语言、知识和现实之间更为微妙的关系，而且未能把握到所有通过语言进行的理解活动所具有的社会历史性。我们是被置入到一种历史的语言中的，所以，我们首先面对的是如何用我们所接受的语言去思考和解释事物。当然，这并不是说，我们的语言不再变化，而是强调我们思考的语言先在性。如果说，牛顿的成就在某种意义上是因为他“站在巨人的肩上”，那么，对于我们来说，所有的科学工作都是在一种传统中（包括语言）进行的。科学不是自由的创造，而是通过继承了科学的历史遗产，来解决我们所面临的问题。语言并非我可以随意拾起随意放下的工具。它始终存在并

---

① Crease R P. Hermeneutics and Natural Sciences［M］. Boston：Kluwer Academic Publishers，1997. 54-55

②［美］阿尔伯特·爱因斯坦．爱因斯坦晚年文集［M］．方在庆，等译．海口：海南出版社，2000. 104-105

③［美］特雷西．诠释学·宗教·希望［M］．冯川译．上海：上海三联书店，1998. 53

④［美］特雷西．诠释学·宗教·希望［M］．冯川译．上海：上海三联书店，1998. 79

且已经在那里，并且包围着我并且侵入到我所有的经验、理解、判断、决定和行动中来。不存在私人语言，我从属于我的语言，而不是我的语言从属于我。通过语言，我发现自己参与到这一特定的历史和特定的社会中来①。

接受了一种科学语言，并不是接受了一种描述和说明的工具。实际上，接受了某种科学语言也就接受了某种科学理论和范式，同时也就接受了那种语言所依赖的科学仪器和科学操作方法。更为深层的意义是，它使我们进入了产生那种语言的历史视域，并开始科学的研究工作。科学理论是由一系列概念和命题构成的，而这些都依赖于某些科学观察、实验、猜想、描述和从经验概括中所进行的推理。例如，牛顿在关于颜色的论文中写道："1666 年年初，我获得了一个三角形的棱镜，随即，我尝试宣告颜色现象。我将房间变黑，在我的窗户上留了一个小孔，使一束太阳光方便地进来，我把棱镜放在光的入口处，光线就被折射到对面的墙上。第一次，我愉快地看见由此产生的生动的清晰的颜色……"② 也就是说，当我们接受了光的颜色概念和理论，也就接受了棱镜、混合光、折射、散射等。而当我们接受了伽利略的月球的环形山的概念，也就接受了星球、月球、望远镜和透镜等仪器，以及相关的知识。

科学事实（特别是近代以来）不是自在地显现给我们的，而是我们在理论的指导下，借助于我们的仪器把它显现出来的。从某种意义上讲，它是我们在某种理论背景下选择接受的。因此，科学的理论解释是处在一种语言与世界、语言与语言的诠释循环中。如果把解释仅仅局限于探讨科学文本"是什么"，而不去考察它是在何种情形下给予我们的，那么，就会把科学看作是一种对自然界"纯客观"的"独白式"的描述。伽达默尔意识到了我们所有的经验原则的历史性，以及某种本质上的开放性和不确定性。他在这方面的见解是极其深刻的。这与库恩为阐明评价相互竞争的科学理论的标准而做出的努力有某种相似之处①。后实证主义科学哲学家对所有科学范式的历史背景和框架（库恩），以及对所有科学论辩的论题性和历史性（图尔明）的强调和主张，都力图说明这样一个问题，那对于量子理论、夸克结构等微观世界的重大发现中，科学已经不再能够如先前那样去要求一种非历史的确定性和非诠释学的洞见了。科学已经变得既是历史的又是诠释学的③。自然科学的诠释性不仅表现在它的历史诠释性方面，同时它也表现在科学家共同体各成员间的协商、对话的过程中，也就是说，它表现为一种语言实践的诠释性。

---

① ［美］特雷西．诠释学·宗教·希望［M］．冯川译．上海：上海三联书店，1998. 80-81
② ［美］特雷西．诠释学·宗教·希望［M］．冯川译．上海：上海三联书店，1998. 79
③ ［美］特雷西．诠释学·宗教·希望［M］．冯川译．上海：上海三联书店，1998. 55

（二）自然科学研究中对话、交流的诠释性

科学具有历史性。这表现在它的概念和理论是科学家共同体的共同财富，一代代流传下来。用库恩的话说，它们在一定时间内被共同体所共享。尽管要掌握一个概念必须要了解影响他的对象和情境的显著特征，但这些特征因人而异，我们没有必要在使用它时达成一致的看法。也就是说，我们可以使用同一个概念，即“共享一个概念”，但可以对概念有着不同的理解。① 库恩的范式理论与“共享一个概念”的思想揭示了自然科学诠释学的对话实践基础。首先，“共享一个概念”为不同“范式”提供了一种历史的联系。所谓“范式”一词是库恩从语言学中借用来的，原意是表示词形的变化规则，由此引申为模型、模式、范例、规范等意思。就某一方面来说，它是具有共同信念的科学家共同体共同遵循的语言和行为规范。不同的科学家共同体有不同的范式。范式之间是“不相容的”。②但如果我们人类在解决问题方面没有连续性，就谈不上科学的进步，而“共享一个概念”为我们正确把握科学家共同体之间的“范式”转换提供了基础。其次，“共享一个概念”使得我们的“问题”探讨得以延续，为科学家之间的对话和交流提供了一个历史的平台，从而推动科学的进步。自然科学是对自然界这一“文本”进行诠释的工作。由于不同历史时期科学技术水平的限制，自然这一文本向我们展示的程度是不同的。“共享一个概念”就为不同境域中的研究者提供了一个历史对话的场所，这样，也才能产生“效果历史”。在对话的模式上，阐释活动乃是由文本、阐释者以及它们之间基于追问而发生的相互作用这三大要素组成的复杂现象。对话使一种在极大程度上被忘记的真理观——真理即显现（manifestation）——变得原始而重要。③ 尽管科学共同体的“范式”不同，并且表面上是不连续的，但通过“共享一个概念”，我们可以看到为解决相同的问题，科学共同体之间所建立起来的历史对话关系。也就是在这种意义上，“对于所说出的话的理解必须从对话情景出发，归根结底也就是说，要从问答辩证法中才达到一致意见并用语言表达出共同的世界”④。对话是一种诠释实践，通过这种实践，从不同的角度展现真理。发现真理的过程就是显现过程，没有对话就没有显现。只有借助于对话、交谈，“我们才得以摆脱认识论上的唯我论而进入到一种与他人，同时也与所有经典相互对话的生活中去。对话既是人类生活的一种方式，又

---

① Hiley D R, Bohman J F, Shusterman R. The Interpretive Turn［M］. New York: Cornell University Press, 1991. 20

② ［美］伯恩斯坦．超越客观主义和相对主义［M］．郭小平，等译．北京：光明日报出版社，1992. 105

③ ［美］特雷西．诠释学·宗教·希望［M］．冯川译．上海：上海三联书店，1998. 46-47

④ 洪汉鼎．理解与解释——诠释学经典文选［M］北京：东方出版社，2001. 591

是所有人类生活具有的对话性质的显现"①。

按照埃格尔（Martin Eger）对科学诠释阶段的划分，科学解释可以分三个阶段。①阶段0，解释所接受的传统或一个作为整体的科学传统：a. 阅读“科学这本书”；b. 实践日常的科学过程。②阶段1，在探索经验的层面上进行解释：a. 解释资料；b. 用高水平的理论解释现象，或通过经验对理论“进行”解释。③阶段2，用选择的方式解释高水平的理论。吉登斯（Athony Giddens）和哈贝马斯（Jürgen Habermas），并不否认物理学的解释学方面，但他们只是承认在一个阶段——阶段0，解释学起着重要的作用②。实际上，对话、交流这种诠释活动可以说贯穿科学研究的整个过程。正像我们在上面探讨过的，科学作为一种历史活动，作为一种传统世代相传下来。在阶段0，我们获得了一个意义框架和科学家共同体的范式。在经过严格的规训之后，我们才能够进入到科学的研究行列中来，才能进行常规的科学研究。由于在这里科学变成了科学家对“自然之书”的“阅读”，在理论与观察以及理论与理论之间需要循环的理解，在科学共同体中，也需要有关“自然文本”的语义之间的“对话”。在这一阶段，科学解释的任务同文献解释、神学解释和法学解释一样。而按照帕尔默的观点，“解释学的任务就是在某种情况下关注一些看起来是死的东西，并且说明它与现在的联系”。③ 对以往的科学文献及其思想的解释、批判和对话是我们进入某一意义框架的重要环节。如爱因斯坦在创立狭义相对论时的一个重要前提，即“同时性”的相对性，就是在马赫对牛顿绝对时空观的批判文献的解释中受到启发的。在阶段1，科学家通常并不满足于对现象的描述，或者“让事实说话”。同时，他们还要通过收集到的材料对所接受的意义框架中的概念涵义进行意义分析，对意义框架作整体的把握。它表现为经验（事实）与不同的意义框架进行对话。除了像波普尔所说，观察渗透理论外，在面对事实与原有理论相矛盾时，并不会立即否证理论。因为按照拉卡托斯的观点，科学理论是一个研究纲领。这个纲领不是观测结果的简单概括，而是通过对话诠释获得的意义框架。所以，只通过反例是不可能驳倒一个理论的。毋宁说，任何一个经验事实都需要得到解释的。从研究纲领的理论，我们也可以看出自然科学的诠释性质。最典型的有门捷列夫用元素周期律对新发现的元素镓及其他元素原子量等观测数据所作的“修正”，以及爱因斯坦在与哥本哈根学派的争论中坚信：“上帝并不掷骰子。”在阶段2，在所接受的不同的理论和意义框架之间进行对话，或在原有的意义框架和新理论之间进行比较和修改，以达成一致。

① ［美］特雷西．诠释学·宗教·希望［M］．冯川译．上海：上海三联书店，1998. 47

② Crease R P. Hermeneutics and Natural Sciences ［M］. Boston：Kluwer Academic Publishers，1997. 86-87

③ Palmer R E. Hermeneutics ［M］. Evanston：Northwestern University Press，1969. 251

科学知识是一种全社会创造的知识，而且科学认识论在很大程度上是一种社会认识论。因此，科学发现也是一种科学共同体社会建构的产物。在科学已成为一种社会建制的今天，单独的科学家是不可能做出科学发现的，他必须借助于科学家共同体之间的交流。同时，为了使假说、观测或实验结果被当作是科学发现，它必须得到科学家共同体的认可。进一步讲，科学发现既有历时性（依赖于前辈）的成果，也有共时性（通过合作）的工作，可以说，是集体创造的，如牛顿于1679～1685年发展起来的万有引力是在伽利略、开普勒、惠更斯、笛卡儿、弗迈特和胡克的准备工作的基础上完成的。一项发现通常是一些科学家就某一共同的问题通过一种意向的合作工作创造的。他们可以分布在不同的地方，以"无形学院"的方式，彼此传递信息，参与到不断发展的对话中来；也可以是几代科学家通过长期的历史对话，使某一问题得到解决①。总之，科学的理论最终是通过对话、交流，也就是科学诠释获得的。由此可以看出，科学解释学实际上就是科学意义上的解释实践。因此，它也具有解释实践的特点，即它本质上是历史的、语言的、辩证的、解释实践作为一个"语言事件"不断地揭示"真理"，使文本的历史"客观性"不断显现。其最终要完成诠释的本体论任务，即不仅仅是揭示对象的存在，而且要揭示我们自身的存在。② 所以在解释实践中，"解释本文就是要解释存在，'超越本文，走向存在'正是伽达默尔解释学的本质，也恰是他超越维特根斯坦的根本之点"③。而超越文本，走向存在，在自然科学的诠释工作中，主要表现在对自然科学文本的语境诠释。

（三）自然科学文本指称的语境诠释性

所有的科学工作都是在一个解释学循环中完成的，没有哪种科学能够幸免。这确实意味着所有这些陈述都不会成为绝对的、终极的，或全面的理解。也就是说，科学家是在永远没有穷尽什么是真理的情况下说明某些事情的。然而这也并不意味着，科学家无法对"那是什么"做出真的陈述；他们陈述了一些真的东西，但是并不能一劳永逸地穷尽关于"那是什么"的真理④。实际上，科学家所做出的"那是什么"的陈述，并不仅仅是局限于对话者双方的"主体间"的协商、妥协，更为重要的是从诠释学循环的角度讲，不同的诠释者关于"那是什么"的陈述往往是不同的。这是由诠释者的语境和视域所决定的。科学家通常并不满足于说明事实

① Kantorovich A. Scientific Discovery——Logic and Tinkering［M］. New York：State University of New York Press，1993. 189-191

② Palmer R E. 1969. Hermeneutics［M］. Evanston：Northwestern University Press，1969. 242-243

③ 郭贵春．欧洲大陆和英美哲学传统之间的区别、关联与融合［J］．哲学动态，2005（1）. 45

④ Crease R P. Hermeneutics and Natural Sciences［M］. Boston：Kluwer Academic Publishers，1997. 54-55

是什么，而是要解释事实何以如此。这样一来，科学理论之间的竞争，并不仅仅是对话者主体间（intersubjective）、文本间（intertext）的“说明”，而是表现行为间（interaction）的解释，即文本指称之间的语境融合。这种融合使得科学争论从文本的涵义层面深入到文本的指称层面，并最终向人们展示出文本指称的多个意欲语境。使得“那是什么”的科学描述发展为“它何以是”的科学诠释。

科学诠释是用历史性的科学语言来进行的，“作为人与语言、历史和世界的关系的恰当的词不是‘使用’它们，而是参与到它们之中；人不能独立地形成语言、历史和他的‘世界’，他要使语言活动适应它们。实际上，语言不是人的工具，而是达到显现的方式”①。文本诠释包括两个方面或两种态度，即说明（explanation）和解释（interpretation）。在狄尔泰看来，“说明”是指实证主义学派从自然科学中借助可理解性并且把它用于历史的原则；而“解释”是理解的派生形式，它是人文科学的基本态度，通过它来与自然科学加以区分。那么，什么是文本呢？按照利科的观点，“文本”就是任何由书写所固定下来的任何话语。② 书写最终就是作为“说话意向”的话语，而且书写就是这种意向的直接标记。从历史上和心理学上来讲，书写是从谈话记号的书面抄录开始的。但是当文本取代话语时，却发生了重要的变化。在说话时，谈话者不仅出现在另一个人面前，而且出现在那个情境中，即话语的环境和氛围中。正是在对于这种氛围的关系中话语才是完全有意义的，回到实在最终就是回到这样一种实在，可以指出它是在说话者的“周围”。当话语成为文本时，话语的指称逐渐消失在“涵义”中，书面语词成为自为的语词脱离了原有的语境。所以，“在书写的文明中，语境本身再也不是能够在说话中显示的东西了，而被归结为一种书面著作展开的‘氛围’”③。因此，要完整地理解文本的意义，我们不仅要关注涵义，更为重要的是，我们要回到指称。重新展现指称的语境显现方式，从而在“涵义”和“指称”的关系中来把握文本的意义。如果我们把“说明”和“解释”看作是诠释的两极的话，那么，在意义方面也存在着“涵义”和“指称”的两分法（dichotomy）。按照利科的观点，意义的说明对应着涵义，而解释则对应着指称④。话语的涵义是“是什么”（what），而话语的指称是“关于什么”（about what），即“何以是”的问题。所以，从说明到解释就是从文本的涵义回到文本指称的

① Palmer R E. Hermeneutics［M］. Evanston：Northwestern University Press，1969. 243

② ［法］保罗·利科尔. 解释学和人文科学［M］陶远华，等译. 石家庄：河北人民出版社，1987. 148

③ ［法］保罗·利科尔. 解释学和人文科学［M］陶远华，等译. 石家庄：河北人民出版社，1987. 152

④ ［法］保罗·利科尔. 解释学和人文科学［M］陶远华，等译. 石家庄：河北人民出版社，1987. 72-173

语境解释。对我们来说，语境是通过文本展现出来的指称的总体①。

科学理论的概念是非常广泛的，从某种意义上讲，它包括框架和理论。框架是某一领域中的主要观点，它具有一些基本的概念和预设，而理论是建立在它的基础上的。当然，在框架和理论之间没有明显的区别：框架隐藏在理论中。但在具体情况下，一个一般框架和一个理论有着本质的区别。按照莫曼（R. Mirman）的观点，经典物理学不是一个理论，而是一个框架。它是建立在波和粒子这样的客体观点的基础上的，这些作为点粒子的局域化、概念化；原则上，就任意精确度来说，对于变量像位置、速度、动量、力等，都有可确定的相关值。牛顿定律更有点像是理论，但仍然是一个框架。量子力学也倾向于是一个框架，而不是一个理论。它是建立在这样一些概念基础上的，即所有物理客体都是由（实际上是）时空函数和其他可能的变量来描述的，并且是以相关组的函数为基础的表达式（它们存在于它的算子域——这些算子可以当作函数）②。由于理论总是要在一定的概念框架中才能建立起来，为了找到一个科学研究的逻辑起点，科学家往往要做出一种预设，而这种预设常常具有隐喻的性质。派普尔称这些隐喻为根隐喻（root metaphors）③。这个概念框架也就构成了科学文本产生的一种语境。作为一个概念框架，由于它是一种设定（如果……），所以，它是不可证伪的。它无所谓“真”和“假”，只有“有用”和“无用”的区别④。科学文本的语境，主要包括内在语境（文本的上下文）、外在语境（观察和实验的仪器、设备、程序和过程，以及社会因素等）和意向语境。因此，科学文本的解释就是通过科学文本的涵义进入到文本指称的语境。例如，实际上，在微观领域既没有粒子，也没有波，更没有波-粒两象性。因为“粒子”和“波”都是经典物理学的概念。人们之所以受这些概念的迷惑，是由于对实验和物理仪器的误解造成的。如果一束光（质子或电子），通过双狭缝打在屏幕上，强度很低，会显现出斑点。经过很长时间后，当打在屏幕上的斑点足够多，就产生出干涉条纹。事实上，无论是斑点还是干涉条纹都是实验（整体）的属性，而不是微观对象的属性⑤。确切地讲，它是微观对象和仪器、屏幕共同作用的结果。所以，当我们在微观领域说到“粒子”和“波”时，我们所指称的实际上是发射器、微观对象和屏幕或计数器

---

① ［法］保罗·利科尔．解释学和人文科学［M］陶远华，等译．石家庄：河北人民出版社，1987. 182-183

② Mirman R. Quantum Mechanics，Quantum Field Theory［M］. New York：Nova Sciende Publishers Inc.，2001. 14-15

③ Cormac E R M. A Cognitive Theory of Metaphor［M］. Cambridge，MA：The MIT Press，1985. 47-48

④ Mirman R. Quantum Mechanics，Quantum Field Theory［M］. New York：Nova Sciende Publishers Inc.，2001. 15-19

⑤ Mirman R. Quantum Mechanics，Quantum Field Theory［M］. New York：Nova Sciende Publishers Inc.，2001. 201

所形成的整体属性。究竟显现哪种属性，要依据我们（意向）所选择的实验来定。

从某种意义上讲，波-粒两象性的困惑，是我们在微观领域的概念框架中使用宏观物理学的语词造成的，是由于我们只是局限在文本“粒子”和“波”的涵义方面，而没有深入到它们的指称分析所导致的结果。正如伊德（Don Ihde）所认为的，现代自然科学所研究的“自然”已备于实验室，它同仪器和科学资料一起，构成了“技术结构”，即把科学文本和知觉的格式塔物质结合起来，形成一个“视读”混合体，而科学知识就是通过它们阐述的。科学解释不仅要关注文本的涵义，同时还要分析创造这种文本的科学技术结构①。而涵义是指称在某一语境下的显现方式。当我们的分析涉及指称时，也就是当我们理解了指称及其语境的显现方式，波-粒两象性在涵义层面上的“悖论”就会消失。

因此，科学研究不仅是说明，同时也是解释。它不是仅仅满足于经验事实和文本的说明，更为重要的是要对科学研究活动的程序、过程，以及实验技术装置进行解释。只有这样，我们才能对“技术结构”所阐述的科学文本有一个把握。可以说，科学诠释学贯穿于自然科学研究的整个过程，认识这一点，对科学研究具有重要的认识论意义。

第二节　语言修辞的语境维度

修辞学同哲学一样有着悠久的历史。它曾经被看作是哲学的敌人，柏拉图曾指责修辞学属于谎言的世界、虚伪的世界，但进入20世纪，哲学和修辞学却奇迹般地联姻，形成了继“语言转向”和“诠释学转向”之后哲学发展的第三次运动②。修辞学与哲学有着怎样的内在联系？哲学的“修辞学转向”的哲学意义是什么？准确地把握这场运动，对于我们梳理20世纪哲学发展脉络，具有重要的价值。

一、修辞学——说服、论证与发明理由

修辞学是一个古老的学科，有人说是恩培多克勒“发明”了修辞学。柏拉图也曾对修辞学做过探讨。修辞学被认为是“以一种极有说服力的方式掌握说话的才能，使得自己提出的论据总是能被说话的对象接受”③。

---

① Crease R P. Hermeneutics and Natural Sciences［M］. Boston：Kluwer Academic Publishers，1997. 119-121

② 郭贵春．“科学修辞学转向”及其意义［J］．自然辩证法研究，1994（12）. 13-19

③ ［德］伽达默尔．哲学解释学［M］．夏镇平，宋建平译．上海：上海译文出版社，2004. 22

（一）修辞学的一个中心任务是发现说服的方式

由于修辞术要通过说服别人来接受自己的论据，所以，修辞术的中心工作并不在于说服本身，而是似乎能够在任何一个给定的范围内发现说服的方式。因而修辞的技术不限于任何一种特殊的事物对象。因为任何技术都不着眼于个别的事物，而是研究某一类事物①。利科认为，古希腊的修辞学比晚近的修辞学具有远为充分的目的和远为明晰的内部结构。其目的在于掌控公众言论的说服艺术，它包括论辩、写作和口头表达术这三个领域。在亚里士多德那个时代，修辞学在“说服”的意义上作为特殊技艺的对象，构成了不同于哲学的领域。但通过“说服”与“或然性”概念之间的关联，它又与逻辑学建立了密切的联系，由此形成了一门哲学修辞学②。

亚里士多德的天才在于，他在其著作《修辞术》的开头就开宗明义地声明要把修辞学置入逻辑学的范围，并通过逻辑学将修辞学置入整个哲学的范围，即修辞学是辩证法的翻版③。但是，长期以来人们由于修辞学的说服功能把它仅仅当作“是一种雄辩的技巧，它的目标也就是雄辩术的目标”④。但却忽视了为什么要对听众进行说服，以及如何能够说服的问题。而这其中恰恰隐藏着修辞学的哲学意义，或者说，修辞学原理暗含了人类存在的境域性和有限性，以及意义和真理的语境性，体现在修辞学和辩证法的关系上。辩证法承认真理条件下的“一”和“多”，“多”最终统一于“一”，而修辞学则强调在多种相对真理的见解中，选取最适合某一语境的论据去说服听众。实际上，尽管修辞学不是一般真理和陈述的组成要素，但在修辞过程中，它必然要和真理以及陈述的组成要素发生联系，否则，说服推理就丧失了它的有效性。辩证法被称为省略三段论的或然性论证方法，而修辞学也包含一种省略三段论的论证技巧，所不同的是，整个修辞学应专注于讨论与这种论证相关的说服能力⑤。

（二）劝导和论证是修辞学的形式和手段

为了实现修辞学的目的，我们就必须采取劝导和说服论证的方式。亚里士多德认为，由言辞而来的说服论证有三种形式：第一种在于言说者的品格；第二种

---

① ［古希腊］亚里士多德．修辞术·亚历山大修辞学·论诗［M］．颜一，崔延强译．北京：中国人民大学出版社，2003. 7-8

② ［法］保罗·利科．活的隐喻［M］．汪堂家译．上海：上海译文出版社，2004. 34

③ ［古希腊］亚里士多德．修辞术·亚历山大修辞学·论诗［M］．颜一，崔延强译．北京：中国人民大学出版社，2003. 1

④ ［法］保罗·利科．活的隐喻［M］．汪堂家译．上海：上海译文出版社，2004. 7

⑤ ［法］保罗·利科．活的隐喻［M］．汪堂家译．上海：上海译文出版社，2004. 35

在于使听者出于某种心境；第三种在于借助证明或表面证明的论证本身。① 利科认为，说服论证体现了修辞学的原初意图，即说服别人，但它表达了向论证技巧的转变。“pithanon”（说服）与“pisteis”（论证）具有某种启发意义的亲缘关系（法语的语义未能保留这种关系），在古希腊，“论证”这个术语（复数的 pisteis）标志着客观论据优于说服工作的主体间的目的。当然，它不能排除主体间的说服，而向听众摆出论据证明本身则归属于逻辑。② 我们可以从中看出：说服论证的前两个方面涉及的是主体间的关系，而这些关系影响到言说者将采取什么样的论证方式，第三个方面则涉及为说服而进行的论证部分。

在修辞术中采用说服论证有两种方式，即例证与推理论证。③ 从归纳和演绎的逻辑性来看，例证就是一种归纳，推理论证是一种演绎（三段论）。④ 在论证过程中，究竟采用哪种论证方式是根据听众的具体境遇而定的。修辞学不是专注于纯粹的论证性学科，因为它是面向听众的，因此，它不能不考虑说话者和听众之间在知识背景、情绪、情感、习惯及信念方面的差异。简言之，严格的修辞学论证既要考虑那种取决于被讨论的材料的或然性程度，又要考虑取决于说话者和听者的品性的有说服力的涵义。⑤ 由此可以说，修辞学并不是一种构成实体领域的知识，而是一种易变的形式系统和万全之策——主题、比喻和修辞、推理系统（inferential schemes）、或然性、谨慎原则等。⑥ 由于考虑到上述情况，所以修辞术的功能就在于“研究我们有意研究却又缺乏这方面技术的事物，或者针对有些听众不能纵览演说论证的众多步骤或不能领会复杂的推理过程的情况”⑦。根据听众的情绪和理解力去进行推理，是修辞推理的重要特点。这就是为什么在隐喻推理中，人们要去努力发现本体与喻体之间的相似性。因为发现相似性可以使得我们对于那些缺乏推理技术的事物，通过我们已经认识和了解的事情来类比，或者对于那些不能领会某种复杂推理步骤和过程的听众，采用某种类比的形式让他们接受。这样，通过一种或然的推理方法，我们可以扩大我们的认识和探索的范围，同时也能够更好地说服别人。说服论证是一种证明，通过证明以使人们达到

---

① ［古希腊］亚里士多德．修辞术·亚历山大修辞学·论诗［M］．颜一，崔延强译．北京：中国人民大学出版社，2003. 8

② ［法］保罗·利科．活的隐喻［M］．汪堂家译．上海：上海译文出版社，2004. 38

③ ［古希腊］亚里士多德．修辞术·亚历山大修辞学·论诗［M］．颜一，崔延强译．北京：中国人民大学出版社，2003. 210

④ ［古希腊］亚里士多德．修辞术·亚历山大修辞学·论诗［M］．颜一，崔延强译．北京：中国人民大学出版社，2003. 10

⑤ ［法］保罗·利科．活的隐喻［M］．汪堂家译．上海：上海译文出版社，2004. 36

⑥ Simons H W. The Rhetorical Turn—Invention and Persuasion in the Conduct of Inquiry ［M］. London：The University of Chicago Press，1990. 344

⑦ ［古希腊］亚里士多德．修辞术·亚历山大修辞学·论诗［M］．颜一，崔延强译．北京：中国人民大学出版社，2003. 11

最大限度的信服。

（三）说服论证需要发现论证方式和发明理由

一篇演说必须具有提出陈述和说服论证两个部分。我们可以把演说分为引言、提出陈述、说服论证和收场白。① 因此，陈述毋宁是对思想的一种表达，而这种表达与所有启发活动相关，“对证明而言，存在着需要以这样或那样的方式阐明的某种区别”②。发现论证方式和发明理由，是修辞推理中的关键环节，它把说服和推理论证结合在一起，同时也把逻辑学和哲学结合在一起。它强调陈述的功能是使话语“显现出来”。发明理由就是要找到语言显现的语境条件。要想达到说服听者的目的，我们必须寻找与说服活动和论据紧密地联系在一起的显现方式，找到了理由，也就找到了说服推理的证据。如果说，说服论证如利科所说的表现为从主体间向论证技巧转变的话，那么，发明理由则是从论证技巧转向人的境遇、从语言转向话语。从这种意义上讲，尽管修辞学是一种说服论证的技术学科，但这种论证是和人的存在境遇联系在一起的，或者说，它是关于话语语境的推理论证。传统修辞学由于只是研究它的说服论证形式，而忽视了它与内容的辩证联系，因而只是把修辞学看作是一种补充的方法。这就决定了修辞学在19世纪成为一种无用之学而走向衰落。

二、哲学的修辞学转向——从语言到话语实践

语言的使用就是话语。对语言和话语关系的认识，后结构主义已经为我们提供了许多值得借鉴的思想。通过对语言运用中的譬语修辞学的重新思考，因而把英美语言学分析中某些未经审视的主张置于追问之中。而现代诠释学通过对文本的研究也最终回到了话语和言谈分析上来。诠释学的重新发现，引发了人们对修辞学的研究热情，这些研究涉及自然科学、社会科学和人文科学的各个领域。而事实上，“解释学和修辞学之间的这种关系，源自于人类理解的基础模式，它是形成人类存在本质的本体论的结构”③。这种结构用海德格尔的话来说，就是它的“此在性”，它决定了人类活动的境遇性。

20世纪西方修辞学发生的一个重大事件就是新修辞学的兴起。新修辞学运

---

① ［古希腊］亚里士多德．修辞术·亚历山大修辞学·论诗［M］．颜一，崔延强译．北京：中国人民大学出版社，2003.198

② ［法］保罗·利科．活的隐喻［M］．汪堂家译．上海：上海译文出版社，2004.40

③ Thomas B. Farrell. Landmark Essay on Contemporary Rhetoric ［M］. New Jersey：Lawrence Erlbaum Associates，1998.65

动最先受到理查兹（I. A. Richards）与伯克（Kenneth Burke）等的修辞学思想的影响。他们对于修辞学的本质，以及人类的活动和动机进行了深入的研究。在此影响下，麦克凯恩（Richard Mckeon）、沃尔特·韦弗（Walter Weaver）、布斯（Wayne Booth）、佩雷尔曼（Chaim Perelman）、图尔明（Stephen Tulmin）以及理查德·韦弗（Richard Weaver）等美国和欧洲大陆的学者对修辞学的理论的发展都作出了贡献，最后促发了一场声势浩大的哲学的“修辞学转向”运动。理查兹在《修辞哲学》中提出了修辞学的任务：一是研究语词在话语中如何发挥作用；二是研究误解及其纠正方法。这两个方面体现了他和奥格登在《意义的意义》所提出的新意义理论的思想，即语词的意义是它在语境中的阐释功能。这种新的意义理论强调，意义不是由语词决定的，而是由阐释者的语境决定的。理查兹认为，语境是“许多一起出现的事件组成的网络的名称，它包括既定的条件，也包括我们可以将其作为原因或结果而分离出来的东西”①。语词没有固定的意义，只有在某一确定的语境下，才通过话语整体拥有意义。在这种意义理论引导下，理查兹提出了他的隐喻语义学，认为语词的隐喻意义是“语境间的和解”，表现为语词的相互作用，强调话语事件对意义的决定作用。而伯克则在其修辞学理论中，提出了“认同”（identification）的概念。伯克认为，人类最重要的问题是疏远和分离，修辞学就是要解决这一问题的。伯克在其著作《动机的修辞学》中写道：认同，恰恰是靠诚挚来肯定的（证实的），因为存在着分离，认同是对分离的补偿，即它是对我们相互分离的矫正方法或必要的治疗。② 在理查德和伯克的影响下，最终产生了哲学的“修辞学转向”。

“修辞学转向”是指在当代思想中，尤其是在专门的实体科学中人们对修辞学的新认识。在这些专门的科学学科中，人们开始认识到他们的推理实践，无论是内部的还是外部的，都不可避免地包含了修辞学要素。这里的“内部”是指这些推理实践内在于一种特殊的科学语言共同体中；“外部”一般是指科学语言共同体的推理实践与相关的要应对其他科学（或非科学）语言共同体和社会。而在内部的修辞推理实践中，可以进一步分成两部分：明确的修辞学转向和含蓄的修辞学转向。所谓明确的修辞学转向是指这些著作者明确地认识到了修辞学与当代思想的相关性，修辞学被用作为一种批判和解释的工具。它包括理查兹、伯克、佩雷尔曼、麦克凯恩、韦弗等新修辞学家。含蓄的修辞学转向则体现在这些作者的著作中，他们虽然相对来讲并不了解修辞学的词语，但似乎正在从学科自觉方面探索某种词语来准确地描述推理实践方面所具有的修辞和说服力。这包括

① ［法］保罗·利科．活的隐喻［M］．汪堂家译．上海：上海译文出版社，2004. 105

② Herrick J A. The History and Theory of Rhetoric：An Introduction［M］. 3rd ed. New York：Pearson Education，2005. 223

库恩的《科学革命的结构》、费耶阿本德的《反对方法》、图尔明的《论辩的应用》、伽达默尔的《真理与方法》等①。

通过哲学的“修辞学转向”，修辞学已成为一种显学渗透到人文科学、社会科学和自然科学的各个领域，科学修辞学越来越受到人们的重视。传统上人们对科学的看法是，定义是科学话语的开始，因为虽然语词有多种意义，但它们在科学中的用法却只能有一种。正是科学的划分规定了这种规范的用法②。因此，经典修辞学认为，科学文本之类的论述超出了自己的范围，修辞学至多只能是一种“达到与规范程序相一致的判断”以及“在判断的活动中实现自身目标的能力”③。但随着库恩等的工作被人们接受，人们已经认识到，“科学的整个策略是指向在公共区域中创造最大的意见一致。这种意见一致必须以一种精神和谐为基础”④。为了让科学能在公共领域得到传播，科学家共同体之间以及共同体与民众之间就必须进行交流。但实际上，由于科学是一种社会建构，或者说，表现为科学家共同体的“范式”，科学家总是在一定的意义框架中来进行工作的。在接受了某一意义框架之后，虽然不同科学家共同体之间“共享一个概念”，但是他们在理解上是有着明显区别，比如在牛顿物理学和爱因斯坦相对论之间，关于物质、质量、能量、时间和空间等概念具有不同的意义，科学交流、科学评价以及科学辩护也是使用科学家共同体的话语来进行的。而库恩关于科学进步理论的整体意义可以概括为逻辑学向修辞学的规约。这样，就使得“科学论述是在‘有理由’基础上对或然性陈述做出的合法性保证”⑤。也就是说，“科学理论只有在范式中才是可以论证的，但只有在修辞性的劝导中才是可以接受的”⑥。随着图尔明（1958）和佩雷尔曼（1958）的著作提供了基础和案例，人们把科学劝导这种兴趣输入到辩论社会学的科学语境中。把辩论的社会学扩展到科学语境中，因此暗示了科学研究与其他带有必要的修辞学实践的社会努力是区分不开的⑦。

---

① Simons H W. The Rhetorical Turn—Invention and Persuasion in the Conduct of Inquiry［M］. London：The University of Chicago Press，1990. 352-353

②［法］保罗·利科. 活的隐喻［M］. 汪堂家译. 上海：上海译文出版社，2004. 50

③ Gross A G，Keith W M. Rhetorical Hermenutics：Invention and Interpretation in the Age of Science［M］. New York：State University of New York Press，1997. 31

④［英］约翰·齐曼. 可靠的知识——对科学信仰种原因的探索［M］. 赵振江译. 北京：商务印书馆，2003. 125

⑤ Prelli L J. A Rhetoric of Science：Inventing Scientific Discourse［M］. Columbia：University of South Carlolina Press，1989. 7

⑥ Vattimo G. The end of Modernity：Nihilism and Hermeneutics in Post-modern Culture［M］. Cambridge，MA：Polity Press，1988. 137

⑦ Simons H W. The Rhetorical Turn—Invention and Persuasion in the Conduct of Inquiry［M］. London：The University of Chicago Press，1990. 148

另外，尽管我们可以在原则上断言科学对所有理性生物都潜在地具有说服力，但这在实践上并不具有可能性①。原因在于科学受众处在不同的社会层次，他们对科学的认识、兴趣，以及理解力都是不同的，因此，为了让他们理解科学、接受科学，科学家共同体在公众中的权威和威信是非常重要的。同时，科学家必须根据具体的情况去"发明理由"，以达到说服科学受众的目的。在说服的过程中，考虑到有些受众不能理解科学的意义或不能领会复杂的推理过程的情况，所以，科学家往往要通过隐喻的方法或日常话语来形象地进行说明，如"薛定锷猫""电子湮灭"等。因此，在某种意义上讲，"科学受众对科学论述的判定，不是依据形式逻辑的原则，而是依据被接受的共同体的问题、价值、预期和兴趣"②。

总之，人们已经逐渐认识到，修辞学的普遍性是无界限的。只有通过修辞学，科学才成为生活的一种社会因素。一切超越了纯粹专家狭窄圈子的科学陈述通过它们所具有的修辞因素才获得其有效性。因此，修辞学在社会生活中的根本性作用是毫无疑问的③。认识到修辞学的普遍性，也就是认识到人类生存的境遇性，以及人类自身所固有的分离和斗争，从而产生了辩论、说服的必要性。在辩论和说服的过程中，文本的诠释转向话语的修辞，不同意见之间的疏远、分离，走向超越自身语境的"认同"。

三、语境论与新修辞学的"认同"

哲学的"修辞学转向"是在哲学的诠释学转向之后的又一次哲学的人类理智运动，它同诠释学转向一起，成为语言转向的延续。如果说按照哈贝马斯的观点，诠释学和分析哲学并不是对立的，而是"语言转向"的两个互补的形式的话④，那么，"修辞学转向"所起的作用就是从理论上确立了语言转向的合法性，并为这种合法性践行。如果说，哲学的语言转向经历了从语言作为运用（第一阶段）到语言作为对象（第二阶段），最后到语言作为话语（第三阶段），借助于明确的言谈分析进入了解释学领域的话⑤，那么，"修辞学转向"则是通过对人

① ［英］约翰·齐曼．可靠的知识——对科学信仰种原因的探索［M］．赵振江译．北京：商务印书馆，2003. 125

② Prelli L J. A Rhetoric of Science：Inventing Scientific Discourse［M］. Columbia：University of South Carlolina Press，1989. 7

③ ［德］伽达默尔．哲学解释学［M］．夏镇平，宋建平译．上海：上海译文出版社，2004. 25

④ Habermas J. Truth and Justification［M］. Trans by Fultner B. Cambridge，MA：The MIT Press，2003. 51-52

⑤ ［美］特雷西．诠释学·宗教·希望［M］．冯川译．上海：上海三联书店，1998. 102

类言谈的修辞学本性的分析，揭示出人类的生存本质。言谈分析要求研究从词汇到句子再到文本的运动，这就需要研究越来越具有语言学复杂性的过程和情形。意义不存在于词汇、文本中，而是存在于具体语境的言谈中。而人类言谈的修辞学本性使得意义的理解和接受成为可能。

哲学的“修辞学转向”是以理查兹和伯克的新修辞学理论为基础的。理查兹的“意义的语境理论”把意义的实现看作是一个语境中语词的相互作用，话语事件对意义的产生具有决定的作用。而伯克的修辞“认同”则为不同语境之间的交流和理解提供了更为牢固的人类生存论基础。伯克认为：“旧修辞学的关键词是‘劝说’，强调‘有意识的’的设计，新修辞学的关键词是‘认同’，其中包括部分‘无意识的’因素。”① 劝说是为了消除人们之间的疏远和分离，走向修辞学的“认同”。在伯克看来，人类的本质是使用符号，使用符号对于人类来说既是最好的也是最坏的特性。也就是说，我们创造了一个对象世界把我们与世界分隔开②。因此，语言不是一种用于描述客观存在的中性工具。相反，符号就是存在的本质，是我们理解我们自己和世界的途径，是我们影响变革的工具。语言总是具有一种策略维度。“即使是任意给定的词语，都是存在的反映，正由于此，作为词语的本质，它必然是实在的一种选择；因而在这个范围内，它也必然起着偏离实在的作用。”③

伯克认为，由于存在着语言的意向，所以，任何一组用于描述一个对象、事件或人物的词语，都自然地把注意力指向了某些要素而去除了其他的方面。因此，所有语言都内在的是修辞学或策略上的。例如，如果我把一个人描述为“消费者”而不是作为一个“公民”，那么我是偏重于人们的经济而不是政治描述。同时，我策略上把注意力指向了人的经济活动的论据，而总是去除了他们的政治活动的论据。伯克的这一观点与胡塞尔的“侧显”的思想是一致的。胡塞尔认为：“意向对象总是在连续的或综合的意识过程中不同地呈现自己，或者说，它总是从不同侧面显示自己。”④ 伯克把语言比喻成“滤色镜”，“当我说到‘语词过滤器’时，我特别想到了我曾经见过的照片。它们是同一对象的不同照片，它们的差别是由于使用了不同颜色的滤镜而产生的”⑤。类似地，我们在思想中和在知觉中所使用的词语，起着我们经验滤色镜的作用。因此，语言不只是“反

① Kenneth B. Rhetoric-old and new［A］//Steinmann M. New Rhetorics［C］. New York：Scribner's Sons，1967. 177

② Herrick J A. The History and Theory of Rhetoric：An Introduction［M］. 3rd ed. New York：Pearson Education，2005. 225

③ Kenneth B. Language as Symbolic Action［M］. Berkeley：University of California Press，1966. 45

④［德］埃德蒙德·胡塞尔. 纯粹现象学通论［M］. 李幼蒸译. 北京：商务印书馆，1995. 317

⑤ Kenneth B. Language as Symbolic Action［M］. Berkeley：University of California Press，1966. 45

映”实在，它还“选择”实在。语言不仅仅描述真、经验或理念，相反，它引导我们去关注某些事物，而忽视其他的东西。“因为我们不用词语就不能说任何事情，所以我们必须使用词语滤色镜。无论我们什么时候使用它们，它们都必然地构成了相应种类的滤色镜；任何这样的滤色镜都必然把注意力指向一个方面（看的方式）而不是其他方面。”① 正因为人们的意向不同，境遇不同，也就产生了不同的语境，从而也就产生了语境依赖的意义。所以，人类才产生了争论，产生了疏远和分离，所以修辞学的目的就是要消除这种对立，达到“认同”。

实现“认同”之所以可能，是因为我们人类共同拥有一种特征。伯克借用宗教术语“三位一体”来表示：把这三个方面看作是我们人类共同的本体，包括自然化身、共同的动机和语言本身。在这个本体之上，人们之间的认同构成了一种修辞的可能性。修辞学的目的是要使由于疏远和竞争所造成的分离的个人联系在一起。由于斗争和分离是内在于人类境遇的，所以，不存在完美的修辞解决办法。实际上，修辞学本身就包含着斗争，或者说，“每一个修辞文本都内在于一个特定的语言语境”②。

伯克的“三位一体”概念构成了人类成员之间修辞“认同”的基础。首先，尽管人类话语具有语境依赖性，但像库恩所说的，一个概念在一定时间内可以被共同体所共享③。使用共同的概念和语言为我们的历史诠释提供了基础，也为实现说服的目的建立起言说者和听众之间的联系。其次，虽然我们的境遇不同，有着不同的“语境”和“视域”，但我们有着共同的存在，即“在世界中”。所以，我们才能在修辞学的劝导和诠释学的解释中，达到“视域融合”。最后，我们有着相同的行为动机，即寻找共同的意义。彼策（Bitzer）也认为：“我们体验了‘一个不断的分离和聚集的状况；我们努力去超越分歧’……修辞学需要‘去发现共同的意义、使符号相一致，以及一起行动的方式，因而促进合作’。”④ 由于语境不同，人们所使用的语词及其意义就不同，人们在“语言滤色镜”中所反映的实在也就不同，但我们可以通过修辞学来实现“认同”的目的。修辞活动的本质和目的就是寻求和实现“认同”，即我们可以通过劝导和说服论证“有意识”地达到说服的目的。然而更为重要的是，我们之所以能够说服听众，就在于人类所共同具有的“三位一体”的特征。它为“认同”的实现提供了本体论的

---

① Kenneth B. Language as Symbolic Action ［M］. Berkeley：University of California Press，1966. 50

② Gross A G，Keith W M. Rhetorical Hermenutics：Invention and Interpretation in the Age of Science ［M］. New York：State University of New York Press，1997. 210

③ Hiley D R，Bohman J F，Shusterman R. The Interpretive Turn ［M］. New York：Cornell University Press，1991. 20

④ Herrick J A. The History and Theory of Rhetoric：An Introduction ［M］. 3rd ed. New York：Pearson Education. 2005. 223

基础，同时也揭示了人类“无意识”的“认同”的深层结构。

伯克的“三位一体”的思想和“语词滤色镜”的概念，以及理查兹的“意义理论”全面地展现了意义的语境论思想，提出了修辞学产生的原因及其必要性，同时也论证了这种修辞学的可能性。意义属于话语，而话语是语境的，在不同语境中的言谈所进行的语言选择形成了我们的概念，并且揭示了我们的意向，同时也使我们之间产生了疏远和分离。但这种“语境论”不是一种主观的选择，而是人类的生存境遇决定的，因此，它不会走向相对主义。相反，正是通过人类自身所具有的“三位一体”的生存本性，我们可以借助于修辞学实现不同语境之间的沟通而达到变化的“认同”。

第三节　诠释学、修辞学、辩证法及其相互关系

20世纪的哲学发展可以概括为语言转向，其标志是分析哲学得到了前所未有的发展。但伴随着这一语言转向的远远不止于语言的逻辑分析方法，诠释学、修辞学和辩证法也出现了复兴。到了20世纪的50年代，这种趋势表现得更为明显，而这些方法的出现成为逻辑分析方法的补充。诠释学、修辞学和辩证法一样都是古老的学科，在古希腊就受到学者的普遍关注，并且，它们之间还存在着某种密切的联系。弄清楚这些方法之间的关系对我们理解哲学的基本问题及其相关的方法具有重要的意义。

一、作为普遍的认识理论

诠释学、修辞学和辩证法，作为和语言联系非常密切的三个学科在中世纪分别都得到了不同程度的发展，但在这一时期，三者之间的关系并没有得到人们更多的关注。从德国人文主义者和神学家梅兰希顿开始，诠释学与修辞学之间的联系才重新开始受到重视。他认为修辞学和诠释学作为使用语言的方法和艺术对培养年轻人的阅读、理解和表达能力是非常重要的，有必要对这两个学科加以重视。这种把阅读理解和表达能力加以联系的思想深深影响了施莱尔马赫，以至于他认为诠释学在实践中应当放弃逻辑原则，因此它不应该属于逻辑学。解释艺术依赖于讲话艺术和理解艺术的组成并以它们为前提。通过话语这一思维共同性的中介，修辞学与诠释学形成相互隶属的关系，并且与辩证法有共同关系①。

在亚里士多德的《修辞学·亚历山大修辞学·论诗》中，亚里士多德就对

① 洪汉鼎．理解与解释——诠释学经典文选［M］．北京：东方出版社，2001.48

修辞学和辩证法之间的联系做过分析，认为："修辞术是辩证法的对应部分，因为两者关心的对象都是人人皆能有所认识的事情，并且都不属于任何一种科学。"① 当然，在亚里士多德看来，修辞学与辩证法之间的联系远不止这些。诠释学、修辞学和辩证法不是具体的技术学科，而是具有普遍意义的哲学学科。亚里士多德就曾认为：修辞学和辩证法一样，不限于任何一种确定的事物对象，它们不是具体的技术学科，而是一种普遍有用的知识和能力。

首先，它们三者都根源于语言的逻各斯。辩证法概念在 19 世纪哲学中所起的作用已经证明了这一点。"希腊思想从一开始就把自己视作存在本身的一个因素，这也是巴门尼德在思想中所发现的通向真理之路的最重要的路标。正如我们所强调的，作为逻各斯事件的辩证法对于希腊人来说，并非一种完全是由思想所指引的运动，而是一种可被思想经验的事物本身的运动。"② 柏拉图在《巴门尼德斯》中就受困于"一"与"多"的问题，由此衍生出"静"与"动"，以及"同"与"异"等问题。亚里士多德也曾对这一问题做过分析。正如本书第二章第一节所提到过的，那些古代的一些学者们，为了避免"一"产生"多"的问题，改变了语言中某些含有"是"的句子的习惯说法。通过亚里士多德的描述和分析，我们可以肯定地说，"一"和"多"的问题首先来源于希腊语言中"存在"这一语词的丰富性上。在海德格尔所揭示的"存在论差异"中，最为根本的差异恰恰是"是"与"存在"之间的这一复杂关系。③ 无论是柏拉图和奥古斯汀的辩证法还是黑格尔的绝对精神的辩证发展，逻各斯和语词的结构只是其逻辑内容的单纯反映，一种正—反—合的单调形式。与此不同的是，伽达默尔在这种形式之外还看到了另一种辩证法，即每一个语词都与逻各斯整体保持一种内在多重联系。"一"和"多"这一辩证法的基本形式，把逻各斯事件的内在结构揭示出来，正是这种"一"和"多"，才有语词的多义性，才有诠释学的根据；这种"一"和"多"，也使得有限的个人之间通过说服论证达到修辞学的相互认同。无论怎样，真正把诠释学引入哲学领域的是德国哲学家施莱尔马赫和狄尔泰。施莱尔马赫在诠释学发展中的重要地位在于他第一次把诠释学理论系统化，但他是从哲学的角度把它系统化的。这表现在他的诠释学理论的研究重心在于理解本身，而不是被理解的文本。这样一来，诠释学不仅具有方法论的意义，而且也成了一种认识论。

其次，它们都是帮助理解和解释的技术和能力。诠释学是一种理解的技术，

---

① ［古希腊］亚里士多德. 修辞学·亚历山大修辞学·论诗.［M］. 颜一，等译. 北京：中国人民大学出版社，2003. 3

② ［德］伽达默尔. 真理与方法（下卷）［M］. 洪汉鼎译. 上海：上海译文出版社，2004. 597

③ ［德］伽达默尔. 真理与方法（下卷）［M］. 洪汉鼎译. 上海：上海译文出版社，2004. 593

它的目的是使意义成为自明的。在解释的过程中，有语法解释和心理学解释两个方面：语法解释是“客观的”；而心理学（技术的）解释是“主观的”。前者确认构造的方式是单纯的意义规定，而后者则把构造的方式认为是意义的暗示。它们都不能完全保证作者绝对正确地使用了语言，以及解释者完全准确地理解了语言。因此，理解是一种无限的过程。[①] 施莱尔马赫的诠释学强调：诠释者在解释和理解文本时，一个重要的前提就是，我们要努力克服自己的意识而进入到作者的意识中去。这样，在阅读文本时，除了我们要通过重构作者的心理过程以便了解作者的心理外，还要对语言的历史和性质有所了解。“如果不理解某个语言的全部历史和性质，我们也不能理解该语言的某个时期，并且如果不知道一般语言，我们也不能理解一个语言时期。”[②] 当然，历史性在海德格尔看来，已经不再是一种需要加以克服的消极东西——每一个诠释者都面临着诠释学的前结构。伽达默尔也把前理解当作是诠释学无法回避的阶段和过程。诠释的历史效果不仅无需克服，而且还是诠释学达到视域融合的有利条件。

再次，“它们都是提出论证的某种能力。”[③] 诠释学和修辞学作为阅读、理解的能力对说服论证是不可缺少的环节。只有弄清楚文本（或话语）的意义，说服论证才能进行。诠释学、修辞学和辩证法作为一种普遍的论证能力具有广泛的适用性，如修辞学是“在每一事例上发现可行的说服方式的能力。其他的技术则不具备这种能力。其他的技术只在自身的对象范围内才有教导和说服的功能，例如医术之于健康与疾病，几何术之于形体的偶性……然而修辞术如所说的那样似乎能够在任何一个给定的范围内发现说服的方式。所以我们说修辞的技术不限于任何一种特殊的事物对象”[④]。在亚里士多德看来，修辞学和辩证法的功能不在于说服本身，而在于发现每一事例中的说服方式。显然，具体的说服依赖于某些专业的知识，但说服方式则体现了提出论证的视角和方法，也就是从这种意义上讲，诠释学、修辞学和辩证法才能被称为是提出论证的能力。作为提出论证的能力，辩证法和修辞学从正反两个方面进行推理，并从两方面得出结论。诠释学、修辞学和辩证法要发现这种说服方式，当然在发现说服论证的方式上，修辞学和辩证法有某些不同。实际上，修辞家既可以指他的知识也可以指他的意图。诡辩

---

① 洪汉鼎．理解与解释——诠释学经典文选［M］．北京：东方出版社，2001. 23

② 洪汉鼎．理解与解释——诠释学经典文选［M］．北京：东方出版社，2001. 29

③［古希腊］亚里士多德．修辞学·亚历山大修辞学·论诗．［M］．颜一，等译．北京：中国人民大学出版社，2003. 10

④［古希腊］亚里士多德．修辞学·亚历山大修辞学·论诗．［M］．颜一，等译．北京：中国人民大学出版社，2003. 8

者在于他的意图，而辨证论者则不在于其意图而在于其能力①。在修辞过程中，修辞学既表达了具体的知识，也表达了修辞家说服的目的，这是修辞学语辩证法的区别所在。正如柏拉图在《高尔吉亚篇》中所认为的，修辞学的目的在于说服别人，而其他技艺也可以产生说服的结果，但修辞学显然是为了让人确定信念，而无关乎知识的对与错②。和修辞家不同的是，诡辩家只考虑自己的意图，而不择手段。与前两者不同，辨证论者更强调通过论证来达到真理，辩证法所强调的不是说服，而是增强说服的能力，所以它所侧重的是一种论证而不是说服③。为了实现这一目的，辨证论者更关注观察事物的角度，从不同的方面对事物做出尽可能全面的分析。

作为提出论证的能力，辩证法和修辞学在推理的各个方面也存在着诸多诸多异同点。在《论题篇》中，亚里士多德分析了辩证法和修辞学在推理方面的异同，指出在推理形式上修辞学和辩证法既采用归纳法又采用演绎法，这是它们相同的地方。相异之处表现在：一方面，根据大量事实来进行的证明在辩证法中被称为归纳法，而在修辞学中则称为例证法；另一方面，当我们给定了某些先决条件时，从这些条件中推出另外某一结论——这个推理过程，在辩证法中被称为三段论，而在修辞学中被称为推理论证④。从推理的机制方面来看，辩证推理和和修辞推理都不能被看作是严格的推理，原因在于辩证法的三段论和修辞学的推理论证都是从正反两方面或多个方面进行推演。由于选取的角度和依赖的条件缺乏量的规定性，结论并不具有唯一性。从推理的根据来看，辩证法的推理不是建立在偶发的事实基础上，而是从所需的论证中推出结论。修辞术则从已知是约定俗成的东西中得出结论。在修辞推理中，“修辞学不可能专注于纯粹的论证性学科，因为它是面向听众的，它也不能不考虑说话者的性格和听众的情绪，简言之，它坚持公开运用话语的主体间向度和对话向度”⑤。这样一来，修辞学所具有的说服、论证的特点最终成为从说服向论证技巧的方面转变，考虑到听众的情感、情绪、习惯和信念就使得修辞学在论证过程中无法摆脱意见内容的影响和牵制而走向推理的形式化，我们无法将这种论证纳入到或然逻辑中，而只能看作是一种说服的技艺。

在亚里士多德那里，修辞术和辩证法只是当作一种言辞的科学，所以从目的

---

① ［古希腊］亚里士多德．修辞学·亚历山大修辞学·论诗．［M］．颜一，崔延强译．北京：中国人民大学出版社，2003. 7-8

② ［古希腊］柏拉图．柏拉图全集（第一卷）［M］．王晓朝译．北京：人民出版社，2002. 328-329

③ Frans H，Van Eemeren. Dialectic，Rhetoric. The Warp and Woof of Argumentation Analysis［C］. Boston：Kluwer Academic Publishers，2002. 5

④ ［古希腊］亚里士多德．修辞学·亚历山大修辞学·论诗．［M］．颜一，崔延强译．北京：中国人民大学出版社，2003. 10，19

⑤ ［法］保罗·利科．活的隐喻［M］．汪唐家译．上海：上海译文出版社，2004. 36

上来讲，说服属于修辞学，而不是辩证法①。修辞学运用言辞和他人建立起对话，目的在于为他人确定信念。与此不同，“辩证法是一种引导谈话的艺术，其中也包括引导同自己的谈话，致力于与自己达成一致意见的艺术，但这乃指这样一种艺术，即探究人们以他们所想和所说的究竟意指什么”②。总的来说，无论是诠释学、修辞学还是辩证法都揭示了我们认识的有限性，以及认识的条件及其方式。

二、它们都属于一种实践的学科

伽达默尔认为：诠释学和修辞学具有同一性在于它们都不属于理论的学科，都不是逻辑，而是实践能力——一种语言实践的能力。诠释学、修辞学和辩证法都揭示了人的生存境遇，揭示了人的有限性。诠释学作为一种实践的学科总是处在一种具体的情境中，处在人类经验的世界中，经验在诠释学中具有特殊的意义，它是构成效果历史的基础。经验在这里并不像迄今为止的科学的认识论所认为的那样，这种认识论完全是从科学出发来看问题，仅仅把经验看成是一堆可以重复的材料，借助于这种可重复性来实现证实。科学的目的就是这样来客观化经验。而以往无论在自然科学中还是在历史批判的精神科学中，都试图保证经验的客观性，以清除经验中的历史因素③。所以，以往的科学是一种抽象的科学，而不是历史的科学。

胡塞尔敏锐地发现了这一问题，为了克服科学中的经验理想化的片面性，以说明经验作为生命世界的经验在它被科学理想化之前就存在，他提出了“生活世界”的概念。尽管在胡塞尔的后期哲学中，一切都围绕着“世界”或“生活世界”这个普遍的境遇，但在他的哲学体系中，作为先验主体性的意识仍然占据着核心地位。胡塞尔把预先给予的敞开状态之维度——“世界”宣布为意识的构造产物，由此就把“世界”置于意识之内在性中了。按照他的理解，“任何一个空间对象都必定是在一个角度上，在一个角度的映射中显现出来，这种角度或这种在其中每个空间对象都必然显现出来的透视性映射，始终只是单方面地使该对象得以显现，无论我们如何完整地感知一个事物，它永远也不会在感知中全面地展现出它所拥有的，以及感官事物性地构成它自身的那些特性”④。这样，胡塞尔为了克服外在的超越性，就颠倒了构造世界的意识与世界的关系。

---

① Frans H, Van Eemeren. Dialectic, Rhetoric. The Warp and Woof of Argumentation Analysis［C］. Boston：klumer Academic Publishers，2002. 6

② ［德］伽达默尔．真理与方法．［M］．洪汉鼎译．上海：上海译文出版社，2004. 812

③ ［德］伽达默尔．真理与方法．［M］．洪汉鼎译．上海：上海译文出版社，2004. 450

④ ［德］胡塞尔．生活世界现象学．［M］倪梁康译．上海：上海译文出版社，2002. 46

海德格尔看出了胡塞尔现象学的这个错误，但他并没有直接把胡塞尔那种颠倒了的关系重新颠倒过来，用世界取代构造敞开状态的世界的意识，而是用存在来取代意识。在他的《时间概念史导论》中，他分析了自笛卡儿以来批判哲学的发展历史，其中一个共同的缺陷就是把意识内容看作是心理的东西加以接受。在海德格尔看来，胡塞尔的意向意识就是“现象学的实事”，但他所要做的是对意向意识的存在做出规定。① 当然，至少在20世纪30年代之前，海德格尔并未对意向意识的存在做出令人满意的工作，这时他所设想的是：“意识在对对象的意向体验中构成相应的境域，又从这些境域中把普遍境域‘构筑’起来。”② 意向体验就是行为，但行为不是指什么活动、过程或任何一种力量，而仅仅是指意向性的关系。③ 这样，体验领域通过意向性特征而获得规定，在体验中，超越的世界基于体验的意向性而以某种方式当下在场。当下在场的体验作为个人的经验只是在个人的行为中才实际存在，所以经验就是对人类有限性的经验。在经验中，人类在筹划和自我认识中找到了它们的界限，并且在有限的“你”中找到了我自身，“你”和“我”的交互主体结构既相互对立、又相互联系和统一。在海德格尔后期哲学中，生存诠释的分析被语言实践所代替，言语被看作是人的活动，使人进入生存④，诗人的语言之思展现了存在者的敞开境遇。这种对界限的洞见使得诠释学经验在“你”和“我”的关联中形成了诠释学的辩证发展，效果历史意识作为一种真正的经验形式，反映了经验的普遍结构。⑤在这种结构中，诠释学经验总是体现为在前意见所规定的处境中讲话。这种处境是我们进行诠释的可能性的条件，被我们称为诠释学处境。诠释学经验总是在效果历史意识中实现的。每一种诠释都是流传物内容本身，对流传物的每一次领会都是历史地相异的领会，每一领会都是事物本身某一方面的经验。⑥ 因此，诠释的理论，像所有诠释（这包括本身作为人类经验世界的一般解释的哲学）一样，都是实践激发的范围，都是建立在实践和自身构造实践的基础上。⑦ 坚持诠释学的实践性，就是坚持人类生存的境域性和独有的视域特征，从而需要交互主体的辩证作用。

修辞学和辩证法同样具有实践的特点。相同点在于：第一，修辞学和辩证法

---

① ［德］克劳斯·黑尔德．世界现象学［M］．倪梁康，等译．北京：生活·读书·新知三联书店，2003. 149

② ［德］克劳斯·黑尔德．世界现象学［M］．倪梁康，等译．北京：生活·读书·新知三联书店，2003. 153

③ ［德］海德格尔．时间概念史导论［M］．欧东明译．北京：商务印书馆，2009. 43

④ ［德］海德格尔．诗·语言·思［M］．彭富春译．北京：文化艺术出版社，1991. 167-168

⑤ ［德］伽达默尔．真理与方法［M］．洪汉鼎译．上海：上海译文出版社，2004. 464-465

⑥ ［德］伽达默尔．真理与方法［M］．洪汉鼎译．上海：上海译文出版社，2004. 611-612

⑦ Hiley D R，Bohman J F，Shusterman R. The Interpretive Turn［M］. New York：Cornell University Press，1991. 12

都属于语言实践，它们都是一种提供论证的实践能力；第二，它们都是引导我们为某一问题的双方寻找证据，都是从正反两方面来作证明的。不同点在于：首先，辩证法涉及一般、抽象的问题，而修辞学涉及特殊和详细的问题。其次，辩证法所涉及的是对话，因此涉及问和答，而修辞学主要涉及的是持续的言说。再次，在从事辩证法和修辞学的实践方面的人员类型和构成上也有所不同。辩证法涉及两组参与者，而修辞学是在言说者和听众之间进行的。最后，在语言实践中，辩证法所涉及的更具有一般性，或者说，辩证法揭示了各种可能性，而修辞学则更多地应用于实际情形①。但尽管如此，辩证法和修辞学在实践层面上是交织在一起的：修辞的对象是言说，辩证法的对象是对话。言说可以嵌入到对话中去，对话也可以嵌入到言说中②。这种嵌入说明了在语言实践中，修辞学和辩证法相互交织在一起。无论是修辞还是辩证，都体现了人的经验的有限性。只有在不同的时空和语言中，我们的知觉和经验才能与他人的知觉和经验做比较，才能展示事物的多重角度。③ 所以，诠释学、修辞学和辩证法都具有有限境域间对话和交流的特点，都属于实践的学科。

三、它们都关涉“存在”与“是”的关系这一哲学的基本问题

诠释学、修辞学和辩证法都属于实践的学科，它们是构成了我们语言实践的主要内容，而语言实践本身都关涉人的存在领域。什么是存在呢？在亚里士多德看来，“存在有多种涵义，但全部都与一个本原相关。因为事物被说成是存在，有些由于实体，有些由于是实体的属性，有些由于是达到实体的途径，有些则由于是实体的消灭、缺失，性质、制造能力或生成能力；或者由于是与实体相关的东西，或者由于是对这些东西中某一个或对实体的否定。故我们说，非存在也是非存在的存在”④。尽管亚里士多德承认存在有多种涵义，但这并不妨碍他把这些不同概念的事物看作是出自同一本性，所以最基本的东西乃是存在本身。所有其他事物依赖于这个事物而存在，并由它而被指称⑤。在这方面，存在学说的疑

① Frans H, Van Eemeren. Dialectic, Rhetoric. The Warp and Woof of Argumentation Analysis [C]. Boston: klumer Academic Publishers. 33-34

② Frans H, Van Eemeren. Dialectic, Rhetoric. The Warp and Woof of Argumentation Analysis [C]. Boston: klumer Academic Publishers. 38

③ [法] 梅洛·庞蒂. 知觉现象学 [M]. 姜志辉译. 北京：商务印书馆，2005. 102

④ [古希腊] 亚里士多德. 形而上学 [M]. 苗力田译. 北京：中国人民大学出版社，2003. 59

⑤ 参见 [法] 保罗·利科. 活的隐喻 [M]. 汪唐家译. 上海：上海译文出版社，2004. 366；[古希腊] 亚里士多德. 形而上学 [M]. 苗力田译. 北京：中国人民大学出版社，2003. 59

难性似乎决定了本体论与辩证法的接近，其中本体论的核心部分是存在，辩证法起到了一种围绕这一核心的意向侧显。用海德格尔的话说："思维与存在处于一种共在。如此一来，或只有在我们这里，存在才能作为存在而成其本质，也就是只有我们在场，存在才能显现。因此存在不在场，而'是'才在场。"① 辩证法离不开存在论，它揭示了人的在场和有限性。只有我们人的存在，存在才能显现。构成显现的正是"是"这一语词："存在"并不显现事物，而只有"是"才显现，因为只有"是"才构成了人与世界共在的在场，在这个复杂的"是"中，人的意向同世界相关联。意向性是完整的，它统一在意识活动中。在亚里士多德那里，统一的本体论下的存在的"多样性"似乎要取代柏拉图的"分有"。无论是否可能，但可以肯定的是，这种分层次多义性的提出，其目的在于最终把事物的各种定义归属到存在这一层面上去。这样看来，存在起着"共同概念"的作用②。"存在"的"一"和"是"的"多"构成了"存在"和"是"的隐喻形式。"一"和"多"这一哲学的基本问题，在柏拉图和亚里士多德那里慢慢地呈现出来，世界与人的存在都消解在"一"和"多"的关系中。辩证法也产生于"存在"与"是"的这一基本问题中。在"是"与"不是"的对立面的相互依存和贯通中，都体现了存在的不同侧显。语言的思辨存在方式具有普遍的本体论意义。

人的存在总表现为有限性，这种有限性是由人的生命的有限性和活动的局域性所决定的。这就造成了理解和解释的视域性。在海德格尔和伽达默尔看来，无论是理解的前结构还是历史间距都是人无法避免和克服的。正是这种有限性产生了理解的冲突（注释），理解的冲突体现了"存在"与"此在"，以及"是"与"存在"的矛盾。在《现象学的基本问题》中，海德格尔所要解决的问题是如何完成从"存在"到"是"的过渡，通过"存在论差异"的分析，可以得到"此在"与"存在""上手性"与"在手性""本真的存在"与"非本真的存在""存在"与"存在者"之间的差异③。对这些差异做出区分，目的在于弄清楚如何从物的追问进入到一物何以为一物的问题。对物的追问得到了"物就是诸多在其上现成的并同时变化着的特性的现成的承载者"④。仅仅停留在"物是什么"的思考，哲学就无法开始。⑤ 从存在者层面（形而上学）过渡到"是"（存在）层面（语言），使得语言具有了思辨性。"虽然语言表达的东西是同所说的语词

① ［德］海德格尔．同一与差异［M］．孙周兴译．北京：商务印书馆，2011. 37

② ［法］保罗·利科．活的隐喻［M］．汪唐家译．上海：上海译文出版社，2004. 363

③ ［德］海德格尔．现象学的基本问题［M］丁耘译．上海：上海译文出版社，307

④ ［德］海德格尔．物的追问［M］赵卫国译．上海：上海译文出版社，2010. 31

⑤ ［德］海德格尔．物的追问［M］赵卫国译．上海：上海译文出版社，2010. 2

不同的东西，但语词只是通过它所表达的东西才成其为语词。只是为了消失在被说的东西中，语词才有其自身感性意义的存在。反过来也可以说，语言表达的东西决非不具语言的先予物，而是唯有在语词之中才感受到其自身的规定性。"[①]语言是联系自我和世界的中介，或者更正确地说，语言使自我和世界在其原始的依属性中得以表现。这种中介体现了古代的辩证法，它不是主体的某种方法上的东西，而是思维所"遭受"的事物本身的行动。它指明了一种普遍的本体论的结构，亦即指明了理解所能一般注意的一切东西的基本状况。能理解的存在就是语言[②]。

由于"存在"和"是"所形成的"一"和"多"的关系，文本所具有的多重意义通过诠释过程得到显现。帕尔默认为：从诠释学的发展上看，诠释学的领域可以分为六个截然不同的方面：①圣经诠释理论；②一般哲学方法论；③所有语言理解的科学；④人文科学的方法论基础；⑤存在与存在理解的现象学；⑥包括回忆和破除偶像的解释系统，使人获得神话和象征背后的意义[③]。这六个方面体现了从早期的文献学和圣经解释，经过施莱尔马赫、狄尔泰、海德格尔到利科的诠释学发展。在这个发展过程中，我们看到了从语义学向存在论的转变，或者说，把语义学整合进存在论之中[④]。整合使语义层面和存在层面相连接，使解释从意义过渡到指称对象，这样，我们才能克服胡塞尔《逻辑研究》中语义的单一性，才能超越语义学的形式逻辑而达到先验逻辑。在先验逻辑中，语义解释是"建立在可能性条件的层面上：这不是在性质之客观性层面，而是在占有我们意欲存在的条件层面，正是在这意义上，解释学所特有的双重意义的逻辑才可被说成是先验的"[⑤]。我们才能突破形而上学的界限，找到语义多义性的可能空间。

由于形而上学把"存在者"看作是"存在"，第一实体与第二实体以及其他范畴的范围因此被划定，这使得谓述关系变得更为复杂而难以理解，使得同义性和多义性的问题成为一个貌似问题的问题摆在人们面前。由原初的谓述关系过渡到派生的谓述关系，实际上表示谓述功能的精确性在逐步减弱，这样也使得人们对于系词"是"的关注程度在减弱。如果我们把"是什么"（谓词）作为侧显来看，"是"与实体的关系，最初就存在着距离。由于在谓述语句中减弱了"系词"的作用，而只能去考虑从属关系。这样一来，侧显的谓述结构成为了类比，这在修辞隐喻方面表现得最为充分。已经形成的意义脱离了最初的指称领域并被

① ［德］伽达默尔．真理与方法（下卷）［M］．洪汉鼎译．上海：上海译文出版社，2004. 615

② ［德］伽达默尔．真理与方法．［M］．洪汉鼎译．上海：上海译文出版社，2004. 614-615

③ Palmer R E. Hermeneutics［M］. Evanston：Northwestern University Press，1969. 33

④ ［法］保罗·利科．解释的冲突［M］．莫伟民译．北京：商务印书馆，2008. 15-16

⑤ ［法］保罗·利科．解释的冲突［M］．莫伟民译．北京：商务印书馆，2008. 21

投入新的指称领域，因此意义有助于揭示这一领域的结构。但从一个指称领域过渡到另一个指称领域意味着这一领域已在某种程度上以模糊不清的方式出现。并且，它对已经形成的意义产生吸引力，以使它摆脱最初的羁绊①。这种动力则来自于另一个领域的语义目标中。如果意义是一种稳定的形式，这样做是不可能的。在我们理解“人是狼”这一隐喻意义时，人和狼所侧显出来的贪婪、残忍的特征在隐喻中成为一种类比。

总之，我们与事物的“共在”是事物显现的基础和条件。这种“共在”总是具体的、有限的，每一个语言实践都是人在世界中的交汇点上产生的。正是由于人的在场的有限性，才需要诠释学、修辞学和辩证法。

① ［法］保罗·利科. 活的隐喻［M］. 汪唐家译. 上海：上海译文出版社，2004. 415

第八章　语境与存在

语境分析是不可避免的吗？我们究竟在多大程度上需要借助于语境？在我们进行语境分析时，必然涉及这一语境分析的合法性问题。通过前面的讨论，我们知道语言是“滤色镜”、是依赖于语境的，而语境是由于人的生存境遇决定的。语言通过指称语境中的存在者，如指称对象，与世界相关联。但这样一来，语言与世界的联系是否还具有确定性？这些问题都是我们在进行语境分析时所面对的本体论基础。

第一节　语境分析何以可能

在我们对语境论的思想做了较为复杂的论述之后，一个显而易见的问题摆在我们面前，那就是把对“变化的语言”分析放在一种看起来同样是变化的语境上面究竟有多大意义？但问题是，我们是怎样获得这种奢望的？实际上，那种想把语言建立在一种牢固的、恒常不变的基础之上的想法恰恰来自于古希腊伊始的那种形而上学的哲学传统。它们的注意力只关注“存在者”，而存在者“如何存在”的问题却被人们忘记了。所以，海德格尔认为，形而上学的历史就是“存在”被“遮蔽”的历史。“存在者的优先地位与存在的自明性，这两者标志着形而上学的特性。”① 然而，我们不禁要问，离开了存在的关于“在者”的语言究竟能对我们揭示世界提供多少帮助？在古希腊的柏拉图和亚里士多德那里，由于把“存在者”看作是第一位的，看作是事物本质的基础，所以他们一直被“苏格拉底是白的”“苏格拉底是健康的”“苏格拉底是文雅的”这样的“一”和“多”的问题所困扰。他们常常担心形而上学的概念处处都保持同一的这一基本理念被打破。海德格尔第一次深刻地指出，形而上学所追求的这种同一，是把世界看作是“在者”的整体。人同世界的关系被看作是人与存在者的关联。而实际上，我们在“人与存在者的关系”这个不确定的名目下所显明的东西，本质上乃是人与存在的关联。那么，如果我们考虑这种关联，这种关联本身是什么？如果我们要把存在者和存在相区别，那么，存在是什么？海德格尔认为，尽管人与存在的关联是模糊不清的，但无论我们在哪里和存在者相关联，我们也就保持

---

① ［德］马丁·海德格尔．尼采（下卷）［M］．孙周兴译．北京：商务印书馆，2003.1047

在与存在的关联中。① 因为存在者和存在是无法分开的，存在不是别的，就是存在者的存在状态，就是在场。从语言上讲，人与存在的关系，就表现为“是”与“存在”的关系。这个“是”体现了人的语言，在形形色色的陈述句中，我们总是立即可以按照某个角度来解释这个“是”。对这些陈述句的列举也表明了这同一种丰富性，当然是一种粗略的形式表现出来。“是”与“存在”的单调性实际上是一种假象，一个仅仅依附于发音和字形的相同性的假象。这种假象迷惑着我们，使得我们不愿意对它们进行深究，我们只是把“是”看作是多义的，把这种“存在”的变化的丰富性看作是在逻辑和语法的角度的多义性。然而，断定“是”属于“多义的”的词语，这种说法已经不够了。因为，这里要探讨的根本就不是“是”（ist）和“存在”（sein）这两个词语，而是它们所言说的东西。② 在谓述句中的“是”里面，“存在”就像一种稍纵即逝的声音消逝了，但同时又在某个地方触动着我们，言说着一个最本质的东西。存在看似最空虚的东西，实际上是最丰富的东西，一切存在者都是从存在这种丰富性而来才获得它们的存在的各个本质方式的。只有重新回到语言的存在性的追问，我们才有可能真正找到语言分析的“阿基米德点”。海德格尔的深邃见解拨开了几千年语言哲学的迷雾，使我们通过语言之光，洞见幽深的“存在”之谜。

然而，这一伟大的思想作为一种实践实际上早已经出现在弗雷格《算术哲学》关于“名称—涵义—指称”的划分中，只是并未得到应有的阐释。在很长一段时间里，人们总是反复地重复这句话：“语词只有在句子的语境中才有指称对象。”③ 但很少从弗雷格的话语语境中去体会这句话的深刻思想。当弗雷格在《涵义和指称对象》一文中举例说“金星是启明星”“金星是暮星”时，“启明星”和“暮星”的涵义是属于孤立的指称对象（金星）吗？如果这两个语词的涵义不是属于孤立的指称对象，而是属于指称对象的显现方式，那么，这个显现方式不正是依赖于“存在”本身吗？指称在不同的显现方式下具有不同的涵义，而这不同的显现方式，恰恰是意向对象在不同语境下向我们显现的结果（用胡塞尔的话说是“构造”）。从这种意义讲，语境正是一种意向所指向的“存在”的“在场”。因此，语境论既说明了语言是关于存在的而不是“存在者”的，同时也把语言和存在的关系以容易理解的方式摆在我们面前。

---

① ［德］马丁·海德格尔．尼采（下卷）［M］．孙周兴译．北京：商务印书馆，2003. 837-838

② ［德］马丁·海德格尔．尼采（下卷）［M］．孙周兴译．北京：商务印书馆，2003. 881

③ See Frege G. The Foundations of Arithmetic［M］. Trans by Frans J L. New York：Basil Blackwell Ltd.，1989. 73，但许多人都把指称对象理解为意义

一、分析哲学对形而上学的“背叛”

但遗憾的是，弗雷格的后继者们并没有从涵义与指称对象的区分上看到存在的意义，有些人只是把“形而上学”看作是无意义的东西予以剔除①，丝毫不理会影响涵义变化的恰恰是指称对象的不同的存在方式。这种态度在逻辑实证主义那里表现得最为突出。然而，任何关心语言的人都不能离开存在而孤立地研究语言，他们总是不可避免地超出语言的界限而进入到存在的疆域里。维特根斯坦从逻辑语言分析到日常语言分析的转变已经说明了这一点。就是在摩尔和罗素那里，也没有真正离开形而上学，那种经常把分析哲学看作是与形而上学相对立的观点，实际上是一种误解。摩尔和罗素所反对的是一种特殊的形而上学观点，即黑格尔的绝对唯心主义，而不是否认形而上学本身。这在摩尔 1903 年的《拒斥唯心主义》一书中可以清楚地看出。进一步讲，罗素和维特根斯坦的逻辑原子主义显然是一种形而上学的观点②。因为罗素一生的兴趣就是要对“什么是存在”的问题提出自己的见解。即便是他对认识论问题的独特探讨也与他对本体论的根本兴趣有关③。这些都已是不争的事实。这些兴趣很大程度上并不依赖于他们的哲学偏好，而是由他们所探讨的哲学问题决定的。

在解决存在问题上，罗素提出了摹状词理论。通过摹状词的分析，罗素把关于某物存在的问题转换为一系列谓述语句。对于像“金山存在”这样的存在语句，我们可以把它还原为“存在一个 X”，“X 是金的并且 X 是山”这样的谓述结构，以化解“存在悖论”。罗素的摹状词理论显示了逻辑分析在解决哲学问题的重要作用，并进而引导哲学家关注语言的逻辑分析，同时强化了逻辑是哲学的本质的观点。摹状词理论在解决“存在悖论”方面是成功的。它有助于清楚语言中的一些虚假概念，当然，这一方法的意义远远不止这些。其中一个非常重要的方面是使我们看到了存在语句和谓述语句之间的某种关系，这种关系揭示了语言与存在之间的联系。当然，在罗素那里，他所想到的只是语言的逻辑形式。正

① 实际上，对什么是形而上学并没有一个统一的看法，我们通常从两个方面来解释形而上学：一是关于世界本原的理论和学说；二是指建立在牛顿时空观基础上的世界观。但在海德格尔那里，形而上学被看作是自古希腊以来关于“存在者”的学说。它们只关注“在者”，而遗忘了“存在”本身。在逻辑实证主义以及大多数哲学家那里，“存在者”和“存在”之间并未作明确的区分，所以，存在论是归属于形而上学的

② Baillle J. Contemporary Analytic Philosophy [M]. 2nd ed. New York: Pearson Education, 2003. preface. xi

③ [美] M·K·穆尼茨. 当代分析哲学 [M]. 吴牟人，等译. 上海：复旦大学出版社，1986. 196-197

像罗素所分析的那样，理解一个谓词与理解一个名称是完全不同的。他所说的谓词是指用来指称，如红的、白的、硬的等某种性质的语词。要理解一个名称，你要亲知名称所指称的那个殊相，并且能够正确地把它们对应起来。这时我们无需知道那个名称究竟有什么涵义。但要理解一个谓词情况就不同了。他所强调的是，名称只是通过命名活动完成的，这有点像贴标签，但在形成一个谓述语句情况下就完全不同了。例如，当你说“有些玫瑰花是红的”时，你必须弄清楚什么是玫瑰花，这些（玫瑰花）是红的是什么意思。这时就形成了多个“谓述”结构。罗素在这里并不认可把某种性质作为主词，但他明确地表示，把“红的”当作主词主要是为了对它做出解释。当你理解“红的”时，就意指你理解“χ是红的”这种形式的命题。这样一来，理解谓词就比对名称的理解更复杂一些①。它的复杂性在于当我们说某物存在时，是通过它的各种存在语境加以规定的。

从分析哲学产生的时候起，弗雷格的语境原则就成为分析哲学的重要原则。它强调语词，包括名称，只有在语句的语境中才能确定指称对象。为什么对同一个语词“金星”，有时候我们用它指称“启明星”，有时又用它指称“暮星”？这完全是由金星这一星体所处的语境决定的，或者说是由它的存在方式决定的。语境原则特别突出了事物的“在场”的重要意义。但这种意义在罗素和维特根斯坦那里只体现在语词和句子的关系上。按照维特根斯坦的观点，语词的意义决定于句子，而句子表达了思想。思想就是图像，每一种图像都是逻辑图像。逻辑形式是逻辑图像的本质，同时也体现了世界的逻辑结构。而弗雷格的语境原则最终成为一种句子的逻辑原则。存在问题被看作是物自体的问题，被排斥在语言世界之外。

二、从蒯因的“本体论许诺”到斯特劳森的描述的形而上学

关于存在的形而上学问题在蒯因那里，已开始渗入到他的语言分析中。在《论何物存在》一文中，蒯因无法割断语言与存在的关系，因而提出了“本体论承诺”的理论。本体论许诺实际上反映了语言和存在之间关联，而这种关联是通过“是”和“存在”联系在一起的。它和罗素的摹状词理论正好构成了两个互逆的理论。当我们说“有些狗是白的”，要使这个陈述为真，就许诺了白狗的存在。②“白色”是通过“有些狗”显现给我们的，显然，在这里“狗”是指称对象，但认识到这一点还是不够的。从“有些狗是白的”这个陈述中，我们还许

① ［英］伯特兰·罗素．逻辑与知识［M］．苑莉均译．北京：商务印书馆，1996. 247-248

② ［美］威拉德·蒯因．从逻辑的观点看［M］．江天骥，等译．上海：上海译文出版社，1987. 13

诺了我们的知觉；许诺了我们是在观察“狗”的颜色，而不是别的什么东西；许诺了我们意义意向所指向的东西。而这个“白狗”已经是我们意向构造的结果了。这种许诺并不像蒯因所说的那样，只是我们说有白狗存在，而是当我们的意义意向使我们的视知觉“遭遇”到了“有些白狗”。在我们说“有些狗是白的”时，我们已经处在一种语境中。所以，“这些狗是白的”这一判断，不仅决定于“我们的视知觉”和“有些狗”，而且还决定于时空。也就是说，决定于在某一具体时空中陈述者与白狗的共在。总之，当我们做出一个陈述时，我们不是单纯地描述了事物的某些性质，同时我们通过描述也把我们自己带入到一种共在的领域中。

如果说蒯因的本体论承诺把存在问题重新引入到语言分析中，那么斯特劳森则一反早期分析哲学家们对待形而上学的立场，重新确立了形而上学在历史中的地位。他试图恢复一种描述的形而上学，这种形而上学不是把虚构的概念体系当作人们的智慧模式，而是要通过描述我们关于世界的思想结构，揭示我们在使用日常语言时所蕴涵的概念结构及其与世界的关系。早期分析哲学家们把形而上学的命题看作是没有意义的空话，在维特根斯坦早期著作《逻辑哲学论》中，他明确提出“世界是事实的总和，而非事物的总和”①，从而排除孤立对象存在的假设，并且认为凡是我们所认识对象都存在于某种与他物相结合的关系之中，离开了这种联系，我们就不能思想它们。② 把离开我们的认识而存在的客观事物的论断当作形而上学的假设，从我们的认识论框架中清除出去。而斯特劳森恢复形而上学所关心的则是我们如何描述我们关于世界的思想结构，也就是揭示我们概念结构的最一般特征。他认为：共相和殊相是概念框架中的主要内容，而殊相是最基本的，他把物质物体和人都看作是基本的殊相。殊相在逻辑主词中占据着核心的地位，通过某一殊相与其他殊相之间的关系，我们就能建立起关于世界的概念框架。如果说维特根斯坦在《逻辑哲学论》中站在认识论的立场上，在事实和事物之间做了一个可说和不可说的划界的话，那么斯特劳森则是把个体事物放在了他的概念框架的基础地位上。共相并不对应某一指称对象（个体），只有殊相才对应这样一个对象。当我们做出了对一个殊相的确认性指称，就必定引出某个真的经验命题③，也就引出了殊相所指称事物的存在。④

从拒斥形而上学到本体论许诺和描述的形而上学，我们看到了分析哲学向形

---

① ［奥］路·维特根斯坦．名理论［M］．张申府译．北京：北京大学出版社，1988. 19

② ［奥］路·维特根斯坦．名理论［M］．张申府译．北京：北京大学出版社，1988. 20

③ ［英］比得·F. 斯特劳森．个体——论描述的形而上学［M］．江怡译．北京：中国人民大学出版社，2004. 131

④ ［英］比得·F. 斯特劳森．个体——论描述的形而上学［M］．江怡译．北京：中国人民大学出版社，2004. 171

而上学的靠近，确切地说，是向“存在论”的靠近。当我们说“这条狗是白的”时，并不是像蒯因所说的那样，仅仅是许诺了存在着某一“白狗”，而是许诺了观察者的统觉、一条生物学意义上的白狗，以及我们的意向的共在。也就是说，每当我们说“……是……”时，语言就把这种陈述者与被陈述对象，以及其他语境要素的共在关系昭示出来。

三、语境——意向指向的存在关联相

蒯因的本体论许诺彰显出存在对于语言来说是最为基础性的。正如罗蒂在论述伽达默尔的诠释学思想时所概括的那样，对于与其遵循普特南和法音（Fine）还不如遵循克里普克和莱维斯的分析哲学和科学哲学来说，“能够被理解的存在就是语言”①。语言就在于揭示存在，但它是通过语境这一环节来向我们展示世界的。语境分析之所以可能：首先，语言是关于“存在”的，而不是“存在者”的。这样说的意思是，世界是由事实构成的，而不是由事物构成的，当我们使用语言表达世界时，进入语言的是处在一定关系中的事物或事态，或者说体现为一种存在的状态和样式。“存在者”是由于“存在着”才能被显示，也才有多种在场，才能具有不同的意义。在某种意义上说，强调语言是关于“存在”的，也就强调了语言的语境性。其次，语境是“存在”显现的际遇，它向我们呈现了“存在”的即刻性；它使得主体和客体在意向目光下的相遇成为可能。当我们说“这是启明星”时，它为我们呈现的是黎明时的时空际遇，而当我们说“看！那是暮星”时，语言所揭示的则是傍晚的语境。最后，没有语境，语言就无法和世界相遇，也就无法把世界从稍纵即逝的流变中呈现在我们面前。正是由于我们人与存在的关联是在语境中相遇并建立起来的，没有语境，我们的意向目光就没有驻留的界域。当我们说“雪是白的”或者说“雪是 H_2O”不正是我们的意向目光投射到不同语境中所产生的结果吗？从这种意义讲，语境正是一种意向所指向的“存在”。因此，追问语言的存在性，既是语言与世界相关联的必经之路，也是语言哲学的归宿，无论大陆哲学还是英美哲学的发展都证明了这一点。

第二节　存在、物理实在与语境

自从一百年前德国物理学家普朗克的一篇论文拉开了量子世界的帷幕后，许多大师都在这一世界中辛勤地耕耘并获得丰硕成果。但如何理解这些成果，在物

---

① Krajewski B. Gadamer's Reercussions［M］. Los Angeles，CA：University of Califorrnia Press，2004. 22

理学界形成了以玻尔为代表的哥本哈根主流派和以爱因斯坦为代表的非主流派的旷日持久的争论。时至今日，相互争论的科学大师们已相继辞世，留给我们的是还未揭开的谜团。量子力学的测不准关系到底说明了什么？量子有无实在性？……澄清这些问题，不仅有助于理解客观世界微观领域的真实状态，同时也有助于把握在认识过程主体与客体、思维和存在，以及长期困扰我们的诸多科学和哲学的问题。

一、存在与实在

关于“实在”的问题是一个重要的哲学问题。今天的实在论已经从古典的朴素实在论阶段发展到科学实在论阶段，而与之相对的反实在论，也从古代的怀疑主义发展为现代的反科学实在论阶段。这种发展体现了人们的形而上学之思在逐渐深入，同时也反映了哲学探索从本体论（Ontology 有多种涵义，在这里译为本体论是因为从柏拉图和亚里士多德开始，西方哲学遮蔽了存在，而只关注在者，关注有形的“体”）转向认识论，又从认识论转向语言、逻辑和人的存在。随着 20 世纪现象学、存在主义哲学及后分析哲学的发展，人们逐渐认识到语言的存在论意义。因此，后形而上学的一个重要任务就是关注“存在”和“是”的关系及其意义。

什么是存在？什么是实在？实在和存在相同吗？这是我们把握观念的真实性的关键。实在的概念很早就受到人们的关注。该词源于拉丁文“realitas”，是指实存的与可能存在的东西。在柏拉图看来，实在有两种，有物质的实在，也有非物质的实在。柏拉图认为，大多数人总是沉迷于各种物质上的东西。而更为重要的是要让他们的思想从物质的实在转向非物质的实在，这正是从“意见”到“知识”的过程。“意见”一词来自希腊语，是指“似乎如此”或“看来如此”。在古希腊哲学家巴门尼德那里就把意见看作是同知识完全对立的，知识通向真理，意见导向谬误。意见与感觉经验有关，以现象为认识对象是虚幻的；真理则来源于思想，认识到的是实在的或存在。

柏拉图在青年时期就认识克拉底鲁，熟悉了赫拉克利特的学说，即一切感性事物都在永恒的流变中是不可能认识的。这些看法他一直坚持到晚年。他认为在感性事物之外还有另外一类事物，他把这一类东西称为“理式”，认为感性事物都是按理式来命名的。因为众多的事物之所以存在，是靠“分有”与它同名的理式①。通过分析，他认为世界不仅仅是一个现象的世界，同时还有一个理式的

---

① ［古希腊］亚里士多德．形而上学［M］．苗力田译．北京：中国人民大学出版社，2003. 17

世界。每一个特定的事物背后都有某种理式在起作用。诸种理式最终都与善的理式相关。在柏拉图的理式论中，虽然具有实在性的可感世界和理式世界存在于不同的层次，理式世界为可感的世界提供了基础，但它们之间究竟怎样发生联系，在柏拉图那里还是含糊不清的。因为如果存在与可感世界里的每个个别事物相对应的理式的话，那么对于大和小这样的关系，我们如何找到相应的理式呢？在《巴门尼德篇》中，柏拉图还是借苏格拉底之口，承认：美自身，善自身以及其他的一切，凡我们认为是相（理式）自身的，都是对于我们不可知的①。在柏拉图的思想中，可见世界与理式世界具有一种实存和潜在的关系。实存的事物是“多”，潜在的事物为“一”。对于“苏格拉底”这一潜在的理式来说，对应着“有教养的”“文雅的”等多个苏格拉底的分有者。

司各脱是中世纪从事理性批判的哲学家，他企图用敏锐的思维把自然理性的领域限制在形而上学问题之内。他认为理性是无法把握上帝的本质的，由于世界是由上帝创造的，世界也带有上帝的那种不透明性而无法让人们理解。不管我们如何对各个具体事物精确地把握，这些事物总是具有某种不可捉摸的神秘性。对他来说，概念起初只是一些名称，而非事物的本质。唯名论是从思想与存在的二元论出发，试图在二者之间找到可以连接的桥梁。在他们看来：语言是符号系统，语言指向事物。在思想和存在之间存在着异质性，也存在着同质性，它们之间的桥梁就是类比性。思想与现实同上帝与世界之间的类比关系是相同的。这是中世纪唯名论的核心思想，也构成了中世纪形而上学大厦的支撑点。语言指向事物，就如同酒店的幌子指向酒店里的白葡萄酒一样。显然，酒店的幌子解不了渴，只有葡萄酒才能解渴。但酒店的幌子可以是实在的，但葡萄酒更实在。用海德格尔的话来说，在中世纪的思维中，有一种实在性的等级②。在司各脱那里，存在同实在以及存有没有太大区别。只有在先后上的等级区别。在《论本原》一书中，他把实在分成卓越的存在和依从的存在，完美的和本质上更高尚的存在是在先的，产生一切而自身不被产生的存在是第一位的，具有依赖性的事物排在最后。有了存在的这种首先的和基本的分化，然后依次再分出存在者的等级。

实在性在康德那里也是一个经常讨论的课题。对康德来说，实在性并非现实性，而是实事性（sachheit）。一个实在的谓词是属于某个事物的实事内容，并且能够被判归事物所有③。对某物的事实内容，我们在其概念中予以表象，我们可以表象像“石头”“房子”或“桌子”一类的事物，我们也可以表象像“电子”“波”“粒子”一类的事物，但经过表象的东西并不就是存在于我们眼前的某些

---

① ［古希腊］柏拉图．巴门尼得斯篇［M］．陈康译．北京：商务印书馆，1999. 88

② ［德］吕迪格尔-萨弗兰斯基．海德格尔传［M］．靳希平译．北京：商务印书馆，1999. 89

③ ［德］海德格尔．路标［M］．孙周兴译．北京：商务印书馆，2000. 529

对应的东西，或者说并不是当下即在的东西。当康德说，存在不是一个实在的谓词并没有否认它是某种意义上的谓词，当我们说“我有一百塔勒”时，一百塔勒是存在着的。我可以用它来购买某些需要的东西。而这完全不同于我只是想象“有一百塔勒”的情形。在《纯粹理性批判》中，康德说：“一百个现实的塔勒所包含的丝毫也不比可能的一百塔勒更多，因为，后者在这里意味着概念，前者却意味着对象及其肯定本身，所以，假如前者比后者包含的更多，我的概念会没有表达出整个对象，因而也就不是该对象的合适的概念。”① 康德显然知道“有”一百塔勒和“想象”一百塔勒在现实中对他来说会有怎样的不同，并没有多大区别，并不是在存有的意义上讲的。实际上，在康德看来，“存在一百塔勒”这个陈述中，这个“存在”是一种断定，它“只是”对于一个事物或者对于某些自在的规定自身的断定。这种断定等同我们面前当下即在的某一物，它不是无关乎我们意识的某物，而是和一事物相关联的某物，所以，康德说，存在“只是断定”。这个“只是”把“存在”和“是”与它们的全部涵义和变化一起归属于一个特有的领域。对康德来说，它们不是对象性的东西。既然“存在”和“是”不是对象性的东西，那么，我们就无法从“对象性”的物上去寻找它。究竟应该到哪里去寻找呢？海德格尔认为，我们“需要另一道眼光”②。海德格尔意识到，尽管定在、实存意指着存在，而这些又都不是实在的谓词，因为按照康德的说法，它们没有给事物添加任何东西。但是在我们使用“存在”和“是”时，显然是不一样的。当我们说“上帝存在”时，我们所做的只是一种断定，但当我们把“是（存在）”（ist）用于逻辑用法（A 是 B）中，作为系词的“是”尽管不是一个实在的谓词，但却获得了一个谓词的特性，它构成了一个实在的谓词。③ 通过这样一种分析，海德格尔把“存在”与“是”相区别，同时也把“存在”与“实在”区分开来。存在作为一个语词是对当下即在的某个事物个体的断定，而“实在”则是对事物的实事内容的表象。把事实性的东西看作是实在的，而把事物个体自身的断定则看作是存在的。这样的区分和维特根斯坦颇为相似。

维特根斯坦在《逻辑哲学论》一书中曾经这样讲到：世界是由事实构成的，而不是由事物构成的④。事物是孤立的，不与任何其他事物发生联系的，因此是自在的。事实是事物之间的联系或关系。世界上存在着事实，也存在着反事实。

---

① Kant I. Critique of Pure Reason［M］. Cambridge，MA：Cambridge University Press，1933. 599

②［德］海德格尔．路标［M］．孙周兴译．北京：商务印书馆，2000. 531

③［德］海德格尔．路标［M］．孙周兴译．北京：商务印书馆，2000. 534-539

④ 见［奥］路·维特根斯坦．名理论［M］．张申府译．北京：北京大学出版社，1988. 第 1.1 命题

不论是事实还是反事实都是实在的①。从维特根斯的论述，我们可以看出，“存在”同“实在”是不同的。实在是存在所显现出来的那部分，是存在物的某种关系。事物和事实之间的区别在维特根斯坦那里成为划分可说和不可说的界限。事物不可说，是因为事物是一种孤立的东西，严格地讲，它仅仅是一种抽象的、无所关联的存在，说到底，它仅仅是一个理式而已。只有当它既然进入到某种关系中，才能成为实在的东西，才能为我们所认识，才能成为语言图像。图像就是实在的一幅模型。

二、实在论与反实在论

科学实在论是20世纪60年代在反对逻辑经验主义和库恩学说的基础上形成并发展起来的。实在论和反实在论之争在现代采取了不同于古典哲学时期的形式，其特点之一是与科学哲学思想紧密相关。普特南认为，“实在论”这个名称可以从多个哲学角度去界定。一般来说，实在论的历史可分为三种最重要的类型：①柏拉图的实在论。这种类型的实在论断言抽象实体或普遍性在时间和空间之外存在。②知觉实在论（也可以说是近代唯物主义的实在论）。这种类型的实在论断定物质客体独立于我们的知觉而存在于空间和时间之中。③科学实在论。科学实在论认为，科学认识的客体独立于关于它们的知识而存在和起作用，或者说，科学研究的对象独立于科学家及其活动而存在和起作用。当然，实在论和反实在论的形式实际上非常复杂的，观点也在不断地发生变化。实在论的主要代表人物有早期的普特南、列普林（J. Leplin）、波依德（Richard Boyd）、牛顿-史密斯（Newdon-Smith）、哈瑞（R. heerré）、哈金（I. Hacking），反实在论的主要代表人物有逻辑经验主义的主要代表人物石里克（Morris Schlick）、卡尔纳普（Rudolf Carnap）、范·弗拉森（van Fraassen）、法因、戴维森、达米特。

（一）实在论的研究进路

对于科学实在论，普特南又把它分为三种：①唯物主义的科学实在论；②形而上学的实在论；③趋同的科学实在论。他把唯物主义和物理主义混为一谈，并称它们是科学帝国主义。他认为唯物主义的科学实在论主张：所有特性都是物理特性，“有意向的”或语义学的特征（如指谓）可还原为物理特性。形而上学的科学实在论主张：世界是由不依意识为转移的客体的固定综合构成，对“实际存在的世界的样子”只有一种正确的和充分的描述。假定甲哲学家说“实际上存

① 见［奥］路·维特根斯坦．名理论［M］．张申府译．北京：北京大学出版社，1988. 第2.062命题

在空间点这种东西”，而科学家乙说“存在任意小的有限区域，而不是存在空间点这样的东西（除非是逻辑构造）”，对于这两种说法，形而上学的科学实在论者认为，一定有一个事实使其中一种说法为真：不是有实在的空间点，就是没有这种点。在他看来，真理优于正确的可断定性。如果真理就是在我们实际使用的语言中的“正确的可断定性”，那么甲和乙两个哲学家的描述都是“真的”。持这样看法的哲学家就不是形而上学的实在论者，而是趋同实在论者了。

普特南声称，他不是唯物主义的科学实在论者，也不是形而上学的科学实在论者，而是趋同的科学实在论者。他这样划分表明了他自己的看法，实际上一个现实的科学实在论者却未必能“对号入座”，如本格自称自己的实在论是唯物主义的，并且是多元的，但不是物理主义的。趋同的科学实在论认为，像“电子”这样的科学术语是有所指的：在椅子（或感觉）存在的意义上，电子存在着；“有电子流过导线”这个陈述可以是客观上真的，正如“有一把椅子在这个房间”这个陈述，或“我头痛”这个陈述可以是真的，是在同样意义上说的。趋同实在论强调，在科学发展中，理论更替的趋势是越来越接近真理，后继的理论包括先前理论的成果而比它更接近真理。我们在评价这些观点之前，最应该做的工作就是先弄清他们谈论的是什么，然后才能做出恰当的判断。

哈特曼在《科学实在论的原则》一文中则把实在论分为三个层面，即形而上学、语义学和认识论。本体论层面主要研究理论术语所指称的对象世界的实在性问题，即坚持在人的心智之外存在一个外部世界，就可以看作是形而上学的实在论者，也是最弱的实在论者。语义学实在论可以分为两个部分：指称的部分和真理的部分。指称理论强调，理论术语直接指称实在世界，成熟的科学术语典型地具有指称；真理理论强调，科学理论由于可还原为观察语句，受到经验的检验。因此，普遍的具有真值①。

列普林在《科学实在论》一书中也认为，科学理论的核心术语应该是有指称的，一个理论预言的成功是其核心术语指称成功的证据，并且科学理论至少是近似为真的；科学理论的似真性是对其预见成功的充分且唯一可能的解释，即使不成功也同样可以是似真的；成熟的科学理论越来越接近对物理世界的真实描述；科学理论的观点在字面上是可理解的，并且这种理解可明确地表明为真或为假。②

波伊德认为科学实在论坚持以下观点：科学理论术语是关于某种实在指称的解释理论，这种解释理论是可确证的；而按照通常方法论标准所解释的一般科学

---

① ［德］哈特曼．科学实在论的原则［J］．国外自然科学哲学问题，1990. 80-86

② Leplin J. Scientific Realisim［M］. Los Angeles，CA：University of California Press，1984. 1-2

理论具有似真性，成功的科学理论总是向着关于独立于我们的外部实在世界真理的逼近①。

（二）反实在论的研究进路

石里克认为，认识外部世界依赖于感官经验，无论是直接的还是间接的。一个命题只有通过经验给出判定该命题真与假的条件和方法，我们才能知道该命题实际上说了些什么。② 而石里克的继承者卡尔纳普在《经验论、语义学与本体论》的文章中改进和发展了石里克关于“两种不同问题”的基本主张，即认为“某种东西是真的吗?”和“某种东西确实存在吗?”等问题，均有内在和外在两种解释，为了精确地区分“内在”和“外在”，卡尔纳普引入了所谓的“概念框架”的概念。一个概念框架可以是我们的日常语言或日常语言的延伸，它是由语词、语法和语义构成的，框架中的每一个语词都有确定的含义。通过概念框架来描述经验事实、交换知识信息等。对于一个概念框架，内在问题就是确定某一指称，如“电子”的名称或概念是否具有完善的定义以及概念系统是否完善的问题。概念框架的外在问题并不是关于某一概念，如“电子”是否对应着具体的实在物，不是去问“电子是否真实存在”这样的形而上学问题，而是问“电子”的语言框架是否适用的问题。然而，尽管卡尔纳普的“概念框架”理论试图回避关于“某物存在”这样的形而上学问题，但还是存在着无法克服的缺陷，即概念框架中的经验语言如何建立起还原链还是有问题的。

与之不同的是，库恩提出了概念相对主义的范式理论。按照范式理论的表述，科学知识的增长表现为以“范式转换”为核心的发展模式，即“前范式科学”—“常规科学”—“革命科学”—“新常规科学”。而每一阶段的平稳发展时期都是常规科学的阶段，在这一阶段，“范式”起着引导科学家的工作程序和方向的作用。“范式”一词是库恩从语言学中借用过来的，原意是语法中表示词形的变化规则，如名词变格、动词人称变化等，由此可以引申出模式、模型、规范和范例等。从内容上来看，它是一个由基本定律、理论以及相关仪器设备构成的整体；从功能上看，它是一个“科学共同体”普遍遵循的语言和行为规范，它包含了历史、文化、语言和信念的成分。在库恩看来，“范式”制定了常规科学时期的研究纲领。常规科学的研究活动可以分为理论研究部分和搜集事实部分。理论活动主要是进行理论的选择和建构，而搜集事实活动，主要是关于事实的搜集、整理、比较等工作。

---

① ［英］波义德 R N. 科学实在论的现状［J］. 国外自然科学哲学问题，1990. 10-42

② Schlick M. Positivism and Realism［A］//Boyd R，et al. The Philosophy of Science［C］. Cambridge，MA：The MIT Press，1991. 37-45

库恩认为，在常规科学时期，理论活动和搜集事实的活动并不是平庸无奇的，它总是伴随着矛盾和冲突，表现在：对范式适用范围的扩大和改进；“发现反常”和“调整反常”。但是，科学的发展最终还是归结为“科学革命”所带来的“范式转换”，由于旧范式遇到了不可克服的困难，无法调整范式与事实之间的矛盾，有必要提出新的范式来取代旧的范式。在《科学革命的结构》一书中，库恩用了“不可通约”这一术语来表达新旧范式之间的不相容程度①。范式的不可通约，暗含了概念和真理的相对性，也表现出他的反实在论立场。面对来自不同方面的批评，在《必要的张力》一书的导言中，库恩对《科学革命的结构》中的关于“范式”的观点做了修改和辩护，从观点之间的“不可通约”改为“部分交流”。他写道：“我由此认识到，‘意义变革’指的是一个问题而不是一种可加以孤立的现象。现在主要是通过蒯因的著作，我已相信不可通约性和局部交流问题可采取另一处理方式。”②

为了回应把他的“理论选择”看作是“暴徒心理学”的指责，库恩在《客观性、价值判定和理论选择》一文中，阐述了理论选择和建构的要求，即理论的精确性、自洽性、广泛性、简明性及成效性。同时，科学家在选择理论时，不仅符合客观标准，还受到个人信仰、偏好、个性，以及其他社会历史因素的影响。总之，科学共同体的选择标准既体现了专业标准，又具有价值判据。③ 客观地讲，库恩的辩护是有一定道理的。在库恩看来，科学探索是一个非常复杂的过程，不存在一种必然的客观程序，客观性所体现出来的无非是精确性、自洽性、广泛性、简明性、有效性等，而这种客观性是有一定限度的。同样，主观性也并不是一味地个人偏好，而是具有某种客观的东西，其中包含了许多事实性和现实的标准。以往，人们把库恩的“范式”看作是非理性的东西，实际上有些夸大其词，正如库恩为其理论辩护的那样：如果把“范式”改以“专业母体”来表示，就可以更好地理解“范式”与“科学共同体”的意义。因为作为“专业母体”的“科学共同体是由一些学有所长的实际工作者所组成，他们由他们所受教育和训练中的共同因素结合一起，他们自认为也被人认为专门探索一些共同的目标，也包括培养自己的接班人”④。由于以探索自然（客观事实）为目的，又经过长期的教育和规训，合理性以及理性因素已通过共同的行为和规范渗透到范式中，这样，科学共同体中的成员才能在不同理论的选择面前，做出有效的判断。因此，在客观和主观之间、理性和非理性之间保持必要的张力，也使得库恩

---

① Kuhn T. The Structure of Scientific Revolutions［M］. Chicago：University of Chicago，1962

②［美］库恩. 必要的张力［M］. 纪树立，等译. 福州：福建人民出版社，1981. 导言 XIV

③［美］库恩. 必要的张力［M］. 纪树立，等译. 福州：福建人民出版社，1981. 327-332

④［美］库恩. 必要的张力［M］. 纪树立，等译. 福州：福建人民出版社，1981. 292

的范式理论并不具有彻底的反实在论的特点。

对于库恩以及范式理论中所包含的矛盾，戴维森在《论概念图式这一观念》一文中对之进行了分析和批判，他分析道："概念相对主义的主要隐喻（即关于不同观点的隐喻）似乎暴露出一个潜在的悖论。不同的观点仅当有一个可在上面描绘它们的共同坐标系时才是有意义的；而一种共同坐标系的存在又与那种关于显著的不可比性的断言不符。"① 通过分析可以得出：范式之间不可通约的观点是错误的。在此基础上，戴维森提出：概念图式与语言是无法分开的，每一种概念图式都属于某种语言，与任何语言都无关系的概念系统是不存在的。概念图式之间是相互通约的。同时，每一种事实都是从某一概念图式出发而得到的。不存在不依赖于概念图式的无结构的世界或内容。这是由于我们设定了概念图式和世界的二元论。蒯因取消了分析与综合的二分，以及还原论的教条，却保留了一个独立于经验的整体概念图式。这在戴维森看来，"关于图式和内容（即起组织作用的概念体系和某种有待组织的事物）的二元论是无法理解的，无法辩护的。这种二元论本身是经验主义的一个教条，即第三个教条"②。他认为，我们必须放弃这一教条，只有这样，我们才能解决不可通约所暗含的悖论。否则，我们就得接受概念相对性以及相对于一个图式的真理，尽管我们并不愿意放弃客观真理这一概念。当然，"在放弃关于图式和世界的二元论时，我们并没有放弃世界，而是重建与人们所熟悉的对象的没有中介的联系"③。戴维森正确地揭示了产生概念相对主义的根源，但并未就如何与对象世界建立联系给出令人满意的解决思路。在他最后一部著作《真与谓述》一书中，他还是坚持"真"只有通过谓述语句来表达，而未能对真和实在的关系问题做出进一步的分析④。

在反实在论的阵营中，范·弗拉森是一个重要的代表。他的反实在论是一种建构的经验论。他认为，实在论与经验论之间的对立旷日持久，实在论坚称："科学给予我们的世界图景是真实的，其细节是可信赖的，科学所假设的实体是真实存在的；科学是通过发现而不是发明而获得进步的。"⑤ 他接着引用达米特的话，对实在论的主张做了进一步的概括，"实在论主张：①该命题有真有假；②使命题为真或为假的东西都是外在的——也就是说，（总的来说）不是我们的潜在的或实际的感觉资料、精神结构、语言，等等"⑥。相反，经验论只是立足于真实地解释可观察现象，并进而把所假设的结构看作是达到这个目的的手段。

---

① ［美］唐纳德·戴维森．真理、意义、行动与事件［M］．牟博译．北京：商务印书馆，1993. 111

② ［美］唐纳德·戴维森．真理、意义、行动与事件［M］．牟博译．北京：商务印书馆，1993. 118

③ ［美］唐纳德·戴维森．真理、意义、行动与事件［M］．牟博译．北京：商务印书馆，1993. 129

④ ［美］唐纳德·戴维森．真与谓述［M］．王路译．上海：上海译文出版社，2007. 133

⑤ ［美］范·弗拉森．科学的形象［M］．郑祥福译．上海：上海译文出版社，2002. 9

⑥ ［美］范·弗拉森．科学的形象［M］．郑祥福译．上海：上海译文出版社，2002. 10

此外，经验论闭口不谈具体的可能性或必然性，而是把它们当作为描述实际事物提供便利的手段。比较两者之后，范·弗拉森宣称自己赞同经验论的观点，并为反实在论辩护。他认为，反实在论主张，科学即使没有给出本义上真的描述，也能很好地服务于其目的。本义上为真的描述包括两方面：一方面，是语言要在本义上得到解释；另一方面，只有得到解释，描述才是真的。由此，反实在论被分为两类：一类主张科学或其目标如果是真，就能够进行恰当的解释；第二类主张科学语言应当在本义上得到解释。① 本义上的解释究竟意味着什么，是一个很含糊的问题，但有一点是明确的，那就是"为了排除把理论解释为隐喻或明喻，避免把理论解释为只有在去除掉神话色彩或逻辑形式之后才是可理解的"②。第一类主张，科学或其目标如果是真，就能够进行恰当的而不是本义上的解释；第二类则主张，科学语言应该在本义上得到解释，但其理论并非只有真才是好的①。而范·弗拉森把自己的观点归为第二类主张。他的反实在论可以表述为："科学的目标是为我们提供具有经验适当性的理论，理论的接受仅仅与相信理论具有经验适当性的信念有关。"③ 范·弗拉森把科学理论看作是客观世界的"模型"，是在观察的基础上依靠逻辑和数学方法建构起来的。建构科学理论的目的不是与客观世界相符合，而是适合于可观察的现象。

（三）争论的焦点

综上所述，科学实在论与反实在论之间争论的焦点可以分为三个方面：首先，在本体论上，在我们之外是否存在一个不依赖于我们的独立世界是争论的焦点。其次，在认识论上，在我们的认识框架之外是否存在独立于认识框架的世界？我们的认识与世界的关系是怎样的？最后，在语义学上，科学理论的命题是否具有真值？科学理论的术语是否具有指称？

尽管实在论与反实在论互不相让，都摆出了自己的理由和证据以支持各自的观点，但在反实在论者法因看来，这样的争论实际上并没有太大的意义。原因是：实在论者所接受的是一种标准的"模型论"观点，而反实在论者则试图把真理问题修改为"可接受性"。这样一来，无论是对实在论还是反实在论来说，它们都错误地事先确立了真理概念，然后再用"模型"或"可接受性"与它相联系。如此产生的问题是，判定"模型"和"可接受性"的标准是什么呢？这样就必然会回到原初的真理设定上，这就导致了循环论证。所以，实在论和反实在论的一切探讨都归于无效。于是，他提出了一种"自然的本体论态度"。

---

① ［美］范·弗拉森．科学的形象［M］．郑祥福译．上海：上海译文出版社，2002.13-14

② ［美］范·弗拉森．科学的形象［M］．郑祥福译．上海：上海译文出版社，2002.15

③ ［美］范·弗拉森．科学的形象［M］．郑祥福译．上海：上海译文出版社，2002.16

无论我们是否赞成法因的新理论，但从他对“实在论”和“反实在论”的争论方面，我们发现了许多边缘模糊的地方。古德曼从反实在论的立场出发指出了争论双方的交汇点：坚持非实在论观点并不意味着否认所有事物的实在性，而是承认世界融入了构成世界的各种形式中。所以，我们要探讨的是世界的构成形式而非本体论问题①。这里，古德曼已经意识到了有必要对本体论和认识论的问题加以区分。既然抛开了本体论，那么我们所说的世界就仅仅限制在我们认识的世界了。因此，他提出：世界不是唯一的，它依赖于我们对它的描述②。思想是对世界的构造，但这种构造不是现实的构造，而是语言和符号系统③。如果按照古德曼的思路走下去，我们可能会在某些问题上找到争论双方都能接受的解决方案。

三、从“外部实在”到“具身化的实在”

我们的探讨思路是，首先按照哈特曼对科学实在论的划分把实在问题分为三个层面，然后沿着古德曼的思路，去分析实在论和反实在论在本题论、认识论和语义学这三个层面的契合之处。这三个层面也体现了西方哲学发展的三个阶段。从 20 世纪语言转向之后的哲学发展来看，无论是分析和研究本体论还是认识论问题，我们已经无法再绕开语义学的分析方法了。现在我们首先分析一下本体论层面上的问题：对外部实在论能有辩护吗？

长期以来，实在论一直受到反实在论在关于外部世界问题上的挑战。摆在我们面前的首要问题是，“外部实在论”是否能够得到辩护呢？塞尔认为：要求对世界上的事物以一种不依赖于我们的表象的方式而独立存在的观点进行辩护，是没有意义的。因为任何进行辩护的企图都要以预设实在世界存在为前提。即使希望用达尔文的进化论来论证世界存在的问题，也会带来对实在世界的预设问题。由此，他得出：外部实在论不是一种理论，而是一种框架。这种框架构成了我们谈论具体事物存在的前提和预设④。塞尔的这番论述是具有一些启发性和说服力的。原因在于，以往的争论源于混淆了科学思维和哲学思维的区别。用胡塞尔的话说：“科学思维”只是考虑认识的精确性，而从不怀疑它的可能性，而“哲学

① Goodman N. The way the world is [A] // McCormick P J. Starmaking: Realism, Antirealism and Irrealism [C]. Cambridge, MA: The MIT Press, 1996. 9-10

② Goodman N. The way the world is [A] // McCormick P J. Starmaking: Realism, Antirealism and Irrealism [C]. Cambridge, MA: The MIT Press, 1996. 10

③ Goodman N. The way the world is [A] // McCormick P J. Starmaking: Realism, Antirealism and Irrealism [C]. Cambridge, MA: The MIT Press, 1996. 145

④ [美] 约翰·塞尔. 心灵、语言和社会 [M]. 李步楼译. 上海：上海译文出版社，2001. 32-33

思维”与其相反，它只关心认识的可能性，而不去考虑它的精确性。传统形而上学在思考“思维”与“存在”的关系时，采取了一种前批判的态度和方式，没有对人的认识能力加以考察，就断定并且谈论我们意识之外的世界。从认识论的角度看，这是有问题的。同样，如果我们把哲学思维——这种涉及认识论反思的方法无限制的使用，把世界看作是反思的结果，也会造成主观主义的泛滥，认为“整个世界”就是我们认识的世界，除此之外，就没有什么了。总之，如果我们仅仅停留在戴维森的立场上，把“世界”看作是我们概念框架中的内容的话，我们就无法解释科学的成果，以及我们对世界的认识如何能从不知到知。因此，承认一个客观世界的存在，是我们认识和一切具体事物存在的基础和前提。

经过对“实在世界”一词的分析，可以看出，古代朴素实在论与形而上学实在论在“实在”一词的使用上，都是很含糊的。当他们说“外部世界”是“实在的”，以及断定物质客体独立于我们的知觉而存在于空间和时间之中，实际上都是一种素朴的看法。这种看法想当然地把“外部世界”的“存在”和关于这个世界的“认识”混为一谈；把已经认识的和未加认识的混为一谈；把本体论的内容和认识论的内容混淆起来。按照爱因斯坦的说法，因为事实上，“实在”绝不是直接给予我们的。给予我们的只不过是我们的知觉材料；我们是在那些无歧义的事实材料基础上形成了科学的语言表达。因此，从知觉材料到达“实在”，再到达理智，只有一条途径，那就是有意识的或无意识的理智构造的途径，它完全是自由地和任意地进行的①。人们日常思维中没有经过仔细推敲的属于“实在”领域的最基本的概念，是持续存在着的“客体”这个概念，比如我面前的一棵树这样的概念。我们以为这棵树是离开我们的感觉而存在着的，而实际上，这棵树恰恰是我们通过感觉认识到的。我们看到了树干、树枝和树叶，我们把它命名为树。爱因斯坦认为，无论是日常的概念还是物理学中的概念都是思辨构造类型的概念，即便是像断定“实在”是独立于我的感觉而存在这样的观念，也是理智构造的结果。我们恰巧相信这种构造，而且胜过用我们的感觉所做的那些解释。由此使我们相信如下陈述：那几棵树在能被我们知觉到它们以前很久就已经存在着。这样一来，我们对“实在”所持的客观性的信念不过是基于这样一些事实：这些概念和关系同我们的感觉具有“对应”的关系②。

认知语言学也主张，客观化的方法混淆了这样一点，即不存在一个我们语言直接反映的“客观”实在，因为实在不是一个客观上给予的，相反，实在在很大程度上是由我们独特的人类具身性构造出来的。但这并不意味着认知语言学否

---

① ［美］爱因斯坦．爱因斯坦文集（第一卷）［M］．许良英，等译，北京：商务印书馆，1977. 512

② ［美］爱因斯坦．爱因斯坦文集（第一卷）［M］．许良英，等译，北京：商务印书馆，1977. 512-513

认存在一个独立于人类的客观的自然界。毕竟引力存在着，并且存在着颜色光谱，存在着我们所认识到的这一切。然而，我们所看到的外部实在在很大程度上是由我们所适应的生态环境和我们的具身化的特性所限定的。换句话说，语言不能直接反映世界，毋宁说，它反映我们认识的世界，一个通过我们的具身化的透镜所过滤的世界①。

四、自然科学与客观实在

在我们对"实在世界"的问题做了必要的分析后，我们现在从具体的认识过程入手，考察一下具体物理实在及其认识论的问题。量子力学的出现改变了我们对于微观世界的认识，同时也改变了我们对于过程中主客体之间的关系。深入分析量子力学中的认识论问题，对于我们深刻认识客观世界具有重要的意义。

光是粒子还是波？这个问题很早就有人提出。牛顿曾提出光的粒子说，并用光的分解实验加以说明，而惠更斯则坚持光的波动说，并在 1801 年被托马斯·杨用其著名的"双缝"实验给予证明。1900 年，普朗克在研究关于热物体的辐射热能在各波长上的分布问题时，证明能量是按某种特征方式分布的，只有假设物体以离散包或离散方式发射电磁辐射，才能对这些特征方式做出说明。他称这些不连续的离散包或离散束为量子。1905 年，爱因斯坦通过光电效应实验说明了光的波粒两象性。实际上，波粒两象性并不局限于光。1913 年，尼·玻尔提出：原子的电子也是"量子化"的，即量子化的电子可以处于某种固定的能级上面不损失能量。当电子在能级间跳跃时，电磁能以分离的量被释放或吸收。后来，经过克林顿·戴维孙及其他人的实验工作，以及路易斯·德布罗意的理论工作得出了物质波理论。微观粒子都具有波粒两象性，即它既可以按波行事，也可以按粒子行事，究竟如何则取决于具体的环境。到了 20 世纪 30 年代，一门新的学科——量子力学由埃尔温·薛定谔和维尔纳·海森堡发展起来。量子力学的出现为人们解释微观世界的各种问题提供了一个有效的工具，但波动性和粒子性的共存却导致了一些与传统观念不同的问题，即在微观世界中，存在一种不确定性。1927 年，海森堡以其著名的不确定性原理概括了这种不确定性，即 $\Delta p\Delta x \geqslant h/2\pi$，$\Delta p$ 是动量的不确定量，Δx 是位置的不确定量，为普朗克常数。这个关系式说明了当我们试图获得一个微观粒子的完备描述时，我们必须同时测量它的动量和位置。但当我们测准了它在某一时间的动量，位置就是测不准的；反之，当我们获得了它的准确位置时，动量则是测不准的。如何理解海森堡的工作呢？1927 年 9 月，玻尔在科摩召开的国际物理

---

① Ewans V, Green M. Cognitive Linguistics an Introduction [M]. Edinburgh: Edinburgh University Press Ltd., 2006. 47-48

学会议上提出了著名的互补原理，用来解释量子现象的主要特征——波粒二象性。“所谓互补原理是指，量子现象的空间时间坐标和动量守恒定律，既然不能同时在同一个实验中表现出来，那么，它们当然也就不可能直接地并存，不可能统一在一个图景中，而只能用互相排斥的概念来反映。因而，波和粒子这两个古典概念，在描述量子现象时乃是互斥的。但是这两个概念，在描述量子现象时又是不可缺一的，而且它们的总体已经穷尽了有关微观客体的一切可能的知识，或者说已经提供了量子现象的详尽无遗的描述。”① 从这种意义上说，它们是互补的。1927 年 10 月，在布鲁塞尔第五届索尔威物理学会议上，量子理论的哥本哈根解释成为正统的解释，同时也受到了爱因斯坦等的批评。争论的焦点在于用什么态度来看待作为物理学新颖发展之特征的对自然哲学惯常原理的背离②。玻尔认为：在量子力学的观察中“不能明确地区分原子客体的行动及其和测量仪器之间的相互作用，该仪器是用来确定现象发生的条件的。事实上，典型量子效应的个体性，确切地表现在这样一种情况中，任何将现象加以细分的企图都将要求一种实验装置的改变，这种改变将引入在客体和测量仪器之间发生原则上不可控制的相互作用的新可能性。其结果就是，在不同实验条件下得到的证据，并不能在单独一个绘景中加以概括，而必须被认为是互补的”③。而爱因斯坦则反对这种看法，他认为：“现在理论的统计性质纯粹是由选择了不完备的描述所决定的。”④ 他对统计性量子理论的反感不是针对它的定量的内容，而是针对人们现在认为的这样处理物理学基础在本质上已是最后方式的这种信仰⑤。

实际上，从系统的角度来看，任何一次测量都是观测仪器与被观测对象相互作用的结果，此时它们构成了一个不可分割的整体。也就是说，当我们进行一次测量时，观测值是系统的一个表征。这时，我们再去问被观测粒子的位置如何，实际上是说它作为一个独立要素存在时的位置情况，这显然是没有意义的。一个事物不可能既是系统，又同时是这个系统的要素。因此，一旦被观测粒子进入了仪器的作用范围内，我们才能得到一次观测值，也就是说我们进行了一次科学的观测。在科学技术发展的今天，科学对自然的描述已不再是在“自然发生下”的纯客观的反映，而是体现了主客体作用。“科学永远以人的存在为前提，正如玻尔说过的，我们必须意识到，在生活的舞台上，我们不仅仅是观众，而且也是演员”⑥。而爱因斯坦则强调自然规律的客观性、确定性，“我无论如何深信上帝

① ［丹麦］玻尔 N. 原子物理学和人类知识［M］. 郁韬译. 北京：商务印书馆，1964. 1
② ［丹麦］玻尔 N. 原子物理学和人类知识［M］. 郁韬译. 北京：商务印书馆，1964. 36
③ ［丹麦］玻尔 N. 原子物理学和人类知识［M］. 郁韬译. 北京：商务印书馆，1964. 44-45
④ ［美］爱因斯坦. 爱因斯坦文集（第二卷）［M］. 许良英译. 北京：商务印书馆，1964. 496
⑤ ［美］爱因斯坦. 爱因斯坦文集（第二卷）［M］. 许良英译. 北京：商务印书馆，1964. 498
⑥ ［德］海森堡 W. 物理学家的自然观［M］. 吴忠译. 北京：商务印书馆，1990. 6

不是在掷骰子”①。

从以上可以看出，玻尔和爱因斯坦坚持了两种不同的实在论。爱因斯坦坚持一种理性的实在论，他认为，“宇宙间的唯一的客观实在，是由各种可能的立足点的经验综合起来构成的”。② 整个科学是人们在经验基础上运用理性思维的结果。“一个希望受到应有的信任的理论，必须建立在有普遍意义的事实之上。”③ 这个事实就是科学的经验事实，就是科学家通过科学的观察和实验获得的。在此基础上，我们才能获得真理性的认识。“因为‘真’这个词，习惯上我们归根到底总是指那种同‘实在’客体的对应关系。”④ 而玻尔则坚持了一种现象实在论或叫作互补实在论。在玻尔看来，物理学理论并不对自在之物，即独立于观察者的东西做出任何判断，它的一切叙述都是关于实验状况的。量子力学涉及的对象是由实验者所“做出”的一些现象，这些现象，诸如电子、光子或原子如同“能量”的概念所涉及的对象一样，都是“一些在人们的想象中将实际上指是一组关联各种观察的数学关系固定起来的模型”⑤。由于在观察量子的过程中，按照量子的公设，涉及不可忽略的与观察仪器之间的相互作用。“因此，就既不能赋予现象也不能赋予观察器械以一种通常物理意义下的独立实在性了。”⑥ 为此，玻尔主张用“现象”一词来指谓观察仪器作用之后的实在，即由实验主体和实验对象间的相互作用产生的那种“实在”的对象或观察效应。那么，如何看待这两种不同的实在论呢？实际上，当我们分析这两种对实在的看法时，我们会发现，爱因斯坦的实在论更多的是强调“客体”的实在性，它的一致性，无论我们是否观察它。而玻尔则更强调观察后那种结果的实在性。从而可以看出，爱因斯坦的实在论基本上是建立在观测的主客分离基础上的，而玻尔的则建立在观测活动的主客统一的基础上；爱因斯坦肯定实在性的起点设定在认识结果的对应物上，而玻尔的起点是设定在认识的结果上；爱因斯坦强调了观察结果的可分性，而玻尔则强调观察结果的不可分性。玻尔指出：“在量子理论的通常解释中，必须把测量仪器和被观测物体当作一个单一不可分的系统，因为在它们相互作用的过程中，有一个不可分割的量子把它们连成一体。”⑦ 因为观测仪器对观测对象的作用同样是不确定的。因此，在实验和观察过程中，我们能“读出”被观测物体的数据，完全在于“操作”中的作用。

---

① ［美］爱因斯坦．爱因斯坦文集（第一卷）［M］．许良英译．北京：商务印书馆，1964. 221
② ［美］爱因斯坦．爱因斯坦文集（第一卷）［M］．许良英译．北京：商务印书馆，1964. 271
③ ［美］爱因斯坦．爱因斯坦文集（第一卷）［M］．许良英译．北京：商务印书馆，1964. 106
④ ［美］爱因斯坦．爱因斯坦文集（第一卷）［M］．许良英译．北京：商务印书馆，1964. 115
⑤ ［英］戴维斯·布朗．原子中的幽灵［M］．易心洁译．长沙：湖南科学技术出版社，2001. 23
⑥ ［丹麦］玻尔 N. 原子论与自然描述［M］．北京：商务印书馆，1964. 40
⑦ ［美］玻姆 D. 现代物理学中的因果性与机遇［M］．秦克诚译．北京：商务印书馆，1965，104

从布里奇曼的“操作主义”到实验实在论和测量实在论的发展，我们可以看到：在实在论与非实在论，以及各种不同的实在论之间的争论在不断的演进，通过这种争论，人们对实在的认识在不断地深化和细化。总的来说，表现为从“物本体”到“操作本体”以及“方法本体”的趋势。布里奇曼认为，物理学的研究对象——“物”或“物理对象”不是存在于操作活动之外的客观实在，物理概念也不是客观现实的反映，它们都是由科学家自身的操作活动决定的，都不过是科学家自身的“操作活动的总和”而已。他认为：应该“摒弃用具有性质的客体来探讨我们的环境的那种常识性方法，而代之以把物体归结为活动和操作的那种更好、更可靠的分析方法”①。在布里奇曼等看来，人们通过实验操作活动之外认识到的，并不是操作之外的客观实在，而仅仅是操作活动而已。在操作活动之外，什么都不存在。布里奇曼的这些思想成为后来的实验实在论和测量实在论的思想渊源。在测量实在论看来，“物理学就是关于测量的科学”，测量实在论强调测量的本体论作用，当然它并不是认为测量过程或测量对象是某种形而上学的实在，而是要坚持测量结构本身的系统性和客观性。他们认为，一个具有客观意义的物理量，只有在操作和测量的基础上，才能实现其客观性和真实性。

总之，由量子力学的出现所引发的各种实在论之间的争论的一个总的特点，是在探讨科学理论和观测背后有无一个实在的对象相对应。它们一般并不否认一个客观世界的存在，就连反科学实在论的范·弗拉森也承认客观世界的存在，只是否认观察对象的客观性和实在性。因为在他看来，理论和观察之间缺乏严格的界限，任何观察和经验都已经实现渗透了“理论的污染”，接受一个理论只是说这个理论在经验上是适合的，只在于它关于可观察的事物和事件所说的是真的，仅仅在于它拯救了现象，并不涉及事物的本质和不可观察事物是否为真的问题。由此，我们可以看到，实在论之争仅限于认识领域所涉及的对象问题、意义问题，这是现代自然科学的特点决定的。由于微观领域被观测对象与观测仪器之间的相互作用，科学认识中的主、客体同一性更加突出，这也就使得有关实在论的争论更具有科学的意味，它很大程度上取决于观察和测量技术的新进展，用普特南的话来说：“操作的哲学就是物理学，根据操作而进行思维的困难就是物理学的困难。”②

五、物理实在与科学指称

从上面我们对“是”与“存在”的探讨，已经为我们理解测量问题扫清了障碍。首先，无论是“粒子”还是“波”，它们作为科学概念和术语必然要与科

① 张之沧．当代实在论与反实在论之争［M］．南京：南京师范大学出版社，2001.172

② 张之沧．当代实在论与反实在论之争［M］．南京：南京师范大学出版社，2001.179

学研究对象和事态产生联系。当我们思考一个科学概念有没有物理实在相对应时，从语言学的角度来说，就是要回答一个概念或名称是否具有指称对象。例如，“量子”有指称对象吗？如果有，它指称什么？“波”指称什么？这里的关键问题是要区分什么是指称对象，什么是指称对象的显现方式。在经验世界中，要区分指称对象和它的显现方式是相对容易的。在这里我们特别强调的是在概念和术语范围内，要弄清它所命名的是属于哪一类并非那么简单。在考察“雪是白的”这一描述中，我们不仅要验证“雪”是否是“白的”，同时还要考察“何为雪”的问题。但以往人们并没有注意到这一点。因此，在验证“雪是白的”这一命题时，以为仅仅需要验证“是白的”。而实际上，这远远不够。原因很简单，因为“雪”是 H_2O 的一种特殊形式。所以在命名时，尽管我们并不是按照它（H_2O）的存在方式来命名的，但这一语词所指称的并不是孤立的 H_2O。同样，在微观领域区分指称对象与它的显现方式是非常必要的，因为在对象的显现方式中，已经包含了测量仪器与被测对象之间的相互作用。而对于像“粒子”和“波”的涵义，并不是对象本身的涵义，而是体现在观测系统（包含人自身）整体所给予我们的一种结果。正如“启明星”和“暮星”的涵义不是“金星”的涵义一样。知道了这一点，我们就能够理解询问一个电子“实际”是什么为什么是没有意义的。因为离开了对象的显现，我们就无法谈论它的涵义，而在通常情况下，我们在谈论“粒子”和“波”这些语词时，并不是简单地把它们看作是一个命名的对象，而更多的是考虑它们的属性。其次，我们对被测对象的观测都是在一个具体的语境中被规定和实现的。在测量实在论看来，测量本身具有本体论意义。这种实在有别于形而上学的实在之处就在于，它强调的不是孤立的“存在者”，而是强调“存在”本身，这个“存在”就是存在状态，就是每一次的“测量活动”。所以，一个具体客观的物理量只有在测量的基础上，才能显现给我们。只有当我们获得了指称对象的显现才能有意义地谈论这种涵义。最后，测量过程就是意向构造的过程，也就是“侧显”的过程。我们获得的是“粒子性”还是“波动性”在于我们的涵义意向所选取的“语境指称点”，在于能够对这些科学概念的语义形成产生影响的语境因素，如我们的意向、理论及观测仪器。当我们在谈论粒子性时，“粒子性”的涵义中必然涉及计数器和电子发射器的语义信息。而在谈论“波”时，“波动性”所涉及的除了“电子”外，还有电子发射器及屏幕。

总之，物理实在在科学中是通过科学指称表现出来的。只有我们区分出指称对象和它的显现方式，我们才能弄清楚我们所指称的到底是什么，才能有意义地使用科学概念和术语。

结语：语言、意向与存在

本书通过对语言、意向和语境之间相互关系的探讨，梳理出语言意向性的基本结构——范畴的逻辑形式：“S 是 P”。在这种语言结构中，我们发现了语言的意向构造作用。从语言层面来讲，“是”是具有意向构造作用的语词，在隐喻结构中，我们也可以看到它所起的作用。可以说，正是这样一个词才把意向“侧显”的构造活动展现出来。在考察了语言的意向性作用之后，意向和语境的关系也就变得更加明晰。语言总是指向某一指称对象的，这种指向通过一种意向侧显活动找到了语境的“指称点”。所以，意向总是通过“指称点”来实现指称活动。用意向活动，我们区分了指称对象和指称，指称是一种关系，而指称对象则是某一事物。通过这一区分，我们找到了语言、语境和世界的连接。语词通过涵义确定指称对象，而这种涵义是指称对象的显现方式。在显现中，我们的意义意向指向对象，通过意义充实完成语义构造的工作。从意义意向到意义充实是胡塞尔现象学的意义构成机制，在弗雷格那里，就是对象给予我们这种显现。所以，意义的形成经历了一个语境化的过程。在这个过程中，有意向意义和充实意义两个方面的结合。在意义充实时，我们根据我们感性直观和理性直观完成不同的知觉活动和判断。从语言层面来看，这一活动包含了语词的组合与语境的推理，这种语境推理在隐喻中得以充分展现。没有这种语境推理，就没有隐喻。在一个语境中看似语义偏离的词，在另一个语境中就成为一个恰当的使用。这其中具有意向的作用。意向作用通过意向意义确定了我们所想要表达的意义，在不同语言语境下完成“语义场”的相互作用。因此，可以说，语义是语境依赖的。由于这种依赖关系，我们对命题或经验的表述都是建立在某一具体语境条件下，也就是依赖于某一概念系统。而“真”主要有两个方面：一是命题的真；一是经验的真。而这两个方面都依赖于描述它的语言所借助的概念系统。因此，“真”是语境依赖的。

在我们完成了对语言生成过程的考察之后，下面的工作就是对语言诠释和语言修辞进行语境分析。理由很简单，既然语义构造是语境化的、通过语境推理实现的，那么，在文本诠释过程中一定存在着不同语境之间的差异。当然，诠释学并不否认这种差异，更不回避这种不同，而是要通过对文本的不同理解，达到视域融合。所以，诠释过程就是找到文本指称的不同意欲语境。修辞学的目的就是要通过相互沟通、对话、说服、劝导，最后达到不同语境下的理解的“认同”。至此，语言的生成和使用过程中意向和语境的作用，我们都逐一地进行了分析，现在的问题是，当我们把语言分析建立在语境的基础上是否可靠？或者说，语境分析何以可能？实际上，从古希腊开始，人们就对语言给予了关注，那么，20世纪哲学对语言的发现与古希腊有什么不同呢？是什么东西让我们称之为“语言转向”呢？难道只是对语言的重视吗？显然，事实并非如此。要回答这一点，我们就要考察一下，建立这种哲学的目的是什么。

从笛卡儿开始，哲学的关注对象发生了变化，从本体论转向了认识论，这种转向赋予了哲学新的任务。自然科学只关心认识的精确性，从不怀疑认识的可能性，而哲学思维恰恰相反，它所关注的是认识的可能性问题。对笛卡儿来说，哲学的第一任务是要进行认识批判，而对所有知识的质疑是批判的前提，这样“我思”就成为认识批判的“阿基米德点”。实际上，笛卡儿所寻求的是一种知识大厦建立的基础——确定性。这种确定性的寻求，在语言哲学那里就是“理想语言”的建立。这一想法至少在早期维特根斯坦那里表达得相当清晰：世界是由事实构成的，而事实的逻辑图像就是思想，思想就是有意义的命题，命题的总和即是语言。① 这样，世界的逻辑结构就存在于语言的逻辑结构中。因此，建立“理想语言”就是要建立符合世界构造的逻辑语言。为了获得清晰的语言，就要对概念进行分析，可以看出，这是分析哲学最初的目的。然而，从语言的逻辑分析到语言的意向语境分析，一个显而易见的问题就是语境分析是否还具有确定性。实际上，那种想把语言建立在一种牢固的、恒常不变的基础之上的想法恰恰来自于古希腊伊始的那种形而上学的哲学传统。它们的注意力只关注“存在者”，而存在者“如何存在”的问题却被人们忘记了。所以，形而上学的历史就是“存在”被“遮蔽”的历史。但问题是，离开了存在的“存在者”的语言究竟能为我们揭示世界提供多少帮助。

海德格尔第一次对“存在”的历史进行了考察，然而，这一伟大的思想作为一种实践实际上早已出现在弗雷格《算术哲学》关于“名称—涵义—指称”的划分中，只是并未得到应有的阐释。当弗雷格说到一个指称对象可以有多个涵义，涵义不是指称对象，而是它的显现方式时，那么，这个显现方式不正是依赖于“存在”吗！或者说，是以不同方式“存在”的结果。从这种意义讲，语境恰恰表现了语言意义所依赖的不是指称对象自身，而是它的语境“存在方式”。这样，我们通过语境视野中的语言意向性分析分析，找到了语言和世界的一种连接方式：语言—意向—存在。

---

① 见［奥］路·维特根斯坦．名理论［M］．张申府译．北京：北京大学出版社，1988．第1、2、3、4和4.001命题

参考文献

马蒂尼奇 A P. 1998. 语言哲学［M］. 牟博，等译. 北京：商务印书馆.
卡恩 C H. 2002. 动词“To be”与 Being 概念研究之回顾［J］. 世界哲学（京），（1）：60-74.
玻姆 D. 1965. 现代物理学中的因果性与机遇［M］. 秦克诚译. 北京：商务印书馆.
弗莱斯达尔 D. 1998. 向分析哲学家介绍现象学［J］. 郁振华译. 哲学译丛，（2）：1-9.
策勒尔 E. 1992. 古希腊哲学史纲［M］. 翁绍军译. 济南：山东人民出版社.
弗雷格 G. 2002. 算术基础［M］. 王路译. 北京：商务印书馆.
戴维特 M. 2006. 真之形而上学［J］. 王路译. 世界哲学（京），（2）：37-56.
穆尼茨 M K. 1986. 当代分析哲学［M］. 吴牟人，等译. 上海：复旦大学出版社.
玻尔 N. 1964. 原子物理学和人类知识［M］. 郁韬译. 北京：商务印书馆.
黑尔 R M. 1992. 柏拉图［M］. 范进，等译. 北京：中国社会科学出版社.
海森堡 W. 1990. 物理学家的自然观［M］. 吴忠译. 北京：商务印书馆.
爱因斯坦. 1964. 爱因斯坦文集（第一卷）［M］. 许良英译. 北京：商务印书馆.
爱因斯坦. 1964. 爱因斯坦文集（第二卷）［M］. 许良英译. 北京：商务印书馆.
爱因斯坦. 2000. 爱因斯坦晚年文集［M］. 方在庆，等译. 海口：海南出版社.
柏拉图. 1982. 巴曼尼德斯篇［M］. 陈康译. 北京：商务印书馆.
柏拉图. 2002. 柏拉图全集（第一卷）［M］. 王晓朝译. 北京：人民出版社.
保罗·法伊尔阿本德. 1992. 反对方法［M］. 周昌忠，等译. 上海：上海译文出版社.
保罗·利科尔. 1987. 解释学和人文科学［M］. 石家庄：河北人民出版社.
保罗·利科. 2004. 活的隐喻［M］. 汪堂家译. 上海：上海译文出版社.
保罗·利科. 2008. 解释的冲突［M］. 莫伟民译. 北京：商务印书馆.
北京大学哲学系外国哲学教研室. 1981. 西方哲学原著选读［C］. 北京：商务印书馆.
彼得·F. 斯特劳森. 2004. 个体［M］. 江怡译. 北京：中国人民大学出版社.
宾宁. 2002. 当代英美哲学概论（上）［M］. 北京：社会科学文献出版社.
伯特兰·罗素. 1963. 西方哲学史［M］. 何兆武，李约瑟译. 北京：商务印书馆.
伯特兰·罗素. 1996. 逻辑与知识［C］. 苑莉均译. 北京：商务印书馆.
戴维斯·布朗. 2001. 原子中的幽灵［M］. 易心洁译. 长沙：湖南科学技术出版社.
高新民. 1994. 现代西方心灵哲学［M］. 武汉：武汉出版社.
郭贵春，安军. 2002. 隐喻的语境分析［J］. 江海学刊，（5）：36-43.
郭贵春. 1994. “科学修辞学转向”及其意义［J］. 自然辩证法研究，（12）：13-19.
郭贵春. 1995. 后现代科学实在论［M］. 北京：知识出版社.
郭贵春. 1997. 论语境［J］. 哲学研究，（4）：46-52.
郭贵春. 2001. 当代语义学的走向及其本质特征［J］. 自然辩证法通讯，（6）：8-16.
郭贵春. 2004. 科学隐喻的方法论意义［J］. 中国社会科学，（2）：92-101.
海德格尔. 1987. 存在与时间［M］. 陈嘉映，等译. 北京：生活·读书·新知三联书店.
海德格尔. 1991. 诗·语言·思［M］. 彭富春译. 北京：文化艺术出版社.
海德格尔. 1996. 形而上学导论［M］熊伟，王庆节译. 北京：商务印书馆.

海德格尔 . 2000. 路标［M］. 孙周兴译 . 北京：商务印书馆 .
海德格尔 . 2003. 尼采（下卷）［M］. 孙周兴译 . 北京：商务印书馆 .
海德格尔 . 2008. 现象学之基本问题［M］. 丁耘译 . 上海：上海译文出版社 .
海德格尔 . 2009. 时间概念史导论［M］欧东明译 . 北京：商务印书馆 .
海德格尔 . 2010. 物的追问［M］. 赵卫国译 . 上海：上海译文出版社 .
海德格尔 . 2011. 同一与差异［M］. 孙周兴译，北京：商务印书馆 .
孙周兴 . 1996. 海德格尔选集（上卷）［M］. 上海：上海三联书店 .
孙周兴 . 1996. 海德格尔选集（下卷）［M］. 上海：上海三联书店 .
伽达默尔 . 2004. 哲学解释学［M］. 夏镇平，宋建平译 . 上海：上海译文出版社 .
伽达默尔 . 2004. 真理与方法［M］. 洪汉鼎译 . 上海：上海译文出版社 .
胡塞尔 . 1986. 现象学的观念［M］. 倪梁康译 . 上海：上海译文出版社 .
胡塞尔 . 1995. 纯粹现象学通论［M］. 李幼蒸译 . 北京：商务印书馆 .
胡塞尔 . 1997. 胡塞尔选集［M］. 梁康选编 . 上海：上海三联书店 .
胡塞尔 . 2002. 生活世界现象学［M］. 倪梁康译 . 上海：上海译文出版社 .
胡塞尔 . 2006. 逻辑研究［M］. 第二卷 . 第一部分 . 倪梁康译 . 上海：上海译文出版社 .
卡尔·波普尔 . 1987. 客观知识［M］. 舒炜光，等译 . 上海：上海译文出版社 .
卡尔-奥托·阿佩尔 . 2005. 哲学的改造［M］. 孙周兴，等译，上海：上海译文出版社 .
康德 . 2002. 纯粹理性批判［M］. 邓晓芒译 . 北京：人民出版社 .
克劳斯·黑尔德 . 2003. 世界现象学［M］. 倪梁康，等译 . 北京：生活·读书·新知三联书店 .
孔多塞 . 1998. 人类精神进步史表纲要［M］. 何兆武译 . 北京：生活·读书·新知三联书店 .
洪汉鼎 . 2001. 理解与解释——诠释学经典文选［M］. 北京：东方出版社 .
吕迪格尔-萨弗兰斯基 . 1999. 海德格尔传［M］. 靳希平译 . 北京：商务印书馆 .
迈克尔·达米特 . 2005. 分析哲学的起源［M］. 王路译 . 上海：上海译文出版社 .
梅洛·庞蒂 . 2005. 知觉现象学［M］. 姜志辉译 . 北京：商务印书馆 .
梅洛·庞蒂 . 2008. 可见的与不可见的［M］. 罗国祥译 . 北京：商务印书馆 .
米哈伊尔·苏波特尼克 . 2003. 言语行为哲学［M］. 史忠义译 . 天津：天津人民出版社 .
倪梁康 . 1994. 现象学及其效应［M］. 北京：生活·读书·新知三联书店 .
倪梁康 . 2007. 胡塞尔现象学概念通释［M］. 北京：生活·读书·新知三联书店 .
施太格缪勒 . 1986. 当代哲学主流［M］. 王炳文，等译 . 北京：商务印书馆 .
束定芳 . 2002. 隐喻研究中的若干问题与研究课题［J］. 外语研究，(2)：1-6.
索尔·克里普克 . 1988. 命名与必然性［M］. 梅文译 . 上海：上海译文出版社 .
泰奥多·德布尔 . 1995. 胡塞尔思想的发展［M］. 李河译 . 北京：生活·读书·新知三联书店 .
唐纳德·戴维森 . 1993. 真理、意义、行动与事件［M］. 牟博译 . 北京：商务印书馆 .
唐纳德·戴维森 . 2006. 试图定义真乃是愚蠢的［J］. 王路译 . 世界哲学（京），(3)：90-98.
唐纳德·戴维森 . 2007. 真与谓述［M］. 王路译 . 上海：上海译文出版社 .
特雷西 . 1998. 诠释学·宗教·希望［M］. 冯川译 . 上海：上海三联书店 .
涂纪亮 . 1988. 语言哲学名著选读［M］. 上海：上海三联书店 .
托马斯·L. 汉金斯 . 2000. 科学与启蒙运动［M］. 任定成，等译 . 上海：复旦大学出版社 .

王国维 . 2004. 人间词话［M］. 北京：中国人民大学出版社 .
王路 . 2000. 理性与智慧［M］. 上海：上海三联书店 .
王路 . 2002. 世纪转折处的哲学巨匠——弗雷格［M］. 北京：社会科学文献出版社 .
威拉德 · 蒯因 . 1987. 从逻辑的观点看［M］. 江天骥，等译 . 上海：上海译文出版社 .
威拉德 · 蒯因 . 1999. 真之追求［M］. 王路译 . 北京：生活 · 读书 · 新知三联书店 .
威廉 · 狄尔太 . 2002. 历史中的意义［M］. 艾彦，等译 . 北京：中国城市出版社 .
维克多 · 维拉德-梅欧 . 2002. 胡塞尔［M］. 杨富斌译 . 北京：中华书局 .
维特根斯坦 . 1988. 名理论［M］. 张申府译 . 北京：北京大学出版社 .
维特根斯坦 . 2001. 哲学研究［M］. 陈嘉映译 . 上海：上海人民出版社 .
维特根斯坦 . 2012. 关于心理学哲学的最后著作［M］. 涂纪亮译 . 北京：北京大学出版社 .
徐友渔 . 1994. 哥白尼式的革命［M］. 上海：上海三联书店 .
亚里士多德 . 1959. 范畴篇、解释篇［M］. 方书春译 . 北京：商务印书馆 .
亚里士多德 . 1959. 形而上学［M］. 吴寿彭译 . 北京：商务印书馆 .
亚里士多德 . 2003. 修辞术 · 亚历山大修辞学 · 论诗［M］. 颜一，崔延强译 . 北京：中国人民大学出版社 .
苗力田 . 1990. 亚里士多德全集（第一卷）（物理学）［M］. 徐开来译 . 北京：中国人民大学出版社 .
苗力田 . 1990. 亚里士多德全集（第二卷）（后分析篇）［M］. 余纪元译 . 北京：中国人民大学出版社 .
于尔根 · 哈贝马斯 . 2001. 后形而上学思想［M］. 曹卫东，等译 . 南京：译林出版社 .
俞宣梦 . 1995. 本体论研究［M］. 上海：上海人民出版社 .
约翰 · 塞尔 . 2001. 心灵、语言和社会［M］. 李步楼译 . 上海：上海译文出版社 .
约翰 · 齐曼 . 2003. 可靠的知识——对科学信仰种原因的探索［M］. 赵振江译 . 北京：商务印书馆 .
张之沧 . 2001. 当代实在论与反实在论之争［M］. 南京：南京师范大学出版社 .
Andrew P. 1999. Key Philosophers in Conversation［M］. London：Routledge.
Apel K-O. 1994. Slected Essays Towards a Transcendental Semiotics［M］. New Jersey：Humanities Press International.
Austin J L. 1975. How to Do Things with Words［M］. Cambridge，MA：Harvard University Press.
Baillle J. 2003. Contemporary Analytic Philosophy［M］. 2nd ed. New York：Pearson Education.
Barsalou L W. 1982. Context-independent and context-dependent information in concepts［J］. Memory Cognition，10（1）：82-93.
Bar-Elli G. 1996. The Sense of Reference：Intentionality in Frege［M］. Berlin：Walter de Gruyter.
Borg E. 2002. Meaning and Representation［M］. Oxford：Blackwell Publishers Ltd. .
Capaldi E J，Proctor R W. 1999. Contextualism Phychological Research? A Critical Review［M］. London：Sage Publications.
Cormac E R M. 1985. A Cognitive Theory of Metaphor［M］. Cambridge，MA：The MIT Press.
Crease R P. 1997. Hermeneutics and Natural Sciences［M］. Boston：Kluwer Academic Publishers.
Cresswell M J. 1985. Structured Meaning. The Semantics of Propositional Attitudes［M］. Cambridge，

MA: Massachusetts Institute of Technology Press.

Devitt M, Sterelny K. 1999. Language and Reality: An Introduction to the Philosophy of Language [M] . 2nd ed. Cambridge, MA: Massachusetts Institute of Technology Press.

Dilley R. 1999. The Problem of Context [M] . New York: Berghahn Books.

Dummert. 1973. Michael Frege: Philosophy of Language [M] . London: Duckworth.

Farrell T B. 1998. Landmark Essay on Contemporary Rhetoric [M] . New Jersey: Lawrence Erlbaum Assosciates.

Ferraris M. 1996. History of Hermeneutics [M] . Trans by Lomigli L . Highlands. NJ: Humanities Press.

Frege G. 1989. The Foundations of Arithmetic—A Logic-Mathematical Enquiry into the Concept of Number [M] . Basil Oxford: Blackwell Ltd. .

Gabi F. 2003. Quine and Davidson on Language. Thought and Reality [M] . Cambridge, MA: Cambridge University Press.

Glock H-J. 2003. Quine and Davidson on Language, Though and Reality [M] . Cambridge, MA: Cambridge University Press.

Gross A G, Keith W M. 1997. Rhetorical Hermenutics: Invention and Interpretation in the Age of Science [M] . New York: State University of New York Press.

Habermas J. 2003. Truth and Justification [M] . Trans by Fultner B. Cambridge, MA: The MIT Press.

Hanna R, 2001. Kant and the Foundations of Analytic Philosophy [M] . Oxford: Clarendon Press.

Herrick J A. 2005. The History and Theory of Rhetoric: An Introduction [M] . 3rd ed. New York: Pearson Education Inc. .

Hiley D R, Bohman J F, Shusterman R. 1991. The Interpretive Turn [M] . New York: Cornell University Press.

Hill T E. 2002. The Concept of Meaning [M] . London: George Allen and Unwin Ltd. .

Holme R. 2004. Mind, Metaphor and Language Teaching [M] . Basingstoke: Palgrave Macmillan.

Kant I. 1999. Critique of Pure Reason [M] . Cambridge, MA: Cambridge University Press.

Kantorovich A. 1993. Scientific Discovery—Logic and Tinkering [M] . New York: State University of New York Press.

Katarzyna J. 1999. Discourse, Beliefs and Intentions: Semantic Defaults and Propositional Attitude Ascription [M] . New York: Elsevier.

Kenneth B. 1966. Language as Symbolic Action [M] . Berkeley: University of California Press.

Kenneth B. 1967. Rhetoric-old and new [A] // Steinmann M. New Rhetorics [C] . New York: Scribner's Sons.

Krajewski B. 2004. Gadamer's Reercussions [M] . Los Angeles, CA: University of Califorrnia Press.

Lakoff G, Johnson M. 1980. Metaphors We Live in [M] . London and Chicago: The University of Chicago Press.

Levinson S C. 1983. Pragmatics [M] . Cambridge: Cambridge University Press.

Lynch M P. 1998. Truth in Context—An Essay on Pluralism and Objectivity [M] . Cambridge, MA:

Massachusetts Institute of Technology Press.

Makin G. 2000. The Metaphysicians of Meaning—Russell and Frege on Sense and Denotation [M]. London: Routledge.

Mendieta E. 1994. Atlantic Highlands [M]. New Jersey: Humanities Press International.

Mirman R. 2001. Quantum Mechanics, Quantum Field Theory [M]. New York: Nova Sciende Publishers Inc..

Moran D. 2000. Introduction to Phenomenology [M]. London and New York: Routledge.

Nye A. 1998. Philosophy of Language: The Big Question [M]. Oxford: Blackwell Publishers Ltd..

Palmer R E. 1969. Hermeneutics [M]. Evanston: Northwestern University Press.

Prelli L J. 1989. A Rhetoric of Science: Inventing Scientific Discourse [M]. Columbia: University of South Carolina Press.

Putnam. 1978. Meaning and Moral Sciences [M]. New York: Routledge.

Rorty R M. 1992. The Linguistic Turn, Essays in Philosophical Method [M]. Chicago: The University of Chicago Press, Ltd..

Searle J R. 1983. Intentionality: An Essay in Philosophy of Mind [M]. Cambridge, MA: Cambridge University Press.

Searle J R. 1983. Intentionality [M]. Cambridge: Cambridge University Press.

Simons H W. 1990. The Rhetorical Turn—Invention and Persuasion in the Conduct of Inquiry [M]. London: The University of Chicago Press.

Stern J. 2000. Metaphor in Context [M]. Cambridge, MA: The MIT Press.

Stroll A. 2000. Twentieth-Century Analytic Philosophy [M]. New York: Columbia University Press.

Vattimo G. 1988. The end of Modernity: Nihilism and Hermeneutics in Post-modern Culture [M]. Cambridge, MA: Polity Press.

Wittgenstein L. 1964. Philosophy Investigations [M]. New York: The Macmillan Company.

后　记

书稿终于付梓出版，心情着实轻松了不少。这本书从开始动笔到现在已有时日，本想好好完善一下，但发现思考每向前推进一步都会遇到结构上的调整，实感力不从心，遂放弃夙愿。我能在高校教书，过着寡欲而劳心的生活，也算是一件痛苦并快乐的事情，每当在书本中让思想自由地驰骋，享受来之不易的读书生活，就想起了那段难忘的经历。在国家重点学科山西大学科学技术哲学研究中心学习，是我职业生涯中最快乐的时光，我每天悠然自得地读书，虽然短短几年，却成为我生命旅程中快乐的驿站。在那里，我感受到知识给予我的愉悦和充实感，更感受到各位导师和学友的睿智和博学，使我受益匪浅、享用终生。师从郭贵春教授学习，对我来说是一个难得的机会，他对我专业上的指导和帮助，让我终身受益。可以说，本书的完成很大程度上要归功于导师的指导、鼓励和鞭策。在此，谨向导师致以诚挚的谢意。

同时，还要感谢山西大学的邢润川、高策、成素梅、魏屹东、乔瑞金、许玉俊、郭晋凤、许玉萍、孙立真、郭剑波、郑红午、贺天平等老师的关心和帮助。感谢何华、王姝彦、范莉、赵丹等为我提供了相关的资料。我的老同学和朋友杨小明、李树雪、李小博、赵东、阎莉、贾玉树用友情给予我很多的激励。我的诸位同窗好友韩来平、盛佃清、李树人、何跃、刘杰、安军、郭俊立与我相互友爱、同学共勉，让我终生难忘。我的同事布占廷老师给予了我无私的帮助。在此，谨向各位老师和同学表示真诚的感谢。感谢北京师范大学的江怡老师在有关维特根斯坦一些问题上的指点。感谢科学出版社的郭勇斌编辑、邹聪编辑等，他们仔细地审校并提出修改意见，而且以极大的耐心容忍我的拖延。在此，顺致谢意。

本书出版得到了国家社会科学基金重点项目“语境论的社会科学哲学研究”（12AZS010）的资助，在此谨向殷杰老师表示感谢！

由于水平有限，虽已尽力，书中难免有疏漏之处，恳请学界同仁和读者批评、指教。

杜建国

2014 年 8 月 8 日于青岛大学瀛园